化学工业出版社"十四五"普通高等教育

物理化学实验

王 存 冯 霞 黎东维 主编

化学工业出版社
·北京·

内容简介

《物理化学实验》共三章内容。第一章物理化学实验基础知识，主要介绍物理化学实验的目的要求、误差分析及数据处理等。第二章基础实验，涵盖与化学热力学、电化学、化学反应动力学、表面化学、结构化学相关的 26 个实验项目，实验内容安排难易结合，既有传统实验，也有反映现代物理化学新进展、新技术及与应用密切结合的实验，兼顾基础性、应用性和综合性。第三章拓展实验，要求学生设计实验方案，拟订实验操作步骤，独立完成实验，并提出实验改进或创新方案，进一步培养学生熟练运用理论知识和实验操作技能解决实际问题和进行创新创造的能力。每个实验都设置有"课外拓展"栏目，介绍一些著名科学家事迹和化学相关的最新进展和研究成果，以提高学生学习兴趣及开阔学生眼界。

本书可作为高等学校化学类、材料类、药学、生命科学和环境科学等专业物理化学实验教材，也可供其他相关专业选用和相关技术人员参考。

图书在版编目（CIP）数据

物理化学实验 / 王存，冯霞，黎东维主编. — 北京：
化学工业出版社，2025. 1. — ISBN 978-7-122-46826-0

Ⅰ. O64-33

中国国家版本馆 CIP 数据核字第 2024US5504 号

责任编辑：汪 靓　宋林青　　文字编辑：杨玉倩　葛文文
责任校对：宋　夏　　　　　　装帧设计：史利平

出版发行：化学工业出版社
　　　　　（北京市东城区青年湖南街 13 号　邮政编码 100011）
印　　装：北京云浩印刷有限责任公司
787mm×1092mm　1/16　印张 12　字数 297 千字
2024 年 10 月北京第 1 版第 1 次印刷

购书咨询：010-64518888　　售后服务：010-64518899
网　　址：http://www.cip.com.cn
凡购买本书，如有缺损质量问题，本社销售中心负责调换。

定　　价：39.80 元

《物理化学实验》编写人员名单

主　　编：王　存（重庆第二师范学院）
　　　　　冯　霞（重庆第二师范学院）
　　　　　黎东维（重庆第二师范学院）

副 主 编：王万书（四川大学）
　　　　　王仲明（东莞理工学院）
　　　　　陈　敏（金凤实验室重庆先进病理研究院）
　　　　　邹晓川（重庆第二师范学院）

编写人员：
　　　　　王　存、冯　霞、黎东维、王万书、王仲明、
　　　　　陈　敏、邹晓川、袁紫亮、吕　洁、胡世文、
　　　　　熊政委、许韶菡、张瑶瑶、张玉乾、龚　涛、
　　　　　廖宇航、潘庆宁、文　容、郑智文、李何心怡、
　　　　　杨欣晔

前　言

物理化学实验，作为一门专业基础课程，是化学专业课程体系的重要组成部分，与无机化学实验、分析化学实验、有机化学实验共同构成了基础化学实验课程体系。学习本课程，既可以巩固学习者对物理化学基本概念、理论的掌握和理解，又可以在具体的实验过程中掌握物理化学的实验技术、实验仪器的使用方法及培养发现问题、分析问题和解决问题的能力，同时还可以通过课后阅读培养学习者严谨的科学态度和永不言弃的科学家精神、创新意识和创新思维。

本书参考了教育部高等学校教学指导委员会制定的化学类、化工类、材料类及药学类等专业的化学教学基本内容，吸取了重庆第二师范学院、四川大学、东莞理工学院该课程教师多年的教学经验和部分成果，在原有实验讲义的基础上进行了修正和补充，以期能更好地适应当前物理化学实验技术的进步和仪器设备的更新。

本书涵盖了化学热力学、电化学、化学反应动力学、表面化学与结构化学等多个领域的基础知识和实验技术，帮助学生构建全面的物理化学知识体系。在知识积累方面，既注重经典实验的传承，也强调创新实验的引入。经典实验如乙酸乙酯皂化反应速率常数的测定、接触角的测定等，能够帮助学生掌握基本的实验方法和操作技能。设计性实验和创新性实验项目，如镧系电致化学发光体的合成及其发光性质的表征、染料敏化太阳能电池的制备及组装是本书的一大亮点。这些实验项目通常具有较大的开放性和探索性，鼓励学生发挥想象力和创造力，探索未知领域，提出新的实验方案并付诸实践，有助于学生在巩固基础知识的同时，培养创新思维和科研能力。此外，通过参与这些实验项目，学生可以初步体验科研工作的乐趣和挑战。每一个实验项目后附有课外拓展阅读，这也是本书的一个亮点。通过了解实验相关的学科前沿、历史典故、实际应用等，学生可以了解学科的全貌和最新进展，拓宽知识视野的同时，更容易产生共鸣，激发出对学科的好奇心和探索欲。通过阅读这些故事，学生可以受到启发，学会从不同的角度思考问题，寻找新的解决方案，从而培养创新思维和创造力，为未来的科学研究奠定坚实的基础。

本书由重庆第二师范学院生物与化学工程学院组织编写。王存编写第一章物理化学实验基础知识，第二章实验8～10、实验16、实验26，第三章拓展实验27～31，参考文献和附录，并对全书进行校对。冯霞编写第二章实验1、实验2及实验4、实验5、实验7、实验12、实验20。黎东维编写第二章实验6及实验22，并对全书进行了校对。王万书编写第二章实验3、实验18、实验19及实验21、实验23～25。王仲明编写第二章实验11、实验13～15、实验17。陈敏、邹晓川对本书进行了校对。

本书得到了重庆第二师范学院大健康产业学院的建设专项支持，在设计和编写过程中得到学院领导及物理化学教研室全体教师的大力支持，同时也得到了化学工业出版社的多方指导和帮助，在此向他们表达衷心的感谢。

由于编者水平有限，本书中不可避免会出现一些疏漏，还请广大读者和同行批评指正并提出宝贵意见，便于修订。

编者

2024 年 4 月

目　录

第三章　拓展实验　155

附录　178

参考文献　186

第一章

物理化学实验基础知识

第一节・实验目的和要求

一、实验目的

物理化学实验是物理化学理论课程的重要组成部分。物理化学实验作为化学类实验课程的重要分支之一，是化学、化学工程与技术等专业的学生必修的专业基础课程。物理化学实验课程通常作为一门必修课程独立开设，其基本目的：

① 使学生了解物理化学实验的基本研究方法，掌握物理化学实验的基本操作技术和技能。帮助学生加深对物理化学基本理论的理解，使学生能更好地运用物理化学理论知识，培养学生的团队协作精神、刻苦钻研精神。

② 学会重要物理化学常数、性能的测定，通过观察物理化学实验现象，记录和处理测得的实验数据、判断和选择实验条件、分析和归纳实验结果，培养学生发现问题、分析问题和解决问题的能力以及创新能力和科学素养。

③ 通过物理化学实验的具体实验操作，熟悉并掌握常用仪器的结构、原理及操作方法，了解近代物理化学方面大型仪器的性能及其在生产、教学、科学研究中的应用，使学生今后可以更好地从事物理化学研究及相关领域的工作，为科学研究、技术开发及深入学习奠定一定的基础。

二、实验要求

为使学生学会并做好每一个实验，通过实验具体内容及仪器操作帮助学生进一步掌握课堂理论知识和实验技能，同时培养学生发现问题、分析问题和解决问题的能力，树立理论联系实际、求是创新、吃苦耐劳的科学态度，对学生提出以下几点实验要求：

① 课前预习实验具体内容。课前预习是学生做好实验的关键，学生在进入实验室之前要充分预习本次实验内容，做到充分了解实验目的、原理、仪器使用方法和实验具体操作过程等，做到心中有数、手中有策、行动有方。在预习的基础上，完成课前习题测试和预习报告。预习报告内容主要包括：实验目的、实验原理、简单的实验过程、实验数据记录表格及数据处理公式等。

② 课中正确实验。课中要认真实验，准确观察实验现象，积极思考，力求在实验过程中能及时发现问题、分析问题并解决问题。同时要如实、准确并规范地记录实验现象及数

据，不随意涂改数据，数据记录尽量表格化，清楚、一目了然。良好的实验数据记录习惯是物理化学实验的基本要求之一。课中还要注意团队合作，要有不怕失败、吃苦耐劳的精神。实验结束，学生将得到的实验数据交老师检查并签字后，才能离开实验室。

第二节·实验图形、表格及实验报告的规范表达

一、实验图形的规范表达

实验数据用图表示时，规范的表达如图 1.1(a) 所示，不规范的表达如图 1.1(b) 所示。

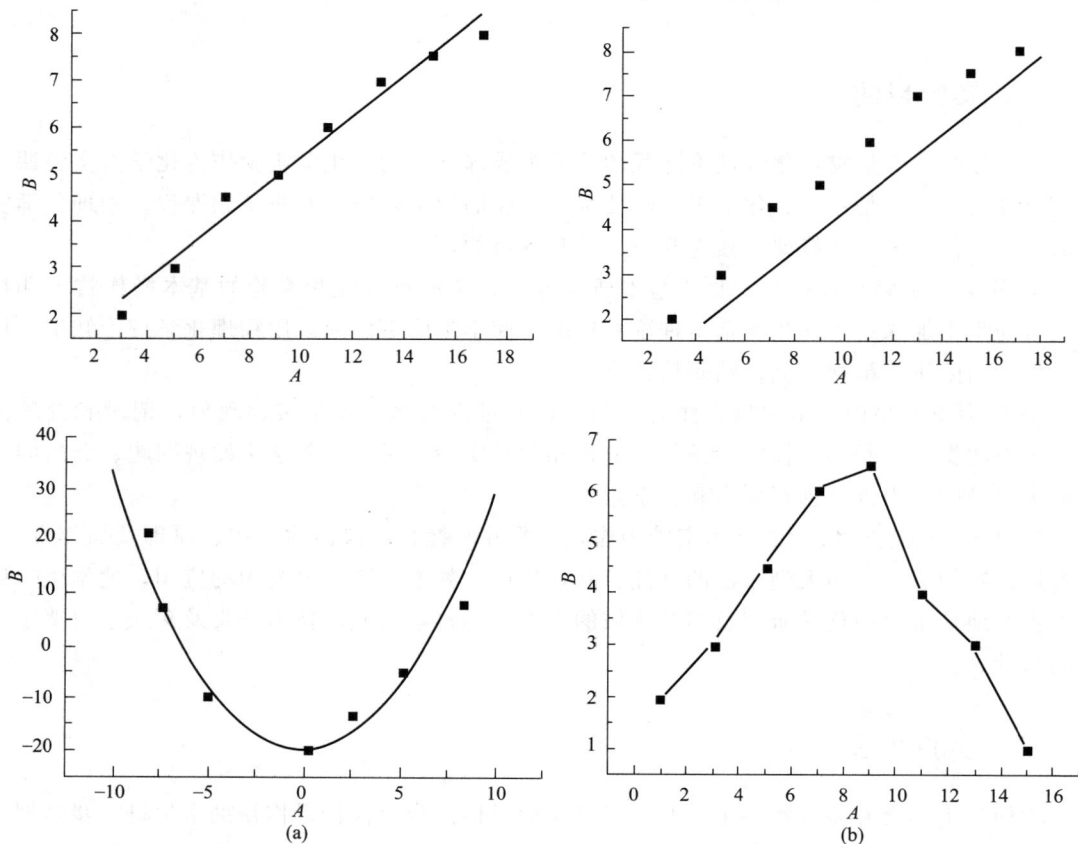

图 1.1　规范表达图（a）和不规范表达图（b）

二、实验表格的规范表达

规范表具有以下特点：①表格一般使用三线表格样式；②表题文字精练，位置正确，一般在表格的上方；③表头中常用的物理量符号及单位规范书写；④表中数字的有效数字一致或小数点后保留位数一致，数据的公因子一般写在表头与物理量符号相乘。

实验数据用表表示时，规范的表达如表 1.1 所示，不规范的表如表 1.2 所示。

表 1.1　某些溶剂的凝固点降低常数（规范表格）

溶剂	凝固点 T_f/℃	K_f/(℃ · kg · mol^{-1})
醋酸($C_2H_4O_2$)	16.66	3.9
四氯化碳(CCl_4)	−22.95	29.8
1,4-二氧六环($C_4H_8O_2$)	11.8	4.63
1,4-二溴苯($C_6H_4Br_2$)	87.3	12.5
苯(C_6H_6)	5.533	5.12
环己烷(C_6H_{12})	6.54	20.0
萘($C_{10}H_8$)	80.290	6.94
樟脑($C_{10}H_{16}O$)	178.75	37.7
水(H_2O)	0	1.86

表 1.2　某些溶剂的凝固点降低常数（不规范表格）

溶剂	凝固点 T_f	K_f
醋酸($C_2H_4O_2$)	16.66	3.9
四氯化碳(CCl_4)	−22.95	29.8
1,4-二氧六环($C_4H_8O_2$)	11.8	4.63
1,4-二溴苯($C_6H_4Br_2$)	87.3	12.5
苯(C_6H_6)	5.533	5.12
环己烷(C_6H_{12})	6.54	20.0
萘($C_{10}H_8$)	80.290	6.94
樟脑($C_{10}H_{16}O$)	178.75	37.7
水(H_2O)	0	1.86

三、实验报告的规范表达

实验报告应书写正确。根据实验原始数据，正确、规范书写实验报告是实验的基本要求，能训练和提高学生在实验数据处理、软件作图、实验数据误差分析，以及问题分析、解决和归纳等方面的能力。实验报告的质量，能在一定程度上反映学生实际的实验水平和工作能力。实验报告的具体内容一般包括实验目的、实验原理、实验装置、实验试剂、实验条件（温度、大气压和仪器精度等）、实验数据及现象记录、实验数据的处理及作图、结果与讨论、实验注意事项、思考题、体会与改进等。实验涉及的图应规范、正确，要求用 Origin 作图或 Excel 作图。实验报告不允许随意涂改，不可以使用铅笔，必须用钢笔或圆珠笔，尽量避免涂改。实验报告若不符合要求，必须重新写。体会与改进可包括：实验失败原因的分析和讨论、实验是否能够改进及可改进的措施和方法、课程思政及心得体会等。

第三节·误差分析及数据处理

由于实验环境、温度、方法、设备及不同实验操作者的实验观察力、测量程序等因素影响，实验的测量值和真实值（真值）之间往往存在一定的差异。常见的误差有系统误差、偶然误差、过失误差，人们常用不确定度、精密度、正确度、准确度或有效数字来说明实验数据的准确程度。为了评定实验数据的准确程度，正确认识实验数据误差的来源及其影响，本书对实验误差进行分析和讨论，由此判断影响实验数据准确程度的主要因素，从而可以进一步改进实验方案、实验操作、实验环境，缩小实验测量值和真值之间的差距，提高实验数据的准确性和可靠性。

一、误差分析

1. 真值与平均值

真值（X_T）是客观存在的确定值，也可以称为理论值或定义值，但绝对真值不可测。通常 X_T 可以通过以下方法测定：假设实验次数无限多，在消除系统误差的条件下，所有测量值的平均值即可视为真值，因为该平均值可以无限接近真值。但是，实际情况中实验的测量次数是有限的。因此用有限的测量值得到的平均值只能视为近似真值。实验中常用的平均值通常有下列几种：

① 算术平均值（$\bar{x}$）。算术平均值是实验中最常用的一种平均值。

假设 x_1，x_2，x_3，x_4，x_5，x_6，x_7，$\cdots$，x_n 为实验中每次的测量数值，n 代表测量的总次数，则算术平均值计算如下：

$$\bar{x} = \frac{x_1 + x_2 + \cdots + x_n}{n} = \frac{\sum\limits_{i=1}^{n} x_i}{n}$$

② 几何平均值（$\bar{x}_G$）。几何平均值主要是指 n 个测量值乘积的 n 次方根，具体计算如下：

$$\bar{x}_G = \sqrt[n]{x_1 x_2 \cdots x_n}$$

③ 均方根值（$\bar{x}_{均}$）。也称方均根值或有效值，它的计算方法是将实验的所有测量值先平方，再平均，最后开平方：

$$\bar{x}_{均} = \sqrt{\frac{x_1^2 + x_2^2 + \cdots + x_n^2}{n}} = \sqrt{\frac{\sum\limits_{i=1}^{n} x_i^2}{n}}$$

④ 对数平均值（$\bar{x}_{对}$）。在化学反应、热量和质量传递中，其测定值的分布曲线多具有对数的特性，这种情况下常用对数平均值。

假设两个测定值为 x_1 和 x_2，其对数平均值的计算如下：

$$\bar{x}_{对} = \frac{x_1 - x_2}{\ln x_1 - \ln x_2} = \frac{x_1 - x_2}{\ln\left(\dfrac{x_1}{x_2}\right)}$$

一般来说，对数平均值小于算术平均值。

如果 x_1/x_2 小于 2，则可用算术平均值替代对数平均值。

如果 x_1/x_2 等于 2，$\bar{x}_{对} = 1.443x_1$，$\bar{x} = 1.50x_1$，$(\bar{x}_{对} - \bar{x})/\bar{x}_{对} = -3.95\%$，也就是 x_1/x_2 等于 2 时，误差不超过 3.95%。

计算上述平均值的目的都是从一组实验测得的数据中找出最接近真值的那个数据。在物理化学实验中，数据大都遵循正态分布，因此，通常使用算术平均值。

2. 系统误差

系统误差是化学实验中的一个主要误差来源。所谓系统误差主要是指在一定的实验条件下，由某一或某些固定的原因所引起的误差，这一误差具有如下特点：

① 单向性：同一原因影响其结果总是偏高或偏低。

② 重复性：多次测量时反复出现，数值大小较固定。

③ 可测性：重复测量不能发现，改变实验条件可以发现。

因此，系统误差是可测误差，它的大小往往决定实验数据的准确度。

系统误差的主要来源有：①方法误差（分析测试方法不恰当）；②仪器、试剂误差（仪器未校准或校正不正确）；③操作误差（实验操作者操作不规范）；④主观误差（由分析测试者的主观因素造成）。在分析上述因素的基础上，消除或减小系统误差的方法主要有：①对照试验；②空白试验；③方法校正；④仪器校正；⑤实验结果校正。

3. 偶然误差

偶然误差又称随机误差，主要是由某种或某些难以控制且无法避免的偶然因素（如环境条件的细微变化）造成的。或是在已消除系统误差的情况下，实验中测量得到的数据仍存在误差，其数值变化具有随机性，没有规律，时大时小、时正时负。因此，在偶然误差产生原因不明确的情况下，偶然误差无法控制和补偿。但是，在足够多的等精度测量条件下，偶然误差服从正态分布（即统计规律），即误差出现的大小或正负由概率决定。因此，随着测量次数的增加，偶然误差的算术平均值将无限趋近于零，即多次测量结果的算术平均值将更加接近真实值。

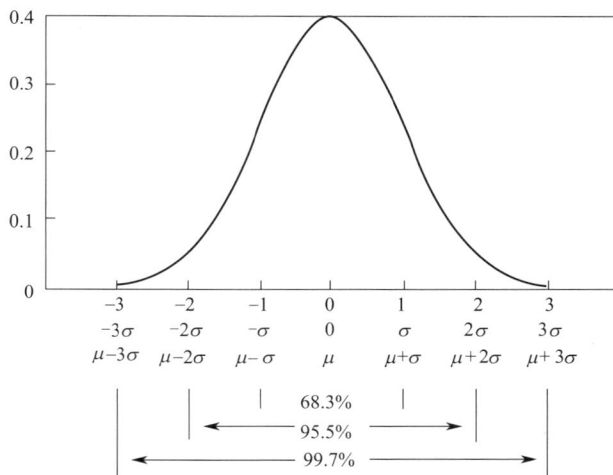

图 1.2　标准正态分布曲线

由图 1.2 可知，标准正态分布曲线的横坐标 μ 即为样本的总体平均值。μ 的数值决定正态分布曲线的位置，反映样本总体的测定值向某个具体数值集中的趋势。σ 为样本总体标准偏差，是曲线两侧的拐点之一到直线 $x = \mu$ 的距离，主要代表样本测定值的分散程度。σ 越小，表明测定值位于 μ 附近的概率越大，测定数据的精密度越高；σ 越大，表明测定值位于 μ 附近的概率越小，测定数据的精密度越低。

总之，当 σ 和 μ 确定后，正态分布曲线的位置和形状随之确定。σ 和 μ 是正态分布的两个基本参数，可用 $N(\mu, \sigma^2)$ 表示，具体公式如下：

$$y = f(x) = \frac{1}{\sigma \sqrt{2\pi}} e^{-\frac{(x-\mu)^2}{2\sigma^2}}$$

4. 过失误差

过失误差是一种测量结果与事实（即真值）明显不符的误差，主要是由实验操作人员粗心大意、疏忽、疲劳或操作不当等引起的。过失误差没有规律可循，属于错误，但是只要实验操作人员能够提高责任感、时刻注意、认真操作就可以避免。

二、准确度和精密度

物理化学实验中常常用精确度（又称精度）来反映测量结果与真实值的接近程度。一般来说，精确度越高，测量的误差就越小。精确度常用精密度和准确度来表示。

（1）精密度

在相同实验条件下，平行测定的所得数值的重现性或所测数据之间相互接近的程度称为精密度。常以偏差、平均偏差、相对平均偏差、标准偏差或相对标准偏差（变异系数）来衡量精密度。

① 偏差（deviation，d_i）：实际工作中，通常将样本多次测量的平均值认作真值（x_T），样品每次测定值（x_i）与 x_T 之间的差值，即为偏差。偏差越小，精密度越高。

$$d_i = x_i - x_T (i = 1, 2, 3 \cdots)$$

② 平均偏差（d_r）：

$$d_r = \frac{|d_1| + |d_2| + |d_3| + \cdots + |d_n|}{n} = \sum (|d_i|/n)$$

③ 相对平均偏差（$\overline{d_r}$，%）：

$$\overline{d_r} = \frac{\overline{d}}{\overline{x}} \times 100\%$$

④ 标准偏差（s）：

$$s = \sqrt{\frac{\sum\limits_{i=1}^{n} (x_i - \overline{x})^2}{n-1}}$$

⑤ 相对标准偏差（RSD，%）：

$$RSD = \frac{s}{\overline{x}}$$

⑥ 总体标准偏差（σ）：当平行测定次数大于 30 次时，此时样本测定的平均值无限接近真实值（此时 μ 可以更换为真值 x_T）。

$$\sigma = \sqrt{\frac{\sum\limits_{i=1}^{n} (x_i - \mu)^2}{n}}$$

$$\lim_{n \to \infty} \frac{\sum (x_i - \overline{x})^2}{n-1} \approx \frac{\sum (x_i - \mu)^2}{n-1} \quad (s \to \sigma)$$

（2）准确度

测定值与真值的符合程度或偏移程度称为准确度。准确度反应误差的影响程度，误差小，准确度高，误差大，准确度低。因此，误差的大小是衡量准确度高低的尺度。误差通常分为绝对误差和相对误差。

① 绝对误差（E_a）：测定值与真值之间的差值。

$$E_a = x_i - x_T$$

式中，x_i 为单次测定值。如果进行了数次平行测定，则 x_T 一般为全部测定数值的算术平均值 $\bar{x}$。

② 相对误差（RE 或 E_r）：绝对误差与真值之比，单位为％。

$$E_r = \frac{E_a}{x_T} = \frac{x_i - x_T}{x_T}$$

为进一步说明精密度与准确度之间的区别，以打靶射箭举例进行说明，如图 1.3 所示。

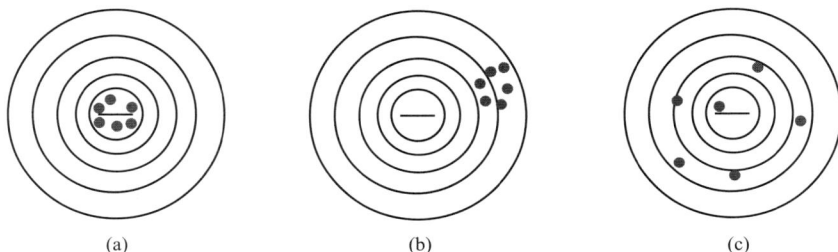

图 1.3 精密度和准确度的关系

图 1.3(a) 代表样本的精密度和准确度都非常高，精确度高；图 1.3(b) 代表样本精密度非常高，但准确度不高；图 1.3(c) 代表样本精密度与准确度都不高。在实际样本测量过程中没有像靶心一样明确的真值，而是通过大量的平行实验设法去测定这个未知的真值。

准确度是表示测定值与真实值的接近或符合程度，反映了测量体系的系统误差和随机误差的大小。精密度是表示平行测定结果之间相互接近的程度，与真值无关，反映了测量样本的随机误差的大小。因此，精密度高但准确度不一定高。准确度高一般说明测定样本的偶然误差比较小，只有在消除了系统误差的前提下，精密度高，准确度才高。可见，准确度高，要求精密度也要高，精密度高是保证准确度高的前提条件。如果精密度低，这表明样本测定结果不可靠。

三、可疑值的取舍

为使实验中所得数据结果更加符合客观实际，必须舍去明显错误的实验数据。正常的实验数据一般具有一定的分散性，如果人为删去未经检验断定的可疑数据（可疑值），虽然可以得到精密度很高的测定结果，但该结果并不一定符合客观实际。因此，对可疑值的取舍必须遵循一定的原则。

（1）可疑测定值的定义

可疑测定值（又称为异常值、离群值）简称可疑值，是在一组平行测定值中与其他数值相差较大（偏大或偏小）的数值。

（2）可疑值的取舍

可疑值进行取舍的实质是区分可疑值与其他测量值之间的差异到底是由随机误差引起还是由过失误差所引起的，如果是由随机误差引起的，则保留数据，如果是由过失误差引起的，则舍去。对可疑值进行取舍的常用方法有 Q 值检验法、拉依达法、肖维纳特（Chavenet）法和格鲁布斯（Grubbs）法等。

① Q 值检验法。又称为舍弃商法，当试验次数较少（一般测量次数 $n<10$）时，可简单用 Q 值检验法对可疑值进行取舍。

a. 排序。首先将实验测得的所有数据按照由大到小的顺序进行排列，即 X_1，X_2，$\cdots$，X_n，可疑值一般在应在两端。

b. 计算。求极差，即最大值与最小值之间的差值 X_1-X_n；求出可疑值与其最相邻数据之间的差值的绝对值，即 $|X_n-X_{n-1}|$ 或 $|X_2-X_1|$；计算 Q 值。

$$Q=\frac{|X_n-X_{n-1}|}{X_1-X_n} \text{ 或 } Q=\frac{|X_2-X_1|}{X_1-X_n}$$

c. 查表。根据测定次数 n 和要求的置信水平 p（如 p 可以取值 95％或 99％）查表得 $Q_{p,n}$ 值（见表 1.3）。

d. 判断。判断 Q 与查表得到的 $Q_{p,n}$ 的大小。如果 $Q>Q_{p,n}$，则该数据舍弃（过失误差所致）；如果 $Q<Q_{p,n}$，则该数据保留（偶然误差造成）。

表 1.3　不同置信水平下的 $Q_{p,n}$ 值

n	$Q_{p,n}$		n	$Q_{p,n}$	
	95％	99％		95％	99％
3	0.97	0.99	7	0.59	0.68
4	0.84	0.93	8	0.54	0.63
5	0.73	0.82	9	0.51	0.60
6	0.64	0.74	10	0.49	0.57

② 拉依达法。当试验次数较多时，可简单用拉依达法对可疑值进行取舍，即以 3 倍的标准偏差（3s）作为可疑值取舍的标准。若实验中某次测量数据（x_i）与所有测量数据的算术平均值（$\bar{x}$）之差大于 3 倍标准偏差，则该次测量数据应该舍弃，具体公式表示为

$$|x_i-\bar{x}|>3s$$

采用 3s 标准取舍的理由：根据随机变量的正态分布规律，在多次试验中，测量值落在 ±3s 之间的概率为 99.73％，那么，出现在 ±3s 范围之外的概率为 0.27％，即 1/400，也就是在接近 400 次的试验中才会出现一次，这种事件一般为小概率事件，出现的可能性非常非常小，几乎为不可能，因此，在大量的实验中，一旦出现可疑值与算术平均值之差大于 3s 时，就可认为该测量数据不可靠，应当舍弃。

拉依达法使用简单方便，不需查表，但严密性不是很好，当实验测定次数较多或要求不高时可以应用，但是，当实验测定次数较少（如实验次数<10）时，即使一组测量值中混有可疑值，也无法直接舍弃。

③ 肖维纳特（Chavenet）法。进行 n 次测试，其测定值一般服从正态分布，以概率 $\frac{1}{2n}$ 设定一个判别范围，即 $-k_n s$ 至 $k_n s$ 范围，若测量值 x_i 与其算术平均值 $\bar{x}$ 之差超出该范围，

就表明 x_i 是可疑的，应予舍弃。

$$\frac{|x_i - \bar{x}|}{s} > k_n$$

式中，k_n 为肖维纳特系数，与测试次数 n 有关，可由正态分布系数表，即表1.4查得。

表 1.4　肖维纳特系数

n	3	4	5	6	7	8	9	10	11	12
k_n	1.38	1.53	1.65	1.73	1.80	1.86	1.92	1.96	2.00	2.03
n	13	14	15	16	17	18	19	20	21	22
k_n	2.07	2.10	2.13	2.15	2.17	2.20	2.22	2.24	2.26	2.28
n	23	24	25	30	40	50	75	100	200	500
k_n	2.30	2.31	2.33	2.39	2.49	2.58	2.71	2.81	3.02	3.20

④ 格鲁布斯（Grubbs）检验法。该方法判定的前提是测定结果服从正态分布，根据顺序统计量来确定可疑数据的取舍。

a. 测量并排列数据。假设进行 n 次重复测定，其测定结果按照由小到大顺序排列为 x_1，x_2，$\cdots$，x_i，$\cdots$，x_n，毫无疑问，可疑值不是 x_1 就是 x_n，而且 x_i 服从正态分布。

b. 计算并判断。计算样本算术平均值 $\bar{x}$ 和标准偏差 s，如果两者之间符合下式关系，则表明 x_i 应该舍弃。

$$|x_i - \bar{x}| > g_0(\alpha, n)s$$

式中，$g_0(\alpha, n)$ 为一个与测定次数 n 和显著性水平 α 有关的系数，由表1.5查得。

格鲁布斯法相对其他方法较为复杂，每次实验只能舍弃一个可疑值，如果有两个或两个以上可疑值，必须依次检验每一个数据并判断该数据是否应舍弃，当舍弃第一个数据后，试验次数由 n 次变为（$n-1$）次，以此为基础重新计算并判别第二个可疑值是否保留。

表 1.5　格鲁布斯检验法的临界值表（不同置信水平）

n	临界值		n	临界值	
	0.95	0.99		0.95	0.99
3	1.153	1.155	17	2.475	2.785
4	1.463	1.492	18	2.504	2.821
5	1.672	1.749	19	2.532	2.854
6	1.822	1.944	20	2.557	2.884
7	1.938	2.097	21	2.580	2.912
8	2.032	2.231	22	2.603	2.939
9	2.110	2.323	23	2.624	2.963
10	2.176	2.410	24	2.644	2.987
11	2.234	2.485	25	2.663	3.009
12	2.285	2.550	30	2.745	3.103
13	2.331	2.607	35	2.811	3.178
14	2.371	2.659	40	2.866	3.240
15	2.409	2.705	45	2.914	3.292
16	2.443	2.747	50	2.956	3.336

四、有效数字

1. 有效数字位数的确定

有效数字：实验过程中实际能测得的数字，主要由确定数字及一位不确定数字组成，与实验方法、测量方法、测量仪器的准确度有关。有效数字的最后一位数字有±1个单位的变化差值。

有效数字的含义：如果实验中测量结果的有效数字的位数不同，则表明使用的称量仪器的准确度不同。

例如，量取一定量的液体时，若量取 7 mL，则使用的是烧杯；若量取 7.0 mL，则使用的是量筒；若量取 7.00 mL，则使用的是移液管。

再如，读取滴定管上的体积时，A 同学读取的数据为 12.33 mL；B 同学读取的数据为 12.32 mL；C 同学读取的数据为 12.34 mL，则误差 $E=\pm0.01$ mL。

上述三个读数中前三位是一样的，由滴定管具体刻度读出，因此是准确的、真实存在的。三位同学读数的最后一位不一致，是估计出来的。每个人眼睛的分辨能力不同，导致最后一位的估读数有细小的差别。最后一位数为估读数据，一般称为可疑数字。但该数字并不是凭空臆造出来的，而是根据仪器得出的，因此，读数时也应该加以保留。

① 实验过程中经常遇到两类数字：

a. 非测量值：表示数目，如测定次数、倍数、系数、常数、分数。

b. 测量值或计算值：测量得到的数据和按照一定计量关系计算得到的数字，该数字不仅表示数量的大小，还能正确反映测量的精确程度。

② 数字零在数据中具有双重作用：

a. 若作为普通数字使用，则是有效数字。如 0.2230 或 2.230×10^{-1} 的有效数字位数为 4。

b. 若只起定位作用，则不是有效数字。如 0.0223 或 2.23×10^{-2} 的有效数字位数为 3。

③ 改变单位时有效数字的位数不改变：如 19.02 mL 也可写作 19.02×10^{-3} L，都为 4 位有效数字。

④ 滴定管、移液管、容量瓶等容量器皿在读数时需要保留 4 位有效数字。

⑤ 用万分之一分析天平称量得到的数据应保留 4 位有效数字；而用十万分之一分析天平得到的数据则保留 5 位有效数字。

⑥ 标准溶液的浓度通常也由 4 位有效数字表示，如 0.1000 mol·L^{-1}。

⑦ pH 小数点后的数字位数即为有效数字的位数，小数点前面的数字位数则不看作有效数字，如 pH=4.34，其对数值为 $\lg c_{H^+}=2.38$，有效数字为 2 位。

⑧ 运算数字中首位数字大于或等于8，有效数字可多记一位。

⑨ 表示误差时，一般取 1 位有效数字就已足够，最多取 2 位。

2. 有效数字的记录、修约及运算规则

（1）记录

根据仪器精密度的要求，记录只保留一位可疑数字的测量数据，如图 1.4 所示三种仪器的测定数据的记录见表 1.6。

表 1.6　仪器数据的记录

	滴定管	台秤	分析天平
精密度	±0.01 mL	±0.1 g	±0.0001 g
测量数据示例	21.08 mL	5.6 g	1.0020 g

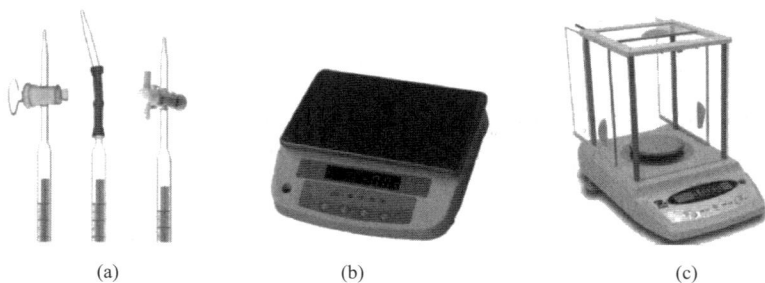

图 1.4　测量仪器

（2）数字修约

不同的仪器或量器分别具有不同的精密度，实验所得数据的有效数字位数也不同。在计算分析结果之前，一般先按照数字修约规则统一修约，确定一致的位数，再舍去某些数据后面多余的数字（称尾数）。数字位数能够正确体现实验结果的准确度。

① 数字修约规则：在计算结果中，通常采用"四舍六入五留双"的数字修约规则进行整化。如：

4 需舍：$0.48554 \rightarrow 0.4855$。

6 需入：$0.48556 \rightarrow 0.4856$。

5 留双：

a. 5 后面有不为 0 的任何数，此时进位：$0.485511 \rightarrow 0.4856$。

b. 5 后面无数字或者为 0 则看前方。

（ⅰ）前方为奇数即进位：$10.475 \rightarrow 10.48$。

（ⅱ）前方为偶数即舍去：$10.4650 \rightarrow 10.46$。

无论舍去多少位，都要一次修约到位，不能分步修约。如 $12.3265 \rightarrow 12.326 \rightarrow 12.33 \rightarrow 12.3 \rightarrow 12$，该修约方式错误，不可取。

② 有效数字运算规则

a. 加减运算。当两个及两个以上数据相加减时，它们的和或差的有效数字，主要取决于小数点后位数最少的数据，即计算结果主要取决于绝对误差最大的那个数据。如：

$$
\begin{array}{rcl}
\text{原数} & & \text{绝对误差} \\
0.0232 & & \pm 0.0001 \\
+\ \ 12.53 & & +\ \ \pm 0.01 \\
+\ \ 2.134 & & +\ \ \pm 0.001 \\
\hline
14.6872 & & \pm 0.01
\end{array}
$$

$$
\begin{array}{c}
\text{修约后} \\
0.02 \\
+\ \ 12.53 \\
+\ \ 2.13 \\
\hline
14.68
\end{array}
$$

如上，0.0232、12.53、2.134 三个数字相加，由于 12.53 的小数点后位数最少，为 2 位，其误差最大，因此根据数字加减修约规则，其余数字都先修约至小数点 2 位，然后计算。

显然，上述三个数据中，第 2 个数的绝对误差最大，它决定了计算结果的绝对误差为 ±0.01，而其他 2 个误差较小的数据不起决定作用。三个数之和为 14.69，其中仅最后一位是可疑数字。因此，加减运算应先修约，再计算。

b. 乘除运算。对两个及两个以上数据进行乘除运算时，它们的乘或除的有效数字，仍然主要取决于有效数字位数最少的那个数据，即计算结果主要取决于相对误差最大的那个数据。

例如，同样求 0.0232、12.53、2.134 相乘之积，三个数字的相对误差分别为

$$\frac{\pm 0.0001}{0.0232} \times 100\% = \pm 0.4\%$$

$$\frac{\pm 0.01}{12.53} \times 100\% = \pm 0.08\%$$

$$\frac{\pm 0.001}{2.134} \times 100\% = \pm 0.05\%$$

如上，0.0232、12.53、2.134 三个数相乘，由于 0.0232 的有效数字位数最少，其误差最大，因此根据数字乘除的修约规则，其余数字都先按照数字修约规则修约至有效数字位数最少，即 3 位有效数字，然后计算，即

$$0.0232 \times 12.5 \times 2.13 = 0.618$$

此外，在乘除运算中，如果有效数字位数最少的因数的首数为"8"或"9"（称为大数），则积或商的有效数字位数可以比这个因数多取一位。如：

$$9.1 \times 0.123 \div 1.421 = 0.780$$
$$\text{2 位} \quad \text{3 位} \quad \text{4 位} \quad \text{3 位}$$

第四节 • 数据处理软件

一、 Origin 软件

Origin 是由 Origin Lab 公司开发的一个用于科学绘图和数据分析的软件，是一款简单、易学、使用方便、操作灵活、界面及功能非常强大的软件，常在科学研究等工作中用于实验绘图。本章所介绍的 OriginPro 8.5.1 的版本可以自定义数学函数、图形样式和绘图模板等，满足用户的制图、数据分析、函数拟合等各种常规需要和一些特殊需要。此外，还可以导入包括 TXT、ASCⅡ、Excel、pCLAMP 等的多种数据形式，最后得到的 Origin 图形还可以被输出成多种格式（如 jpg、tif、png、gif）的图像文件。此外，OriginPro 8.5.1 支持编程，以方便拓展 Origin 的功能和执行批处理任务。

（一） OriginPro 8.5.1 软件界面介绍

打开 OriginPro 8.5.1 软件，界面如图 1.5 所示。

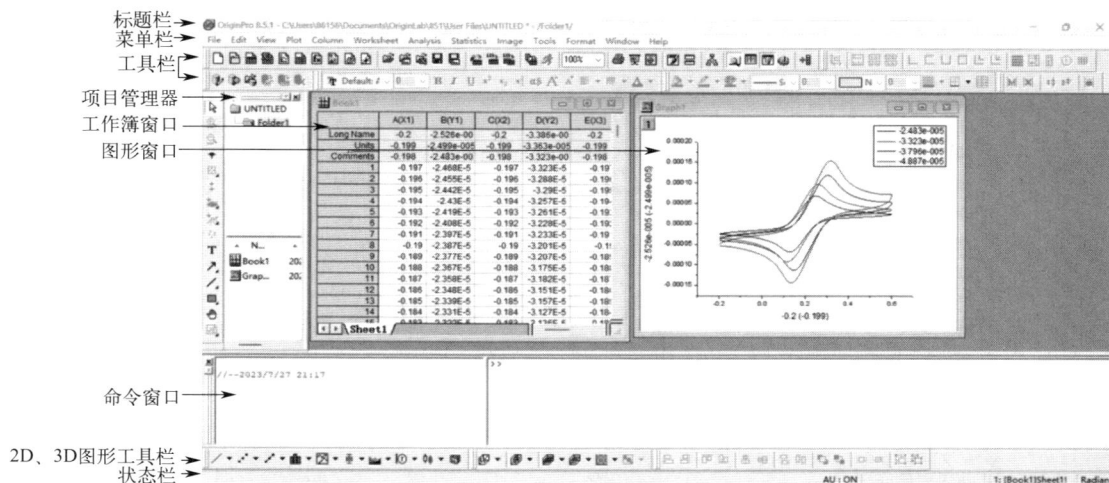

图 1.5　OriginPro 8.5.1 软件打开时的界面

OriginPro 8.5.1 的工作界面主要包括以下几个部分：

① 标题栏。显示当前文件的名称及路径。

② 菜单栏。菜单栏中的每个菜单项包括很多菜单子项，通过这些菜单子项的命令按钮可以实现几乎所有的 OriginPro 8.5.1 的功能。此外，OriginPro 8.5.1 软件的设置几乎都可以在菜单栏中完成，因而一旦详细了解了菜单中各菜单子项的功能，就掌握了 OriginPro 8.5.1 的使用关键。

③ 工具栏。OriginPro 8.5.1 提供了不同分类、功能强大、使用简便的多种工具条，一般用户最常用的功能都可以通过工具栏实现。

④ 项目管理器。能够以最直观的形式给出用户的项目文件及其组成部分的列表，方便用户实现各个窗口之间的切换。

⑤ 工作簿窗口。用于实验数据输入、排列、组织。工作簿可以使用不同行、列的单元格来保存绘图所需的各种数据。

⑥ 图形窗口。用于绘制图形的显示和存储。图形窗口包含图层、坐标轴、图形化数据、注释等内容，图形的绘制及各种操作均需在该窗口内完成。

⑦ 状态栏。状态栏的用途是标出当前的工作内容，以及对鼠标指到某些菜单按钮时进行简单说明，帮助用户迅速了解当前工作内容的功能。

（二）　Origin 软件基本操作

1. 数据的录入

在 Origin 中，常用的数据录入方法有手动输入、剪贴板传送和数据文件导入 3 种。

（1）手动输入

当实验数据较少，即输入的数据较少时，可通过逐行逐列手动输入的方式将数据输入到数据表中，如图 1.6 所示。如果需要输入的数据可以通过数学公式计算得到，则可以使用菜单命令中的"Column\Set Column Values…"打开"Set Values"对话框来输入公式，自动计算该列数据，如图 1.7 所示。

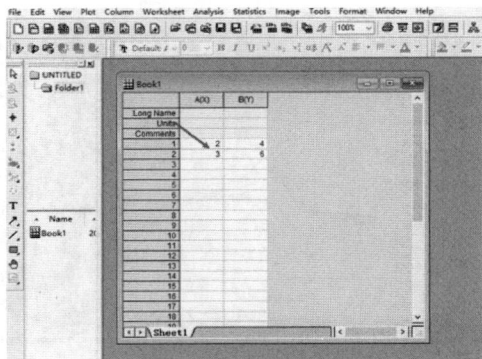

图 1.6　数据手动输入对话框

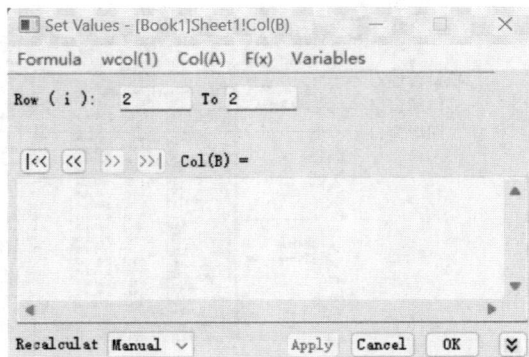

图 1.7　"Set Values" 对话框

（2）剪贴板传送

利用 "Edit" 下拉菜单中 "Cut"（对应快捷键 Ctrl＋X）、"Copy"（对应快捷键 Ctrl＋C）、"Paste"（对应快捷键 Ctrl＋V）命令，可通过剪贴板把其他应用软件（如 Excel、TXT）或其他 Origin 项目文件中的数据传送到当前工作表，也可由 Origin 工作表向其他应用软件传送数据。

（3）数据文件导入

Origin 提供了丰富的接口资源，可以从 ASCⅡ、TXT、CSV、XLS 等众多格式的数据表中导入数据。这一功能对化学、化工专业应用非常重要，这是因为目前大多数现代仪器（如傅里叶变换红外光谱仪、紫外-可见分光光度计、X 射线衍射仪、核磁共振仪等）的操控软件均可将分析检测结果转存为 Origin 识别的 ASCⅡ 格式的数据文件。在 "File"→"Import" 菜单的子菜单下提供了常见的数十种格式数据文件的导入功能。在 Origin 标准工具栏中提供了 3 个最常用的数据导入命令按钮 （图 1.8），依次为数据导入向导、导入单个 ASCⅡ 文件和连续导入多个 ASCⅡ 文件。

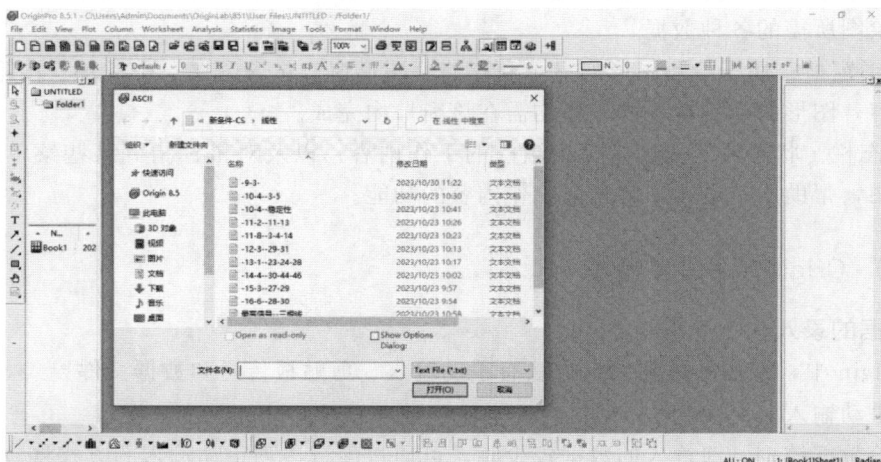

图 1.8　数据导入

2. 图的绘制

数据曲线图主要分为二维图和三维图。在科技文章和论文中，数据曲线图绝大部分采用二维坐标绘制。据统计，数据二维曲线图占数据图总数的 90% 以上。Origin 的绘图功能十分灵活、方便，功能也非常强大，能快捷绘出数十种精美且满足绝大部分用户需求的二维图及三维图。这是 Origin 的特色和特点之一。

（1）绘制单层二维图形

二维绘图的数据来源一般为工作表、Excel 工作簿或 TXT 文本，可以直接从键盘输入，也可以复制粘贴，还可以从文件导入。例如，通过剪贴板把 Excel 中的数据录入当前工作表中（图 1.9）。从图 1.9 可以看出，本次录入的数据共有 4 列，Origin 默认将其命名为 A、B、C 和 D，并默认将 A 列定为 X 轴数据，其余三列定为 Y 轴数据。如果以 B 列数据对 A 列作折线图，首先在工作表中选中要作图的数据列或区域（这里选取 A、B 两列），然后点击二维图形工具栏上 "Plot"→"Line＋Symbol" 命令或左下角快捷按钮，即可得到图 1.10 所示折线图。

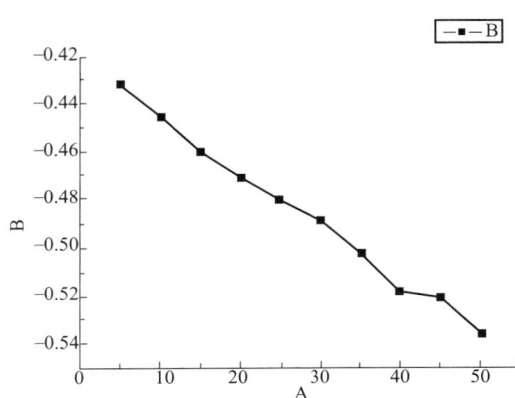

图 1.9　数据表

图 1.10　折线图形

（2）添加图形数据

如果要在上述绘制的图形中继续添加新的数据，例如 D 列数据，可采取如下方法。

① 如果添加的是整列数据，可在图形窗口左上角的图层标号上（灰色小方块中的 1，如 ） 右击打开快捷菜单，选择 "Layer Contents" 选项，打开如图 1.11 所示的 "Layer Con-

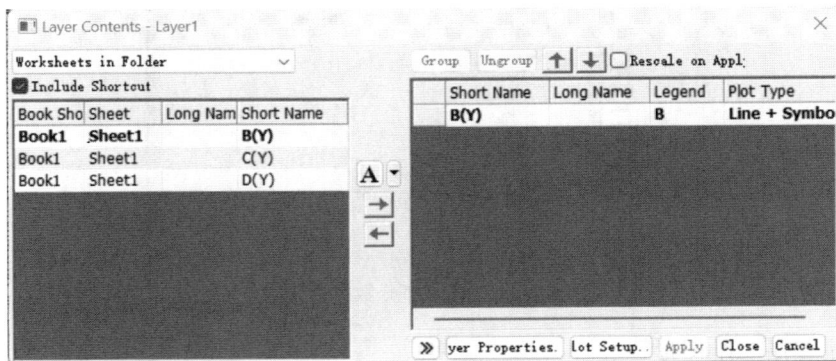

图 1.11　"Layer Contents" 对话框

tents"对话框。在左侧列表对话框中选中 D（Y）数据，单击箭头按钮 ➡ 将其添加到右侧列表框，然后单击"Close"按钮，得到如图 1.12 所示图形。也可使用 ⬅ 按钮从图中删除某列数据。

② 如果只需要添加数据列中的部分数据，如 D 列中的前四个数据，首先将图形窗口和工作簿窗口并排显示，工作表中选择所需添加的数据后，利用鼠标移至被选定数据区域的边缘，直至出现图标 ，如图 1.13 所示；然后，将数据拖动至图形窗口即可得到图 1.14 所示图形。

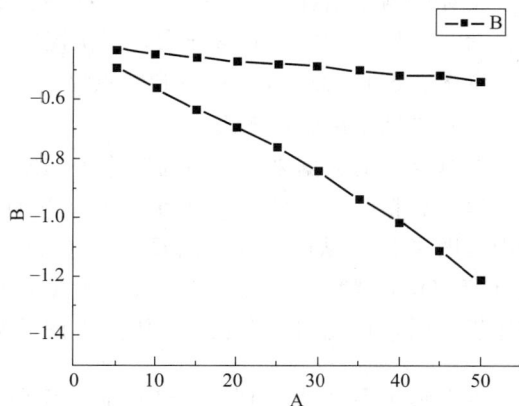

图 1.12　添加数据图形

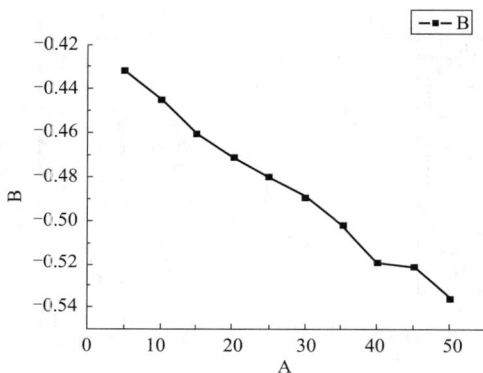

图 1.13　添加部分数据表

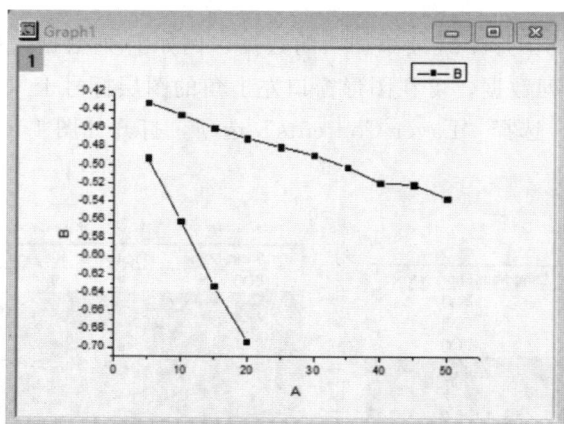

图 1.14　添加部分数据图形

（3）绘制多层二维图形

如果需要在同一个绘图窗口中绘制坐标轴范围不同或度量单位不同的图形时，可以利用多层图形实现这个目的。Origin 提供了多种图形模板，这种图形模板可以用于快速绘制各种经常用的多层图形，如双 Y 轴型（Double-Y）、垂直两栏型（Vertical 2 Panel）、水平两栏型（Horizontal 2 Panel）、四栏型（4 Panel）、九栏型（9 Panel）等。

多层图形绘制方法如下所述：

① 双 Y 轴型图形。同样使用图 1.9 数据表中的数据为例，在导入的数据表中双击列 A，然后在弹出的窗口中指定 Plot Designation 为 "X"；采用同样的方法，双击将 B、C 列名称分别改为 "1" 和 "2"，并指定 Plot Designation 为 "Y"；选中上述三列数据，点击菜单 "Plot"→"Multi-Curve"→"Double-Y" 命令按钮，即可得如图 1.15 所示的双 Y 轴图形。

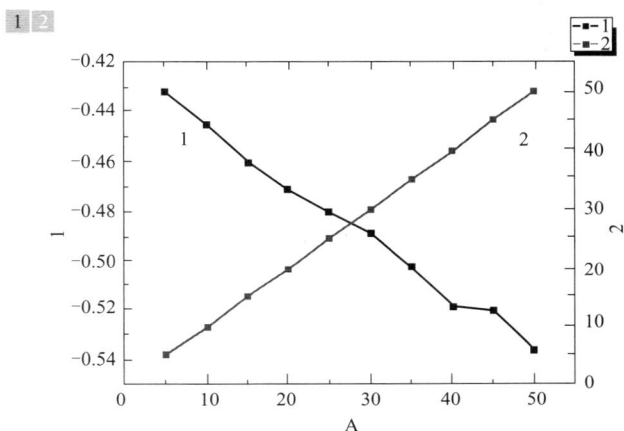

图 1.15 双 Y 轴图形

图形窗口左上角的阿拉伯数字 1 和 2 分别是图层的标识，哪个数字高亮显示，则表示该图层正处于活动状态。如果两个 Y 列数据关联不同的 X 列数据，可以将各自的 X 列数据分别置于上、下坐标轴。

② 垂直两栏（Vertical 2 Panel）和水平两栏（Horizontal 2 Panel）型图形。如上例所示，导入数据并编辑数据表后，选中 1 和 2 两列数据，分别选择 "Plot"→"Multi-Curve"→"Vertical 2 Panel" 或者 "Plot"→"Multi-Curve"→"Horizontal 2 Panel" 命令按钮可得垂直两栏或水平两栏图。

（4）绘制三维图形

Origin 具有 XYY、XYZ 和 Matrix（矩形）3 种类型数据的三维画图功能。

① XYY 型三维图。使用图 1.9 数据表中的数据，选中 B、C 和 D 列数据。单击菜单命令 "Plot"→"3D XYY"→"XYY 3D Bars" 即可得到如图 1.16 所示的 XYY 型三维图。

② XYZ 型三维图。使用图 1.9 数据表中的数据，双击 C 列数据的列标签，在打开的对应列的属性对话框中指定 Plot Designation 为 "Z"。选中 C 列数据后单击菜单命令项 "Plot \ 3D XYZ \ 3D Scatter" 即得到如图 1.17 所示 XYZ 型的三维图。

③ Matrix 三维图。为了绘制三维表面图形，需要将工作表中的数据转换为矩阵，再选择适当的图形形式进行绘制。

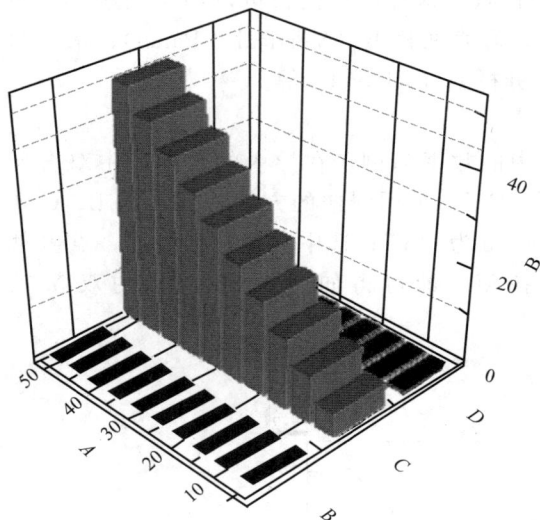

图 1.16 XYY 型三维图

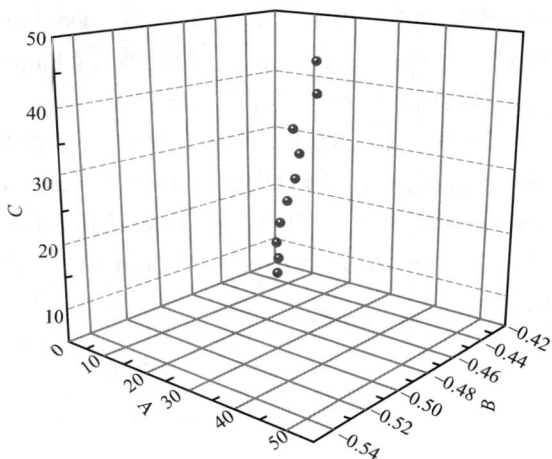

图 1.17 XYZ 型三维图

　　使用图 1.8 数据表中的数据，双击 C 列的列标签，在打开的列属性对话框中指定 Plot Designation 为 "Z"。单击菜单命令 "Worksheet"→"Convert to Matrix"→"XYZ Griding"→"Open Dialog" 打开如图 1.18 所示的对话框，单击 "OK" 按钮，使用如图所示的默认设置，将工作表转换为矩阵。如图 1.19 所示，（a）、（b）分别为同一矩阵的两种不同显示形式，这两种不同形式的图阵可通过菜单 "View"→"Show Column"→"Row"（a）和 "View"→"Show X/Y"（b）相互切换。

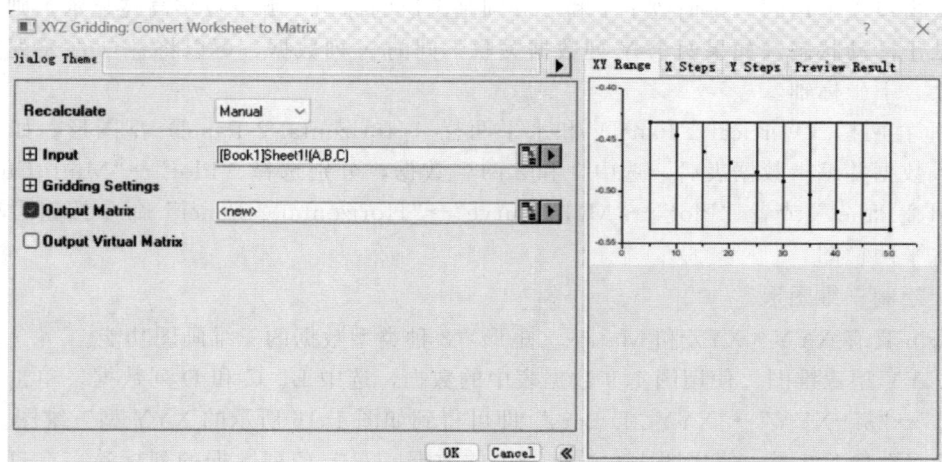

图 1.18 对话框

　　打开矩阵窗口，选中数据，使用 "Plot" 下拉菜单中的各种 3D 菜单按钮选项，可以绘制各种不同形式三维图形。选择菜单命令 "Plot"→"3D Wire/Bar/Symbol"→"Wire Frame" 即可得到如图 1.20 所示的 Matrix 型数据的三维图。

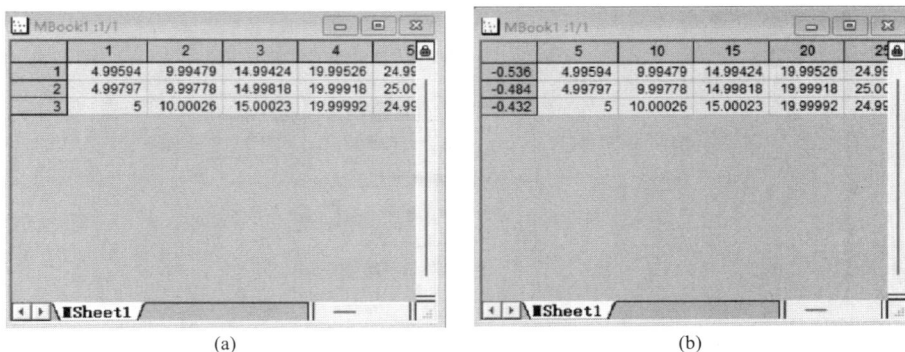

图 1.19 矩阵的两种不同显示形式

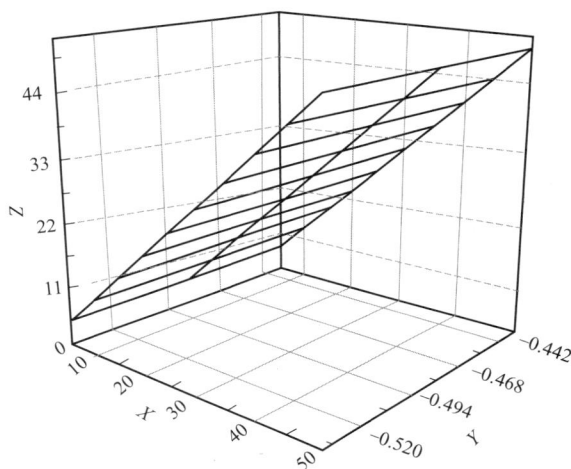

图 1.20 Matrix 型数据三维图

3. 图的参数设定和修改

（1）定制线和符号

直接在所绘图形的线或坐标符号上双击鼠标左键，即可打开如图 1.21 所示的"Plot Details"对话框。该"Plot Details"对话框左半部分以树状结构展示出当前图形窗口所包含的图层以及图层所包含的图线等信息；右半部分则包含 Line（图线）、Symbol（符号）、Drop Lines（垂线）和 Label（标签）4 个选项卡，分别用于定制图线、符号、垂线以及数据标签的格式和类型。在"Line"选项卡中可以设置线的 Connect（连接方式）、Style（线型）、Width（宽度）、Transparency（透明度）、Color（颜色）以及 Fill Area Under Curve（曲线下区域填充）等；在"Symbol"选项卡中可以设置符号的 Shape（形状）、Size（大小）、Edge Thickness（边框粗细）与填充属性等；在"Drop Lines"选项卡中可设置连接数据点的垂线的 Style（线型）、Width（宽度）、Color（颜色）、Skip Points（跳跃点）等；在"Label"选项卡中可以设置数据标签的 Font（字体）、Color（颜色）、Size（字号）、X Offset（X 偏移）、Y Offset（Y 偏移）等。

（2）设定坐标轴

在所绘图形的坐标轴上双击鼠标左键，打开如图 1.22 所示的坐标轴设置对话框。其中共

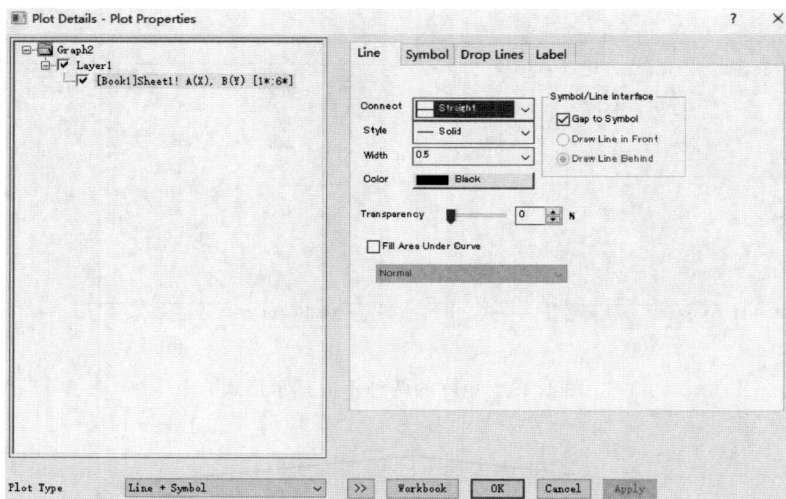

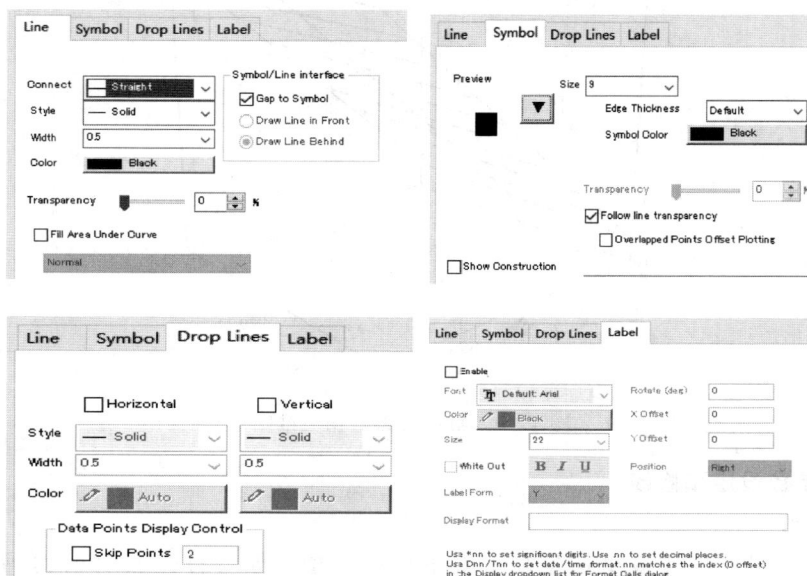

图 1.21 "Plot Details" 对话框

包含"Tick Labels""Minor Tick Labels""Custom Tick Labels""Title&Format""Scale""Grid Lines"和"Break"7 个选项卡。可通过"Tick Labels""Minor Tick Labels""Custom Tick Labels"以及"Title&Format"选项卡对坐标轴的标签、刻度、标识等进行设定。"Scale"选项卡用于设定所绘图形的坐标轴范围、坐标轴类型(线性、对数)等,如图 1.22 所示;"Grid Lines"选项卡可以设定网格线、线的颜色及类型;"Break"选项卡可以将不希望显示的部分坐标区域隐藏起来;"Grid lines"选项卡可以设置图形对面框线等。

4. 数据的线性拟合

使用 Origin 软件可方便地对数据进行各种拟合并分析。

通过选择菜单命令"Analysis"→"Fitting"→"Linear Fit",打开"Linear Fit"拟合对话框,在该对话框中进行设置,即可完成对数据的线性拟合。具体步骤如下:

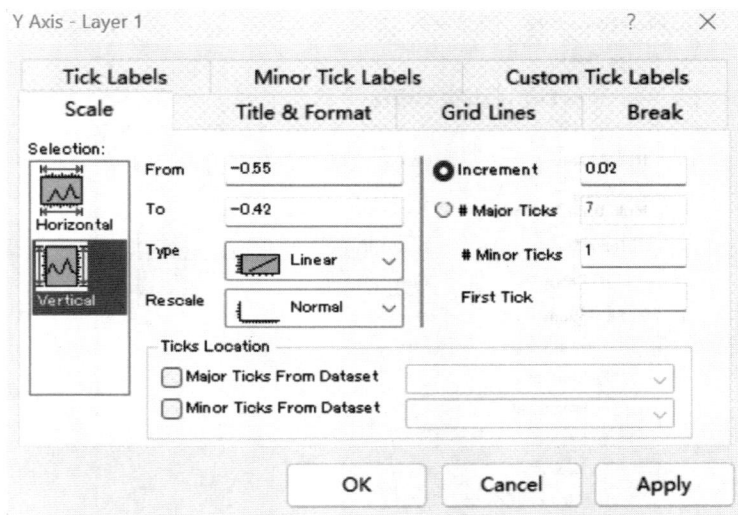

图 1.22 坐标轴设置对话框

① 选中工作表中的数据，绘出散点图，如图 1.23 所示。由图可见，该数据呈线性关系，可线性拟合。也可以使用 Origin 对话框左下角的快捷图标 ⫽╱·∴·╱·■·⚈· 绘制直线、散点图、折线图、柱状图、饼状图等。

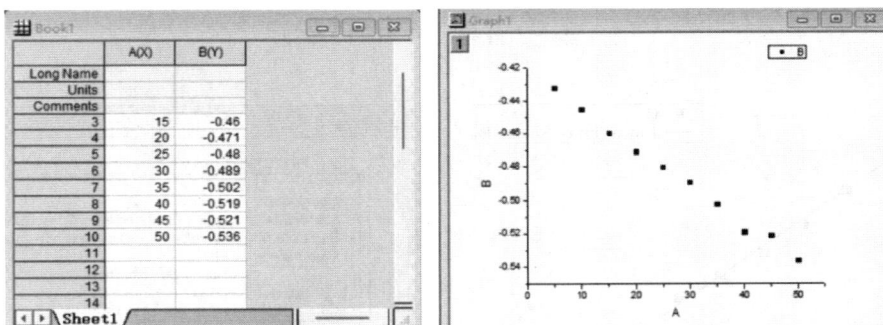

图 1.23 所绘散点图

② 选择菜单命令 "Analysis"→"Fitting"→"Linear Fit" 进行拟合，打开拟合对话框，如图 1.24 所示。在拟合对话框中，可以对拟合输出的参数进行选择和设置，如对拟合范围、输出拟合参数报告及置信区间等进行设置。

③ 数据设置完成后，单击 "OK" 按钮，即完成了线性拟合。拟合的直线和主要结果如图 1.25 所示。

④ 在生成拟合直线的同时，根据 "Linear Fit" 拟合对话框设置，自动生成具有专业水准的拟合参数分析报表和拟合数据工作表（图 1.26）。

5. 图形文件的输出

Origin 图形文件的输出方式多样，可以把图形保存为各种图形文件，供其他应用程序使用。另外，通过剪贴板输出也是一种很直接且简便的图形输出方法，这种输出方式便于图形的后续修改。

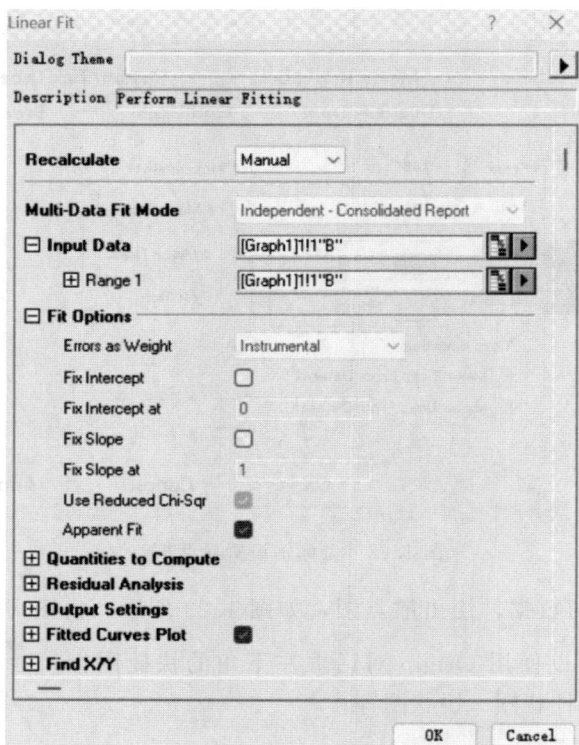

图 1.24 "Linear Fit" 拟合对话框

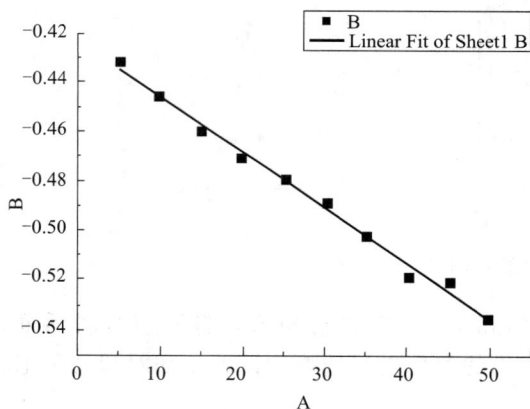

图 1.25 拟合直线

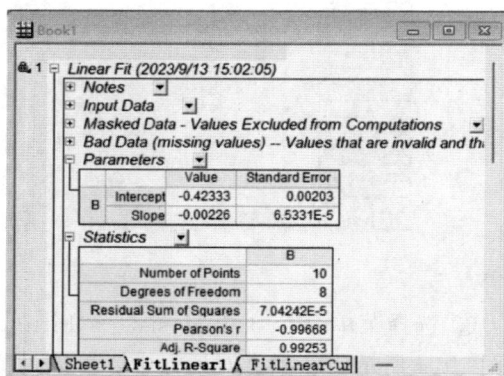

图 1.26 拟合数据工作表

（1）通过剪贴板输出

通过剪贴板输出的 Origin 图形可以进行二次编辑，具体方法如下：

① 单击绘图窗口，使图形窗口处于激活状态，选择菜单命令 "Edit"→"Copy Page"，图形即被复制到剪贴板，或者直接使用快捷键 Ctrl＋C 也可以将图形复制到剪贴板。

② 在其他应用程序中，选择菜单命令 "编辑"→"粘贴"，也可通过剪贴板将 Origin 图形输出到应用程序，或者直接使用快捷键 Ctrl＋V 直接将 Origin 图形输出到应用程序。

通过剪贴板输出的图形默认比例为 40，该比例为输出图形与图纸的比例。该比例可以通过 Origin 中的 "Tool"→"Options" 菜单命令进行设置（图 1.27），打开 "Options" 对话框中的 "Page" 选项卡，在 "Copy Page Settings" 组的 "Ratio" 下拉列表框中根据需要对输出图形的比例进行设置。在该选项卡中，还可以对输出图形的分辨率进行设置，一般默认为 300 dpi。图 1.27 为 "Options" 对话框中的 "Page" 选项卡。默认情况下，粘贴命令会将 Origin 对象嵌入其他应用中，因此可在其他程序里双击嵌入的图形打开 Origin 程序再次编辑该图形。若只需粘贴图形，可在应用程序的 "编辑" 菜单中选择 "选择性粘贴" 命令，并指定粘贴格式为图形，得到的图形将不可再用 Origin 编辑。

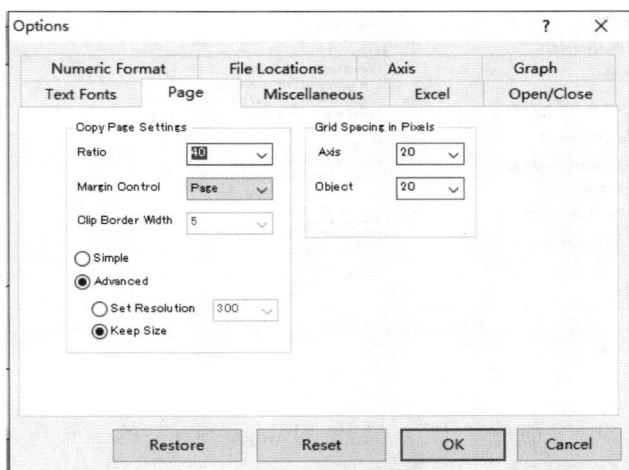

图 1.27　图形比例设置

（2）通过 "Import and Export：expGraph" 对话框输出

Origin 还支持把图形输出为多种格式的矢量或位图文件，这样可将图形保存为独立的文件，便于出版印刷，但输出的图形不能再次编辑。输出图形文件的步骤如下所述。

① 在图形窗口激活的状态下，使用菜单命令 "File"→"Export Graphs" 打开 "Import and Export：expGraph" 对话框（图 1.28）。

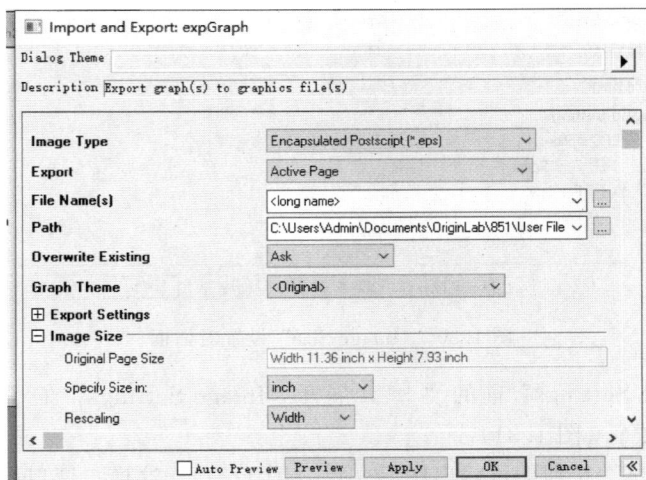

图 1.28　"Import and Export：expGraph" 对话框

② 在"Path"输入框设定文件保存路径，在"File Name"项输入文件保存名，在"Image Type"下拉选项表中选择文件拟保存的图形格式，如 jpg、tif、pdf、png 等（图 1.29）。

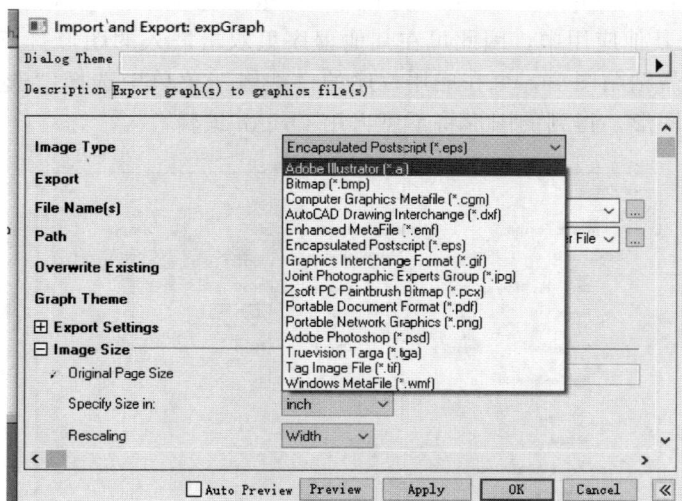

图 1.29 "Image Type"设置对话框

③ 单击"Image Size"前的"＋"，展开"Image Size"的子选项，设定输出图形的单位、尺寸等参数（图 1.30）。

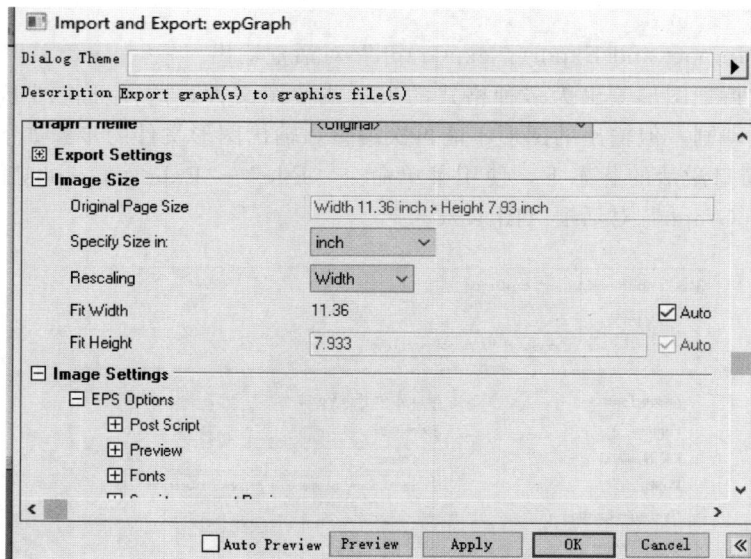

图 1.30 "Image Size"设置对话框

④ 单击"Image Settings"前的"＋"，展开"Image Settings"的子选项，设定输出图形的分辨率、颜色数等（图 1.31）。

⑤ 最后单击"OK"按钮即可输出图形文件（图 1.32）。这样，窗口图像就被保存为图形文件，可以插入任何可识别这种文件格式的应用程序（如 Word、Excel、PowerPoint 等）。

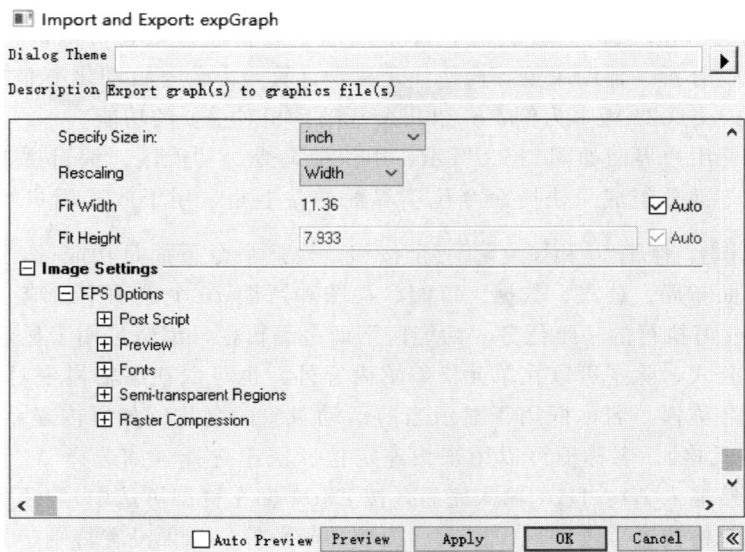

图 1.31　"Image Settings"设置对话框

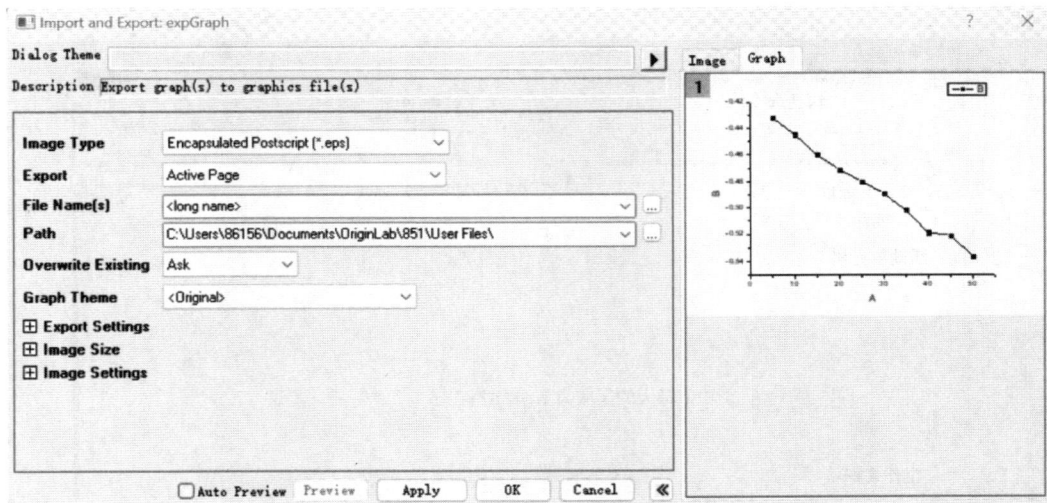

图 1.32　图形输出预览对话框

二、 Excel 软件

1. Excel 软件简介

Excel 作为 Microsoft Office System 中的电子表格程序之一，可以创建工作簿（电子表格集合），同时设置工作簿格式，便于对数据进行分析或对业务决策进行分析。更重要的是，Excel 可以跟踪数据、生成数据分析模型、便捷编写公式以及对数据进行计算，同时可通过各种方式来透视数据、审视数据，并可以通过各种具有专业外观的图表来呈现数据。简而言之，Excel 是目前用来更方便处理数据的办公软件之一。

2. Excel 软件界面介绍

Excel 是微软公司开发的办公套装软件中的电子表格软件，它可以进行各种数据的记录、处理、统计、分析、辅助决策等操作，是科学计算与办公室自动化中非常重要的工具之一。接下来以 Excel 2021 版本为例，介绍几个基础且相对重要的功能。

Excel 2021 的用户界面如图 1.33 所示，由快捷命令、功能区、编辑栏、名称框、状态栏、工作表格区等部分组成。快捷命令位于界面的左上角，用于放置用户经常使用到的功能，默认有保存 ![保存图标]、撤消 ![撤消图标] 和恢复 ![恢复图标] 三个按钮。快捷命令下面是功能区，由文件、开始、插入、绘图、页面布局、公式、数据、审阅、视图和帮助 10 个选项卡组成。每个功能选项卡分别代表 Excel 可执行的一组任务。功能区下面是编辑栏，编辑栏用于显示活动单元格中的数据、文字或公式，除了可以在单元格编辑内容外，也可以在编辑栏中对内容进行编辑。编辑栏的左边为名称框，名称框用于显示当前活动对象的名称（如框内显示 A3，表示第 3 行、第 A 列的单元格）。名称框可以用来快速定位、快速选择（如选择 A1 到 D6 区域，就可在名称框中直接输入 A1：D6，输入完后，按 Enter 回车键即可选中），还可用于显示参照状态，如当前单元格位置、绘图区、图表、图例和函数等。如果没有特别定义，名称框中显示的为当前活动单元格的地址。单击名称框右侧的下拉箭头 ![下拉箭头]，可在下拉列表中列出所有已经定义的名称或公式。

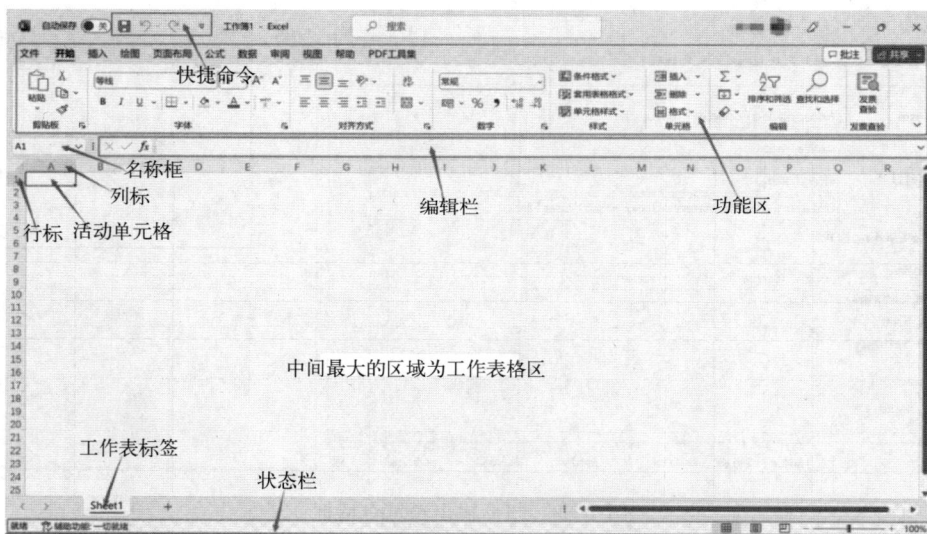

图 1.33　Excel 2021 的用户界面

编辑栏下方是工作表格区，工作表格区是由多个单元表格行和单元表格列组成的网状可编辑的区域，也就是日常操作的区域（如输入、修改、删除数据、公式计算等），是存储数据的载体。工作表格区下方是工作表标签，代表每个工作表的名字［一般一个 Excel 文件叫工作簿，里面的每个插页（sheet）叫工作表］，点击 ![加号按钮] 按钮，可以新增工作表，即 Sheet 1、Sheet 2、Sheet 3 等，鼠标双击工作表的名字，可以重新命名工作表。最底下是状态栏，当在选中单元格数据时，状态栏会显示对应的信息，比如平均值、计数、求和等。状态栏右侧是常用的视图功能，如普通、页面布局，分页预览、缩放比例设置等。

3. Excel 软件基本操作

（1）数据导入

在空白的 Excel 工作簿中导入数据一般用到以下方法。

① 将所需少量数据信息人工直接输入到该空白工作簿中。具体如下：

新建一个 Excel 文件之后，便可直接进行数据输入操作。Excel 中以单元格为单位进行数据的输入操作。一般可以用上下左右光标键、Tab 键或用鼠标选中某一单元格，然后输入已有的实验数据。Excel 表格中的数据按类型不同，通常可分为常规、数值、货币、会计专用、日期、百分比、分数、科学记数、文本、特殊、自定义等（图 1.34）。Excel 根据输入数据的格式自动判断数据属于什么类型。如日期型的数据输入格式为"月/日/年""月-日-年"或"时：分：秒"。如果要输入逻辑型的数据，输入"true"（真）或"false"（假）即可。如果数据由数字与小数点构成，Excel 则自动将该数据识别为数字型。Excel 允许在数值型数据前加入货币符号，加入后 Excel 将其视为货币数值型。Excel 也允许数值型数

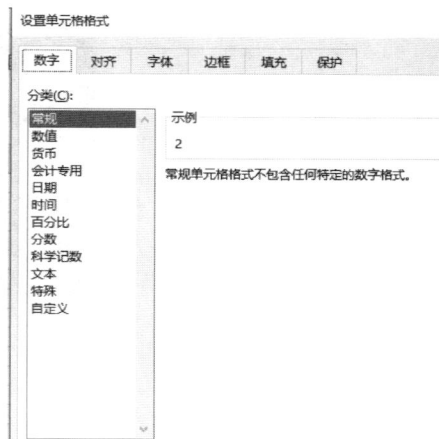

图 1.34　表格数字分类

据用科学记数法表示，如 4×10^{10}，在 Excel 中可表示为 4E＋10。除上述三种格式，其他所有输入数据，Excel 都将其视为字符型，自动进行处理。

② 将数据通过复制粘贴到该空白工作簿中。具体如下：

拖动鼠标选定待复制区域。用鼠标左击拉动选定区域，鼠标右击选择"复制"选项（或使用快捷键 Ctrl＋C），如果选择整个工作簿内容可以用快捷键 Ctrl＋A。用鼠标右击目标区域左上角的小三角　　　即可全选整个表格，再右击鼠标选择"粘贴"（或使用快捷键 Ctrl＋V），完成数据复制。

③ 将 TXT 格式数据导入到空白的 Excel 工作簿中。如图 1.35 所示，点击"数据"→"获取数据"→"来自文件"→"从文本/CSV"，即可导入数据。

图 1.35　数据导入

或者在如图 1.36 所示中找到所需数据点击"打开"，再在图 1.37 中点击"加载"，即得到导入后的数据，可根据自己所需对数据进行删改，如图 1.38 所示。

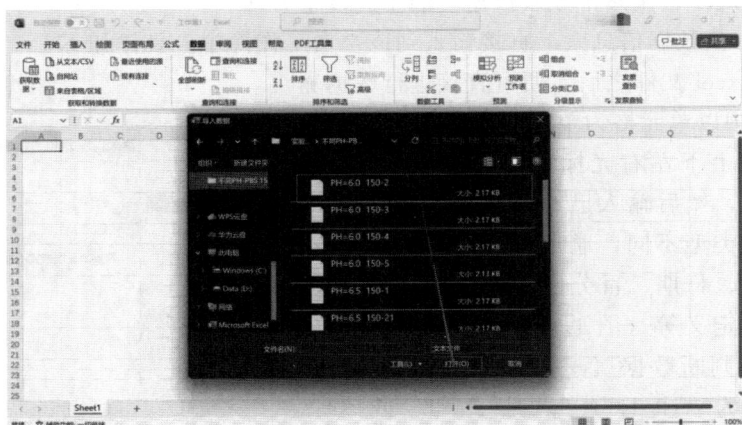

图 1.36　数据打开

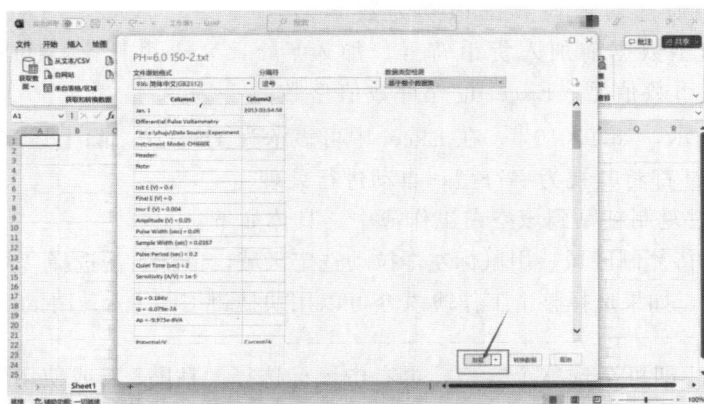

图 1.37　加载数据

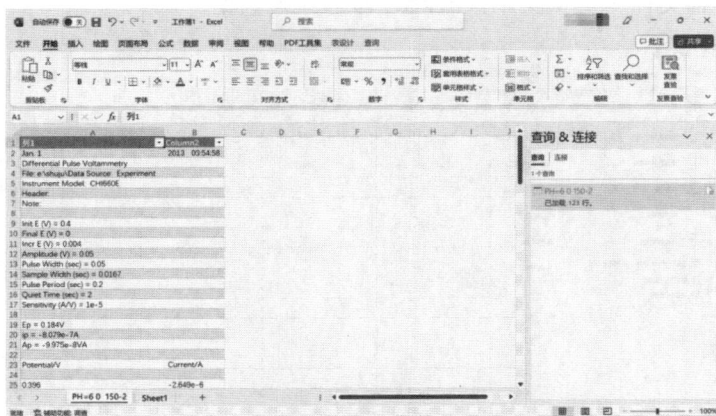

图 1.38　数据删除

（2）图的绘制

如图 1.39 所示，Excel 的图表有柱形图、折线图、饼图、条形图、面积图、XY 散点图、地图、股价图、曲面图、雷达图、树状图、旭日图、直方图、箱形图、瀑布图、漏斗图、组合图等。其中，柱形图、饼图、折线图是 Excel 经常会绘制的图表，如果需要绘制其他图表，一般使用类似绘制柱形图、饼图和折线图的方法即可绘制。

柱形图：常用于显示一段时间内数据的变化，或描述多个数据项目之间的数据对比关系，它强调的是一段时间内，相同或不同类别数据值的变化。

饼图：主要用于显示每一数值占总数值的百分数，强调的是比例变化。

折线图：主要适用于显示一段时间内相关类别数据的变化趋势，它通常显示等时间间隔下数据的变化趋势，强调的是时间性和变化趋势，而非变动量。

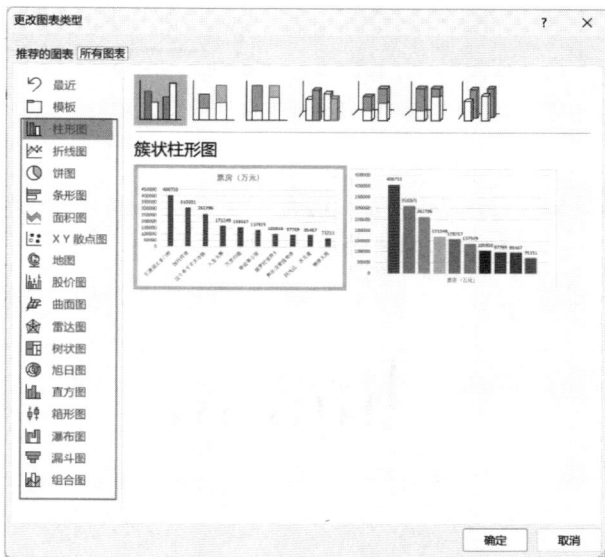

图 1.39　图表样式

以 2022 年国内演出票房排行榜柱形图的绘制为例。

① 选中需要绘制图形的数据，即数据透视表里的数据。

② 如图 1.40 所示，点击"插入"选项卡下的"推荐的图表"功能，就可以打开 Excel 中的所有图表。

③ 在"推荐的图表"里可以选择条形图中的"簇状条形图"，也选择常用的柱形图，还可以根据自身的实际情况选择其他形状图表。最后图形将在数据旁边生成，如图 1.41 所示。

（3）数据的线性拟合

① 在空白工作簿中输入 X、Y 两列数据，鼠标拖拽选中，选择插入，在所有图表中选择 XY 散点图，点击"确定"，这样散点图就被插入工作簿中（图 1.42）。

② 鼠标左键单击图表上的任意一个散点，单击鼠标右键，出现"添加趋势线"选项。点击"添加趋势线"，在趋势线选项中选择所添加曲线的类型，有指数、线性、对数、多项式、乘幂、移动平均等，选择适合的数据类型即可。接着勾选"显示公式"选项，则散点图上方会显示出拟合曲线的公式（图 1.43 和图 1.44）。

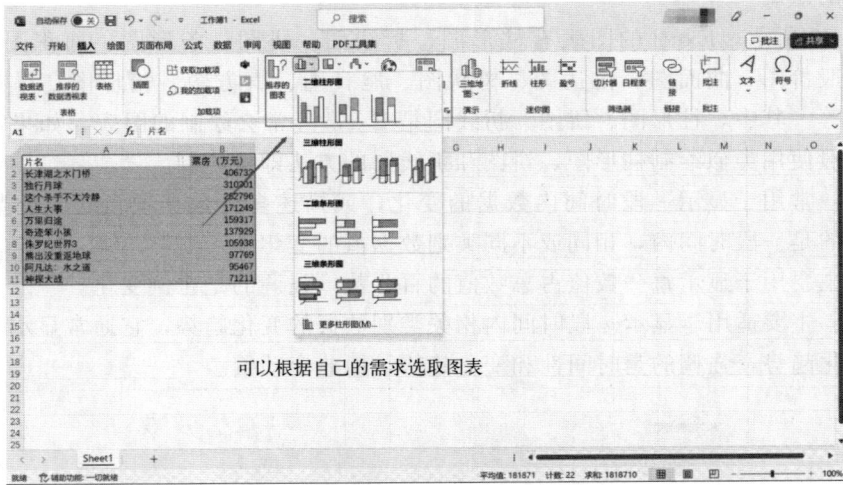

图 1.40　Excel 中自带图表

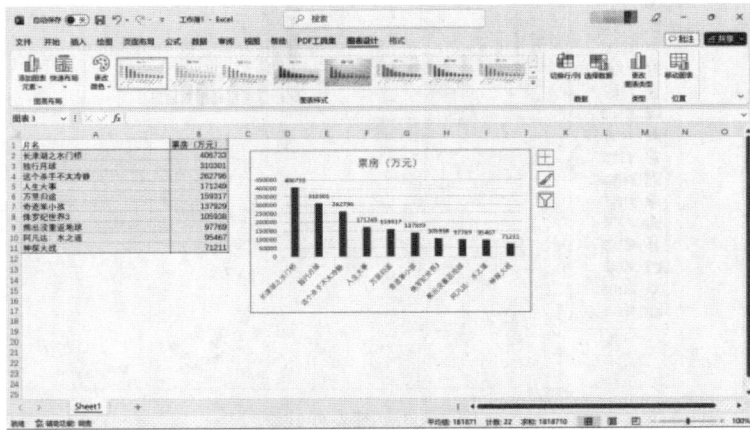

图 1.41　票房生成图

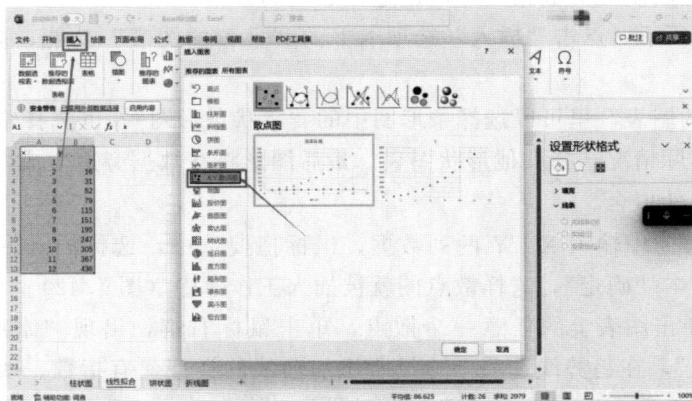

图 1.42　散点图插入

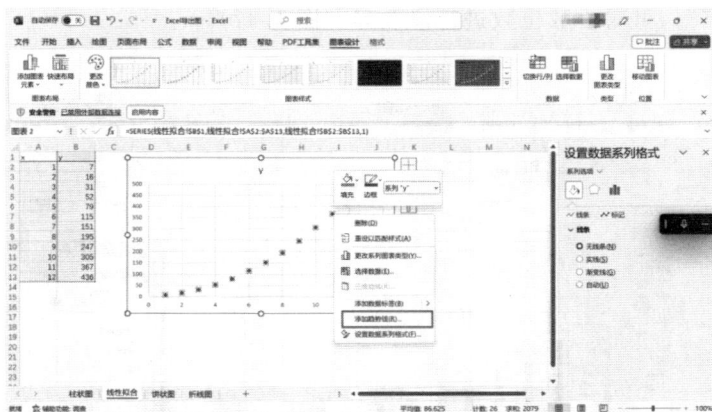

图 1.43 添加趋势线

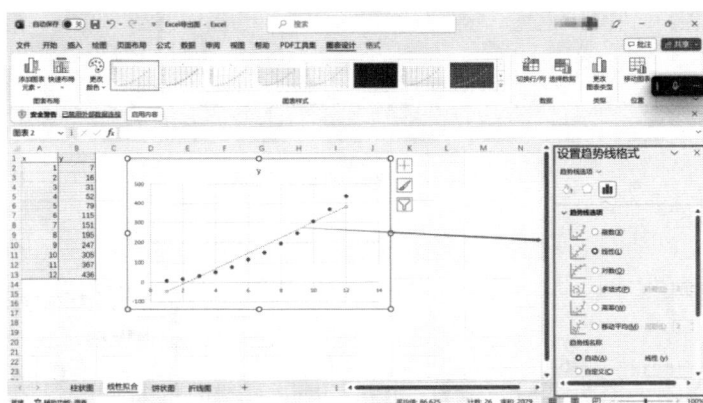

图 1.44 设置趋势线格式

（4）图的参数设定和修改

用 Excel 做好图表之后，可以对图表的样式、颜色等相关参数进行修改。

① 删除无关的元素。简化图表，删除无关元素，增强图表的可读性。可以将图表上所有与数据表达无关的元素全部删除，选中这些元素，点击鼠标右键，点击"删除"，或可以使用键盘上的 Delete 键删除。也可以在图表边上点击鼠标右键，选择"设置绘图区格式"（图 1.45），在弹出的"设置绘图区格式"对话框中，选择"无填充"就可以把图表背景色设置为透明，选择"无线条"就可以把图表边框去掉。还可以按照要求自主选择设置格式。

② 坐标轴参数的修改。如图 1.46 所示，在插入的图表中点击并选中所要修饰的坐标轴，在"设置坐标轴格式"中，可对"坐标轴选项""刻度线""标签""数字"进行修改。

在四个选项中，如选择"刻度线"，可以选择刻度线的

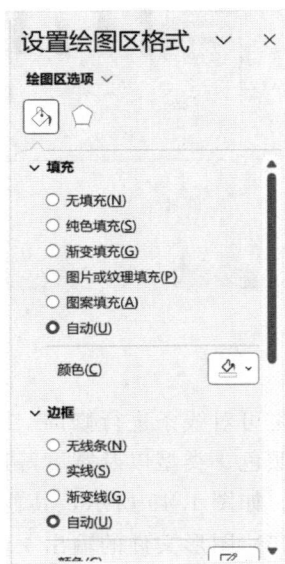

图 1.45 设置绘图区格式

类型；选择"数字"，可对小数位数进行修改等（图1.47）。

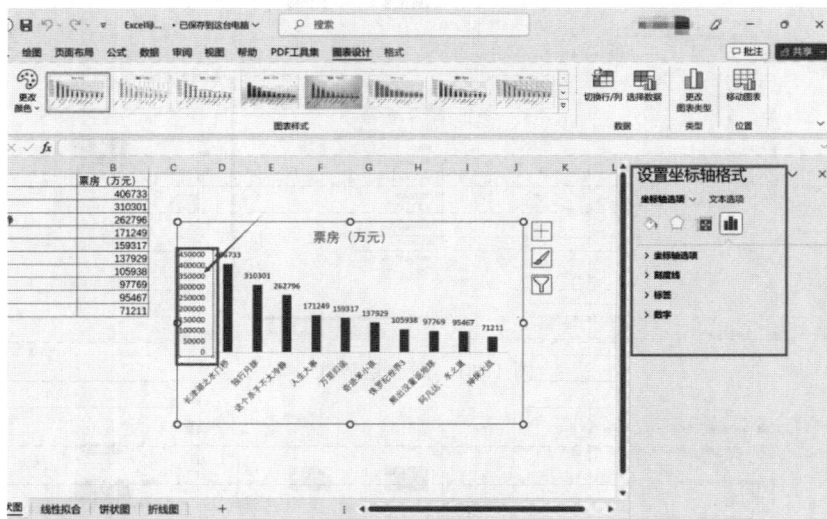

图 1.46　坐标轴格式修改

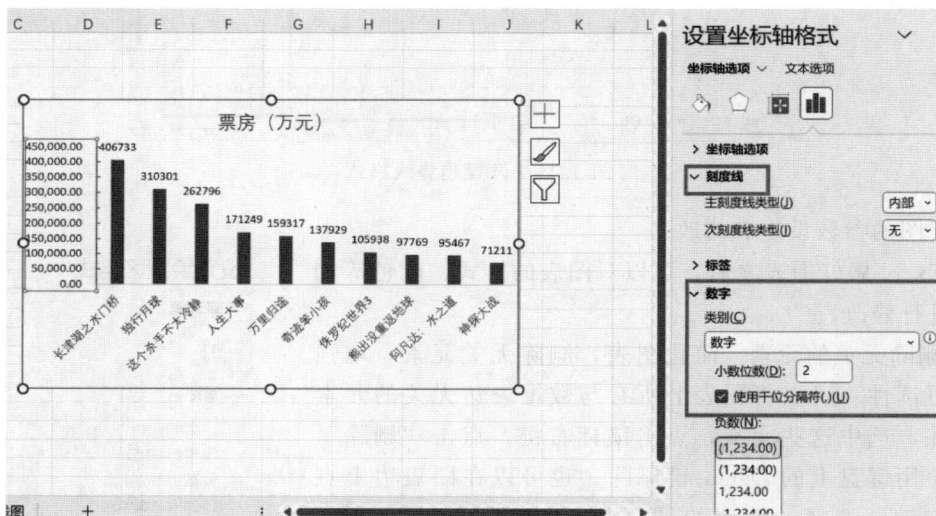

图 1.47　刻度线和数字修改

也可对线条进行修饰（图1.48），选择"填充与线条"，然后选择"线条"，下滑可对线条的颜色、类型以及宽度等进行修改，其中"图表标题"以及"坐标轴标题"都是可直接修改的。如图1.49所示，其他参数可根据需要自行修改。

（5）图形文件的输出

使用 Excel 绘制图表后，如果对于图表导出的图片要求不高，输出有以下两种方式：

① 可以直接截图或者直接复制（快捷键 Ctrl＋C），然后采用直接粘贴（快捷键 Ctrl＋V）

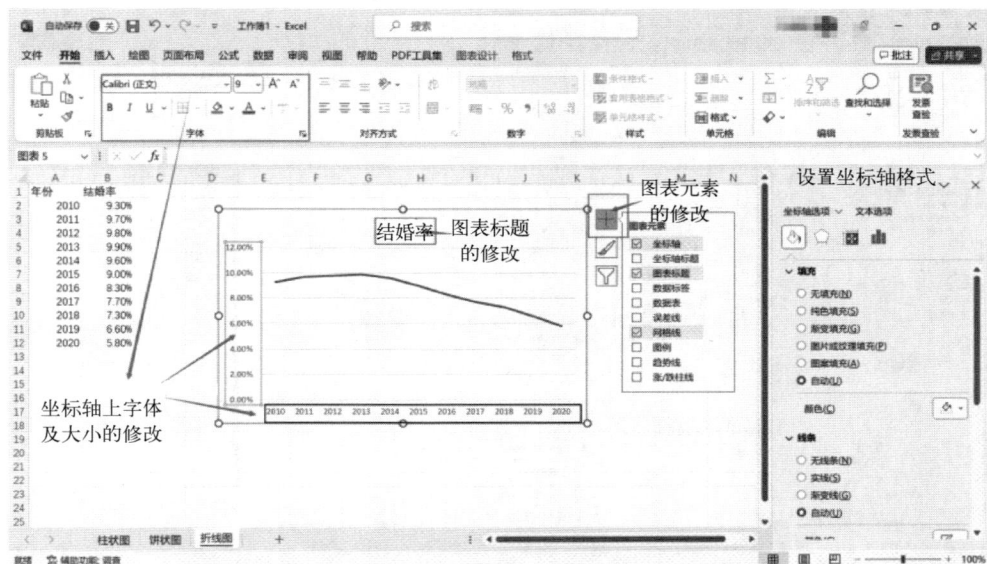

图 1.48 "图表标题"以及"坐标轴标题"

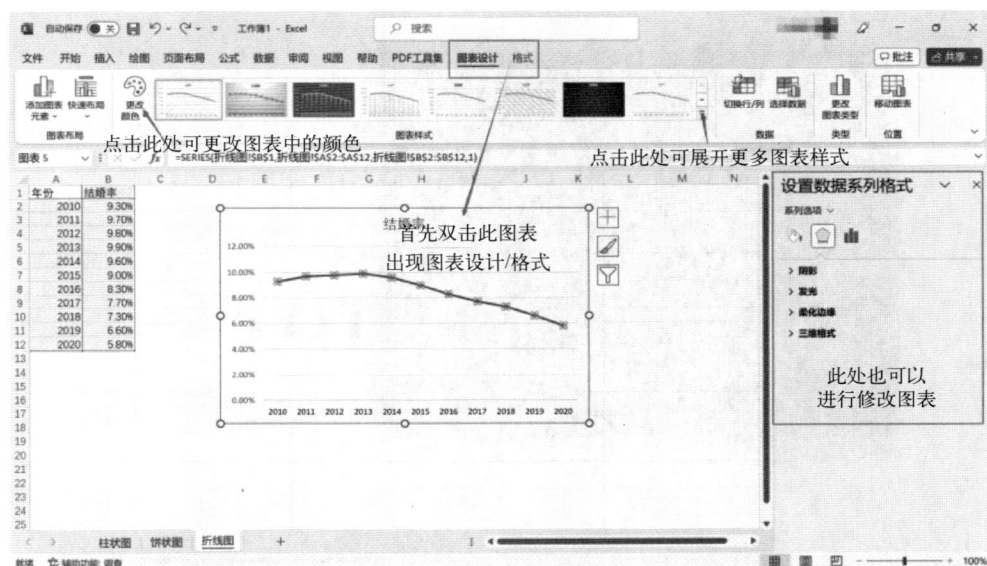

图 1.49 其他参数修改

的方式进行图文的输出。

② 选择所需输出的图片，单击右键，点击"另存为图片"，在弹窗中选择保存类型（如 JPEG 文件交换格式、TIFF 格式等），然后点击"保存"即可将图片进行保存输出，如图 1.50 和图 1.51 所示。

上述两种主要用于导出图片质量不高的情况下，基本上满足实验制图和科研制图的要求。

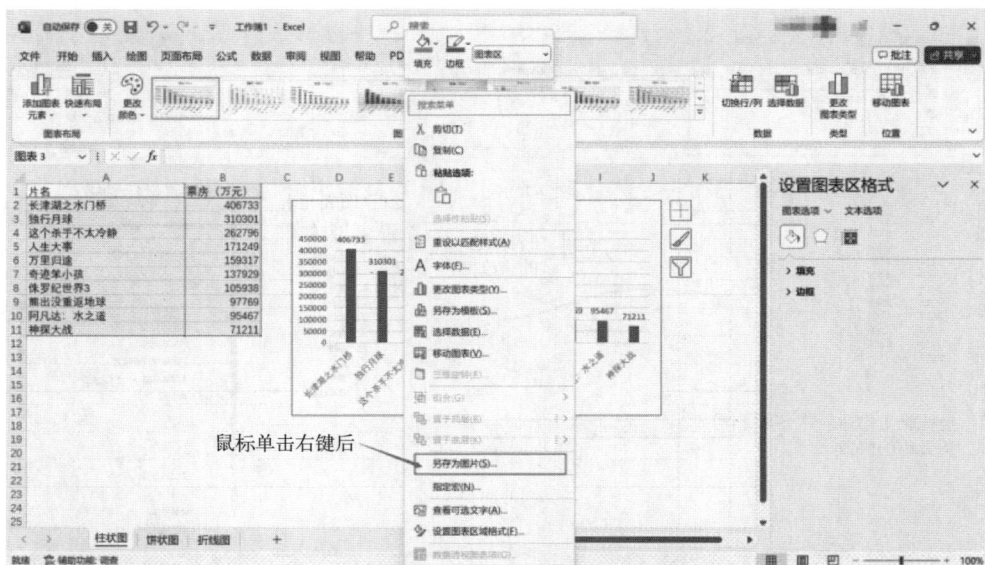

图 1.50　图片保存

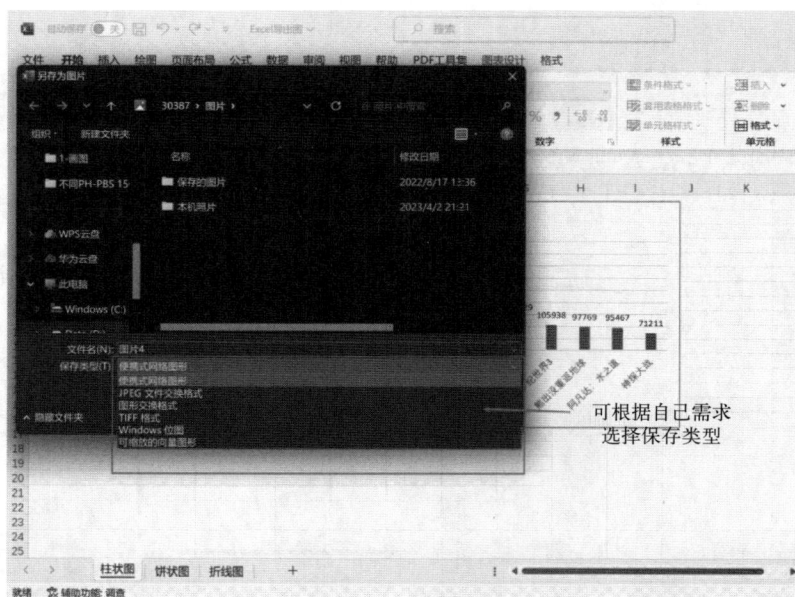

图 1.51　选择图片保存类型

第五节·物理化学测量技术及其应用

一、物理化学测量技术

物理化学是化学领域中一个重要的分支，主要以化学现象和化学反应体系为对象，采用物理学的理论知识与实验技术，分析、研究、探索、归纳物质的性质、特性及它们与环境以及其他物质之间的相互作用，同时发现化学的基本规律和理论，是构成化学科学的重要理论基础之一。对物理化学及物理化学实验的水平的掌握，在一定程度上反映了学生对化学学科研究领域的深入情况。

常见的物理化学测量技术包括：光谱分析（如元素光谱、分子光谱、振动光谱、电子光谱、红外光谱、紫外光谱、荧光光谱、原子吸收光谱等）、核磁共振、溶剂萃取、质谱分析、电化学分析等。

1. 光谱分析

光谱分析主要是指一种通过光谱仪器进行实验的测试方法。光谱分析包括诸多领域，如元素光谱、分子光谱、振动光谱、电子光谱、红外光谱、紫外光谱、荧光光谱、原子吸收光谱等。上述光谱技术能够通过测量物质与光的相互作用，推测并确定物质的特性及结构。

光谱技术主要应用于物理化学、有机化学、分析化学、生物化学、材料科学、化学发光、食品科学以及环境科学等领域。例如，光谱技术在生物化学中可用于蛋白质、核酸和细胞膜的结构和功能研究；在化学发光中可用于材料的发光性质的研究和探索；在环境及食品科学中可用于环境或食品中有毒物质和污染物的灵敏检测。

2. 溶剂萃取

溶剂萃取，又称液液萃取，是利用物质在不同溶剂中的不同溶解度，从混合物中提取特定物质的方法。常用溶剂有水、苯、乙醇、四氯化碳、氯仿等。该方法常用于化学、食品等工业，如四氯化碳萃取碘水中的碘单质，再如利用乙醚、丙酮、甲苯等溶剂萃取水中的氯仿，进而实现对水环境中有毒物质的检测。

3. 核磁共振

核磁共振技术利用磁场对不同的原子核尺寸具有不同的影响，进而获得物质的结构、化学成分和性质等信息。核磁共振技术是一种极其常见的物理化学测量技术，被广泛应用于生物科学、化学和医药等研究领域。

4. 质谱分析

质谱是与光谱并列的一种常用谱学方法，是一种通过制备、分离、检测气相离子来鉴定化合物的专门技术，被广泛应用于化学、食品科学、生物医药、环境分析等领域。如将分离技术与质谱法结合起来，一次分析即可获得丰富的结构信息，是分离科学方法中的一项突破性进展。

5. 电化学分析

电化学分析是利用物质的电学性质与该物质的组成、含量等化学性质的关系来进行分析测定的一种常用的物理化学分析测量技术。该技术可用于分析物质的电荷或电能、物质的浓度、溶液的酸碱度等物理及化学信息，在食品科学、生物医药、环境分析等领域具有广泛的应用。

综上所述，物理化学测量技术在食品科学、材料科学、生物医药、环境科学、化学研究等领域起着重要的作用。经过科学家的不懈努力，物理化学测量技术逐渐从实验室走向现实，并实现应用。物理化学测量技术使我们能够更加深入地了解物质的本质和属性，进而有更多的理论支持和技术手段去发现、分析、解决实际性问题。

二、物理化学测量技术的应用研究举例

1. 光催化降解的应用

光催化降解是一种利用光催化剂（一般为具有光催化功能的半导体材料，如纳米级二氧化钛、氧化锌及贵金属纳米材料等）促进有机污染物、部分无机化合物、细菌、病毒等分解的技术。

以常见的 N 型半导体的能带结构为例，半导体材料的能带结构不连续，一般由充满电子的低能价带（VB）和含有空穴的高能导带（CB）组成，VB 和 CB 之间存在禁带（带隙）。当半导体材料被用能量大于或等于带隙能量的光照射时，VB 上的电子被光激发跃迁至 CB 上，相应地，VB 上将产生电子空穴（h^+），在电场的作用下，h^+ 分离迁移到材料表面。以半导体 TiO_2 为例，分布在材料表面的光生 h^+ 因具有很强的电子吸引能力，能将吸附在 TiO_2 表面上的 OH^- 和 H_2O 氧化成羟基自由基（$OH\cdot$）等。$OH\cdot$ 具有极强的氧化能力，能够分解各种具有不稳定化学键的有机化合物和部分无机物，最终将它们降解成 H_2O、CO_2 等没有毒性的小分子物质。此外，$OH\cdot$ 还可以破坏细菌的细胞膜和凝固病毒的蛋白质载体等。

目前，光催化降解技术已经被广泛用于处理含有机污染物的废水、废气。如废水中酚类、染料类、难降解类有机废弃物都可以采用光催化降解技术。

2. 纳米技术的应用

纳米技术（nanotechnology）是一种在纳米尺度（1～100nm）范围内，利用单个原子、分子制造物质和操作物质的科学技术。纳米技术以现代科学技术为基础，它是动态科学（如动态力学）、现代科学（如混沌理论、量子力学和介观物理）和现代技术（计算机技术、原子力显微术、扫描电子显微术、透射电子显微术及核分析技术）等相结合的产物。纳米技术的发展又促使诞生了一系列新的学科，如纳米物理学、纳米化学、纳米医学、纳米电子学、纳米生物学等。

同样，纳米技术也可以应用于化学分离方面，通过纳米技术制备的不同的纳米粒子用于化学分离时，具有不同的作用。在分离过程中，纳米粒子能与待分离的物质发生作用，通过分析分离后的物质，进而确定物质的各种性质。纳米技术可应用于复杂的混合物的分离，如水中化学物质、生物化学分子和环境污染物等的分离、提纯、解析。目前，纳米技术已经成功应用于能源、食品科学、材料科学、生物医药和环境科学等领域，化学分离是其中的一种重要应用之一。

3. 电化学分析的应用

电化学分析是研究电化学反应过程中电化学动力学、电位、电流及反应机理的一种重要方法。该技术可用于分析物质的电荷或电能、物质的浓度、溶液的酸碱度等物理及化学信息，在化学反应、生物医药、电池、环境分析、材料工程和电分析化学等领域具有广泛的应用。如，在电池研究、发明、生产等领域，电化学分析可以用来测试电池性能，进而确定电池的品质。

物理化学测量技术是化学研究测量技术中非常重要的组成部分。目前，新的化学物理测量技术正逐渐被研究人员发现并应用于不同的领域，如环境工程、化学、材料科学、生物医药、食品科学、环境工程、生物化学等。因此，物理化学测量技术的应用前景非常广阔，能

极大地推动化学学科的发展和应用。

第六节·实验室安全知识及应急预案

在实验的过程中，安全极其重要，如果操作不当，就会存在安全隐患。实验室安全事故的表现形式包括爆炸、着火、触电、中毒、污染或辐射等。实验室安全工作必须得到重视，因此，要掌握相关的实验室安全知识，力求做到防患于未然。

实验室安全规章制度是保证实验室安全的基础，实验室相关工作人员及学生必须遵守并严格按照要求执行实验室安全规章制度，做到实验操作规范，确保实验室安全，防止实验事故发生。在首次进入实验室开始具体工作之前，应先了解水阀门及电闸位置。离开实验室时，一定要将实验室内检查一遍，确保水、电以及门窗关闭。

一、安全用电常识

不按要求用电可能会损坏贵重仪器设备，甚至会导致火灾等严重的实验室事故，造成人身体受伤甚至死亡。现代实验室中仪器设备种类繁多、价值高，需要特别注意用电安全。

1. 防止触电

① 不要用潮湿的手接触设备电源开关和插座。

② 仪器裸露部位应进行绝缘处理，如用绝缘胶布包裹电线接头处和裸露部位。

③ 所有电气设备的金属外壳都应该接地保护。

④ 实验开始时，应先连接好电路，再接通电源开关。实验结束时，应先切断电源开关，再拆卸电路。

⑤ 一旦有人触电，应迅速切断电源，并报告老师，根据情况进行人员抢救。

⑥ 发生紧急情况，第一时间拨打急救电话，送医抢救。

2. 防止引发火灾

① 保险丝应与实验室允许的用电量相符，并通过安全人员检查。

② 及时通知专业人员更换老化电线，防止电火花的产生；不要擅自拆卸电路，确保自身安全。

③ 实验室中如果有氢气、煤气等易燃易爆的气体，注意避免电火花的产生，尤其要注意电气设备工作或开关电阀门时产生的电火花。电源插座如果接触不良，应及时请专业工作人员修理或更换。禁止在实验室内抽烟、使用打火机及火柴等。

④ 如果实验室电气设备起火，应立即切断电源，并报告老师，同时用沙或二氧化碳灭火器、四氯化碳灭火器灭火。注意，禁止用水或泡沫灭火器等对电气设备进行灭火，因水和泡沫为导电液体会对电气设备造成不可逆损害。

二、实验防火安全须知

① 实验室门外和内部必须存放一定数量的消防器材，如灭火器、灭火毯等，上述消防器材必须放在明显位置，便于取用。全体人员必须爱护消防器材，学会使用消防器材，并且按照要求定期检查更新消防器材。

② 实验室中内存放的易燃易爆物品（如氢气）必须与火源、电源保持一定的距离，并按要求固定，不能随意堆放。储存易燃易爆物品的实验室应严禁烟火。

③ 严禁将物品、杂物等堆放在实验室楼内走廊，保证消防通道通畅，便于出现险情时及时救援。

三、使用化学药品的安全防护

1. 防毒

① 实验正式开始前，了解所用药品的毒性及防护措施。

② 实验药品不得随意入口；取用有毒药品时应在通风橱中，佩戴口罩及橡胶手套，如果有伤口应注意避免接触有毒药品。

③ 有毒气体、易挥发液体的实验应在通风橱中进行。

④ 苯、四氯化碳、乙醚、硝基苯等试剂的蒸气容易引起中毒，久闻会使人嗅觉减弱，应在通风橱中使用。

⑤ 有些药品能够渗入皮肤，应避免与皮肤接触，使用时佩戴口罩及橡胶手套。

⑥ 剧毒药品应存储在保险柜中，实行双人双管制度，取用记录，使用记录，避免出现安全隐患。

⑦ 禁止在实验室内喝水、吃东西。饮食餐具、饮料及食物禁止带入实验室，以防毒物污染。离开实验室前洗净双手。

⑧ 实验室内必须穿实验服，禁止穿拖鞋、短裤等暴露皮肤的衣物。

⑨ 严禁私自将有毒物质带出实验室。

⑩ 严禁穿实验服出入食堂就餐。

2. 防爆

① 可燃性气体与空气混合比例达到爆炸极限时，一旦受到热源（如电火花）的诱发就会引起爆炸。

② 使用可燃性气体时，注意检查装置气密性，防止气体逸出，保持实验室内通风良好。

③ 使用大量可燃性气体时，严禁同时使用明火，还应防止产生电火花及其他撞击产生的火花。

④ 一些药品如叠氮化合物、乙炔银、乙炔铜、高氯酸盐、过氧化物等受振动、高温等都易发生爆炸，使用时注意安全，要特别小心。

⑤ 严禁将强氧化剂和强还原剂堆放在一起，如将过氧化氢与活泼金属存放在一起。

⑥ 久置的乙醚，使用前应除去其中可能产生的过氧化物。

⑦ 开展容易引发爆炸的实验时，必须有指导老师和安全员在场，同时还应有防爆措施，如穿防爆服、戴面罩等。

四、辐射安全

① 辐射工作场所必须安装防盗、防火、防泄漏等设施，保证放射性同位素和射线装置的使用安全。同位素的包装容器、含放射性同位素的设备、射线装置、辐射工作场所的入口等都必须设置辐射警示标志。工作期间放置工作信号标志，防止非工作人员闯入。

② 辐射实验室必须配备必要的防护工具和泄漏监测仪器，建立健全安全检查制度，定期、定时对使用的放射性同位素、射线装置和辐射工作场所等进行安全检查并做好相关记录。相关实验室安全人员必须经常检查辐射源表面的污染状况，并做好相关记录。检查记录表必须妥善保存，以便接受上级部门和学校安全管理等相关部门的检查和监督。一旦发现问题，及时上报并处理。

③ 需要购买放射源、同位素试剂和射线装置时，应首先向学院提出申请，学院再向学校提出申请，学校经审核同意后报保卫处备案，手续齐全后向政府环境主管部门办理"准购证"后才能委托采购部门进行申购采买。

④ 建立健全放射性同位素保管、领用及使用的登记制度，做到一物一账、账物相符。实验过程中必须小心谨慎，严格按照操作规程进行操作，严禁不按要求操作，同时做好安全防护工作。

⑤ 严禁将实验过程中同位素等所产生的放射性废物（如同位素包装仪、同位素存放容器）作为普通垃圾丢入垃圾桶和私自处理，必须向学院和学校报备，经学院和学校同意后，由学校申请有资质的公司或单位统一处理，以防出现安全事故。

五、实验室管理安全

① 实验操作人员进入实验室后应严格遵守实验室规章制度，规范实验操作；指导老师要加强对学生实验的指导，提前告知学生实验的危险性，以及实验过程中潜在的危险，并采取相应的保护措施，确保安全。

② 实验室要严格遵守并落实学院及学校的实验室危化品管理制度，各类易燃、易爆药品要严格按照相应的规章制度进行管理，落实安全责任到人。

③ 实验室要做好劳动保护工作，对高温、低温、辐射、病菌、噪声、毒性、激光、粉尘、超净等对人体有害的工作环境，要切实加强实验室环境的监督和保护工作。

④ 夏季和秋季是实验室火灾事故发生的高发期，实验室工作人员要及时对自己所在实验室及办公区域进行安全检查，重点对各类实验室用插座、插板、易产生热的设备进行逐一排查。实验室及办公区域内严禁使用电加热取暖器、开水器等电热设备。

六、意外事故处理

1. 化学灼（烧）伤处理总则

被化学药品灼（烧）伤皮肤时，首先需要远离致伤因素，然后进行局部冰敷与消毒，也可以涂抹烧伤药膏来缓解。如果出现较严重的疼痛，应及时送医，根据就医情况进行口服药物治疗。对于比较严重的烧伤情况，还需要采取手术清创进行治疗。

① 远离致伤因素。远离相关化学药品，先将药品从皮肤上除去，然后用清水对皮肤表面上的化学物质进行清除，尽量避免用手去触碰。

② 冰敷与消毒。被化学药品灼（烧）伤皮肤，可能会伴随局部皮肤的红肿、疼痛或破溃，可以使用冰袋对局部进行冰敷来改善红肿、疼痛，并且需要使用碘伏溶液进行消毒处理，减少局部的细菌滋生。一旦出现伤口破溃，请及时送医处理，避免伤口出现二次伤害。

③ 涂抹烧伤药膏。使用实验备用烧伤药膏或到正规的药店购买烧伤药膏，谨遵医嘱进

行涂抹，例如湿润烧伤膏能够起到止痛的效果，而且也能够缓解灼（烧）伤后的皮肤紧绷症状。

④ 口服药物。如果灼（烧）伤情况比较严重，伴随疼痛难忍的情况，还需要遵医嘱服用非甾体抗炎药进行治疗，比如布洛芬缓释片、吲哚美辛肠溶片等。

⑤ 手术清创。如果化学药品灼（烧）伤皮肤之后，导致皮损的面积比较大，而且伴随深层组织的坏死情况，还需要由专业的医生通过手术的方式进行清创处理，避免感染情况加重。在恢复期间一定要合理饮食，尽量避免吃辣椒等辛辣刺激性食物。

2. 化学药品灼（烧）伤的一般处理

（1）酸灼伤

① 皮肤。立即用大量水冲洗，然后用 5% 的碳酸氢钠溶液冲洗，再用清水洗净，涂上甘油。若有水泡，则涂上紫药水。注意浓硫酸遇水放出大量热，应该先抹去皮肤上的酸，再立即用大量水冲洗。

② 眼睛。抹去溅在眼睛外面的酸，立即用水冲洗，用洗眼杯或将橡胶管套在水龙头上，用水对准眼睛缓慢冲洗，然后用稀的碳酸氢钠溶液冲洗，最后滴入少许蓖麻油。

③ 衣服。若衣服上沾有浓硫酸，可用脱脂棉或干布吸取浓硫酸，再依次用水、稀氨水和水冲洗。

（2）碱灼伤

① 皮肤。先用水冲洗，然后用 3% 硼酸溶液或 3% 的醋酸溶液冲洗，再涂上药膏并包扎好。

② 眼睛。抹去溅在眼睛外面的碱，先用大量水冲洗，然后用 3% 硼酸溶液冲洗，再用生理盐水冲洗，或去正规药店购买眼药水。

③ 衣服。先用水冲洗，然后用 10% 的醋酸溶液冲洗，再用氨水中和多余的醋酸，最后用水冲洗。

（3）溴灼伤

如有溴不小心滴落到皮肤上，应立即用大量水冲洗，再用 25% 氨水、松节油和 75% 酒精的混合液（体积比为 1∶1∶10）涂敷；也可先用苯甘油除去溴，然后用水冲洗。如果受到溴蒸气的刺激，暂时不能睁开眼睛时，应对着盛有酒精的瓶口尽力注视片刻。

（4）磷烧伤

被磷烧伤时先用大量水冲洗多次，然后用 2% 的碳酸氢钠溶液浸泡，以中和生成的磷酸。再用 1% 的硫酸铜溶液洗涤，使磷转化为难溶的磷化铜，接着用水冲洗残余的硫酸铜，最后按烧伤处理，但不要用油性敷料。

（5）氢氟酸灼伤

被氢氟酸灼伤时先用大量水多次冲洗，然后用 5% 的碳酸氢钠溶液洗涤，再涂上 33% 的氧化镁甘油糊剂，或敷上 1% 的氢化可的松软膏。

（6）酚灼伤

如被酚灼烧，先用浸了甘油或聚乙二醇和酒精混合液（体积比为 7∶3）的脱脂棉除去污物，再用大量的清水冲洗干净，然后用饱和硫酸钠溶液湿敷。或可以用 75% 酒精和 $1\ \mathrm{mol \cdot L^{-1}}$ 的氯化铁溶液组成的混合液（体积比为 4∶1）不断冲洗，但不可用大量水冲洗污物，否则有可能使创伤加重。

3. 割伤、烫伤和烧伤处理

（1）割伤

实验中遇到一般割伤时，应立即小心取出伤口内异物，保持伤口干净，用酒精棉清除伤口周围的污物，注意不要使用带颜色的消毒液，避免色素沉积，涂上外伤膏或消炎粉。若严重割伤，可在伤口上部 10 cm 处用纱布扎紧，减慢流血，并立即送医院。

（2）一般烫伤

实验中遇到一般烫伤时，尽量不弄破水泡，在伤口处用 95％酒精轻涂伤口，涂上烫伤膏或涂一层凡士林油，再用纱布包扎。

（3）烧伤

① 冷疗处理。烧伤指的是局部皮肤受到高温火焰或高温物体影响造成的损伤，一般烧伤后，局部会持续存在高温，通常需要将烧伤部位在流动冷水下进行冲洗，或将烧伤部位直接浸泡在冷水中，可以迅速降低烧伤部位的温度，避免损伤进一步加重，还可以减少局部组织液渗出。

② 清创处理。如果烧伤部位仅出现皮肤发红的症状，则可以在烧伤部位使用碘伏消毒处理；如果烧伤部位出现破损，需要使用生理盐水对烧伤部位进行消毒处理，避免出现局部感染；若烧伤较为严重，局部出现组织坏死以及焦痂，则需要前往医院进行清创手术。

③ 对症处理。通常在发生烧伤后，对烧伤部位应遵医嘱使用烧伤药膏，如湿润烧伤膏、京万红软膏等，可以帮助烧伤伤口愈合。但如果烧伤程度较深，烧伤面积较大，一般需要去医院对烧伤部位进行植皮治疗，避免影响伤口部位的恢复。

注意：出现烧伤时一般建议及时前往医院烧伤科就诊，由专业的医护人员进行处理，切勿自行处理，以免造成二次损伤，不利于烧伤部位的恢复。

4. 毒物误入鼻内的处理

毒物误入鼻内，首先应该判断异物的位置，并且进行简单的自行处理。如果还是无法取出，应该及时去医院就诊。具体处理如下：

① 判断异物位置。如果异物进入鼻腔，应该首先简单判断异物进入鼻腔的位置。

② 简单处理。如果异物比较靠前，靠近前鼻孔，自己可以将对侧鼻孔堵住，然后用力做擤鼻子的动作，利用气流的强烈冲击，将异物从前鼻孔擤出。

③ 医院就诊。如果反复做擤鼻和回吸的动作，异物仍然无法取出，仍然存留在鼻腔比较隐蔽的部位，应该及时去医院就诊，医生助其取出。

5. 触电处理

如果不小心触电，先关闭电源的总开关，若开关比较远，可以用绝缘工具将电线切断，切断的电线也要保护好，以防误触。当带电的电线误落在触电者身上时，可以用绝缘的物体，如干燥的木棒将电线移开，也可以将干燥的衣服、毛巾、绳子等拧成带子，套在触电者身上，将触电者拉出来。救助者要注意保护自身，防止自身触电，脚下穿绝缘胶鞋或者站在干燥的木板上，使自己与大地绝缘。发生触电事故后，第一时间报告相关教师。

如果触电的人神志清楚，只是心慌、呼吸急迫、面色苍白时，让触电者平躺，不要随便移动伤者，让伤者安静休息，以减轻心脏的负担，同时应严密观察患者的呼吸和脉搏。如果触电者神志不清，有心跳但呼吸停止，可以立即进行口对口人工呼吸，进行急救；如果心跳、呼吸都停止，要立即进行心肺复苏进行抢救，并及时拨打 120 急救电话，呼叫急救人员前来救援，以便对触电者进行进一步的生命复苏。

6. 着火处理

小火用湿毛巾、石棉网、细沙或灭火毯覆盖灭火，大火应使用灭火器灭火，且需根据不同的着火情况选用不同的灭火器，必要时应报火警（119）。

① 油类、有机溶剂着火。切勿用水灭火，小火用细沙、灭火毯覆盖灭火，大火用二氧化碳灭火器、干粉灭火器灭火。

② 精密仪器、电气设备着火。切勿用水灭火，迅速切断设备电源开关。小火可用石棉网或湿毛巾覆盖灭火，大火用四氯化碳灭火器、干粉灭火器灭火。

③ 活泼金属着火。用干燥的细沙、灭火毯覆盖灭火。

④ 纤维材质着火。小火用水或灭火毯灭火，大火用泡沫灭火器灭火。

⑤ 衣服着火。迅速脱下衣服，也可卧地打滚或用灭火毯覆盖着火部位。

第七节·实验诚信与实验道德

实验诚信与实验道德是科学研究、实验实训中不可或缺的两个方面。实验诚信是指实验室工作人员或科研人员在进行实验或科学研究时必须遵守的道德规范和行为准则，也是中华民族的传统美德，包括坚持真理、诚实劳动、数据真实、公平公正、实验透明、不弄虚作假等方面。实验道德则是指实验室工作人员或科研人员在从事科学研究的过程中，应该遵循的道德原则、标准以及伦理原则和价值观，包括尊重研究对象生命和尊严、尽量避免对研究对象造成伤害、保护环境、尊重知识产权等方面，涉及研究者、被研究对象、社会、科学界等多个方面。

① 保持诚实和透明，坚持真理，遵循科学发展的规律，实事求是，不对数据造假，不篡改实验结果，不夸大实验结果，不误导公众，不受利益引诱等，公开实验过程，对实验数据进行存档，以便检查。

② 认同其他人做出的工作，学术讨论过程中如果发生争论，应坦诚直率、科学公正，不进行人身攻击。对研究成果中出现的错误和失误，应敢于承认并改正。充分尊重他人的知识产权，不抄袭他人的科研成果，不侵犯他人的知识产权，不以任何不正当的手段谋取不正当的利益。

③ 不能妨碍其他科研工作者的科研工作，如损坏竞争对手的科研设备、窃取竞争对手的实验结果，甚至利用职权侵占他人未公开的科研成果或透漏信息给他人等。

④ 做到实验数据存储安全，不对外泄露实验数据，不将实验数据用于不正当途径，不进行不正当的交易。

⑤ 尊重科研生命和爱护环境，不擅自进行不道德的实验，不侵犯动物的权益，不进行对环境有害的实验研究。

第二章

基础实验

Ⅰ 化学热力学

实验 1 ▶▶

量热法测定萘的燃烧热

一、实验目的

（1）明确燃烧热的定义，了解恒压燃烧热与恒容燃烧热的差别。
（2）了解氧弹式量热计的主要组成及作用，掌握氧弹式量热计的操作技术。
（3）学会用雷诺曲线来校正体系漏热引起的温度改变值。
（4）了解雷诺生平故事，培养科学精神。

二、实验原理

燃烧热是指在指定的温度和压力下，1 mol 物质完全燃烧时的反应热。所谓燃烧热，对燃烧产物有明确的规定，如金属变为最稳定氧化物状态、$H_2 \rightarrow H_2O(l)$、$S \rightarrow SO_2(g)$、$N \rightarrow N_2(g)$、$Cl \rightarrow HCl(aq)$、$C \rightarrow CO_2(g)$。碳氧化为 CO 不能认为是完全燃烧。燃烧反应是量热研究中最常见的类型之一。量热通常包括物质计量和热量测定两大部分。对热量的测定一般是通过对温度变化的测量来实现的。燃烧热的测定，除了有其实际应用价值外，还可以用于求算化合物的生成热、键能等。

1 mol 有机物在 $p^{\ominus}$ 时完全燃烧所放出的热量称为有机化合物的标准摩尔燃烧焓，通常称为标准燃烧热。

量热法是热力学的一个基本实验方法，燃烧热可在恒容或恒压条件下测定。由热力学第一定律可知：在不做非体积功的情况下，恒容燃烧热 $Q_V = \Delta U$，恒压燃烧热 $Q_p = \Delta H$。在氧弹式量热计中测得的燃烧热为 Q_V，而一般热化学计算常用 Q_p，若将反应物和生成物中的气相都作为理想气体处理，由 $\Delta H = \Delta U + \Delta(pV)$ 可得 Q_p 与 Q_V 之间的换算关系：

$$Q_p = Q_V + \Delta nRT \tag{1}$$

式中，Δn 为反应前后气体的物质的量的变化值；R 为摩尔气体常数；T 为反应时的热力学温度。

热化学实验常用的量热计有恒温式量热计（图1）和绝热式量热计（图2）两种。本实验采用前一种量热计。

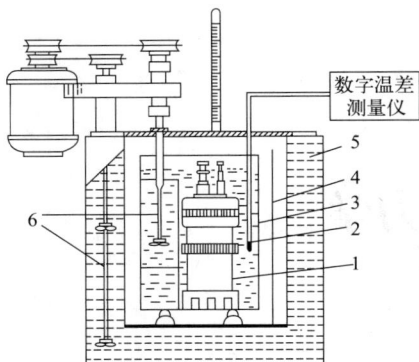

图1　恒温式量热计

1—氧弹；2—温度传感器；3—内筒；

4—空气隔层；5—外筒；6—搅拌器

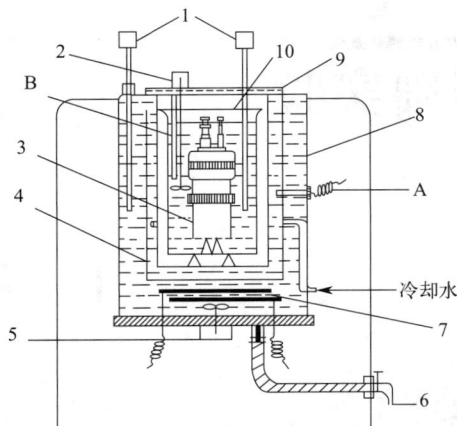

图2　绝热式量热计

1—数字温差测量仪；2—内筒搅拌器；3—氧弹；

4—外筒搅拌筒；5—外筒搅拌器；6—放水龙头；

7—加热板；8—外层水夹套；9—水帽；10—内筒盛水桶

用氧弹式量热计测定物质的燃烧热是在恒容条件下进行的，所以测得的为恒容燃烧热（Q_V）。当一定量待测样品在氧弹中完全燃烧时，放出的热量使量热计本身及氧弹周围介质（本实验用水）的温度升高。通过测定燃烧前后量热计（包括氧弹周围介质）温度的变化值，就可以求算出该样品的燃烧热。

其关系式如下：

$$\frac{m}{M_r}Q_{V_m} = C\Delta T - Q_{点火丝}m_{点火丝} \tag{2}$$

式中，m 为待测物质的质量，g；M_r 为待测物质的摩尔质量，$g \cdot mol^{-1}$；Q_{V_m} 为待测样品的恒容摩尔燃烧热，$kJ \cdot mol^{-1}$；$Q_{点火丝}$ 为点火丝的燃烧热（如果点火丝用铁丝，则 $Q_{点火丝} = -6.694 \ kJ \cdot g^{-1}$）；$m_{点火丝}$ 为点火丝的质量，g；ΔT 为样品燃烧前后量热计温度的变化值，℃；C 为量热计的热容，$kJ \cdot ℃^{-1}$，可以通过已知燃烧热的标准物（如苯甲酸，它的恒容燃烧热 $Q_V = -26.460 \ kJ \cdot g^{-1}$）来标定。测得 C 后，就可以利用式（2）通过实验测定其他物质的燃烧热。

由图1可知，恒温式量热计的最外层是温度恒定的水夹套，当氧弹中的样品开始燃烧时，内筒与外层水夹套之间有少许热交换，因此不能直接测出初温和最高温度，需要由温度-时间曲线（即雷诺曲线）进行确定。

用雷诺曲线（温度-时间曲线）可确定实验中的 ΔT，如图3（a）所示。图中 ab 段表示实验前期，b 点相当于开始加热点；bc 段相当于反应期；cd 段则为后期。由于量热计与周围环境有热量交换，所以曲线 ab 和 cd 常常发生倾斜。在实验中测量温度变化值 ΔT 的方法如下：

取 b 点所对应的温度为 T_1，c 点所对应的温度为 T_2，其平均温度 $(T_1 + T_2)/2$ 为 T，经过 T 点作横坐标的平行线与曲线 $abcd$ 相交于 G 点，然后通过 G 点作垂线 AB，垂线与 ab 线和 cd 线的延长线分别交于 E、F 两点，则 E、F 两点所表示的温度差即为所求的温度变

化值 ΔT。图中 EE' 表示环境辐射进来的热量所造成的温度升高，这部分应当扣除；而 FF' 表示量热计向环境辐射出的热量所造成的温度降低，这部分是应当加入的。经过上述温度校正所得的温度差 EF 表示由于样品发生反应，量热计温度升高的数值。

如果量热计绝热性较好，则反应期的温度并不下降，在这种情况下的 ΔT 仍然按上述方法进行校正，如图 3(b) 所示。

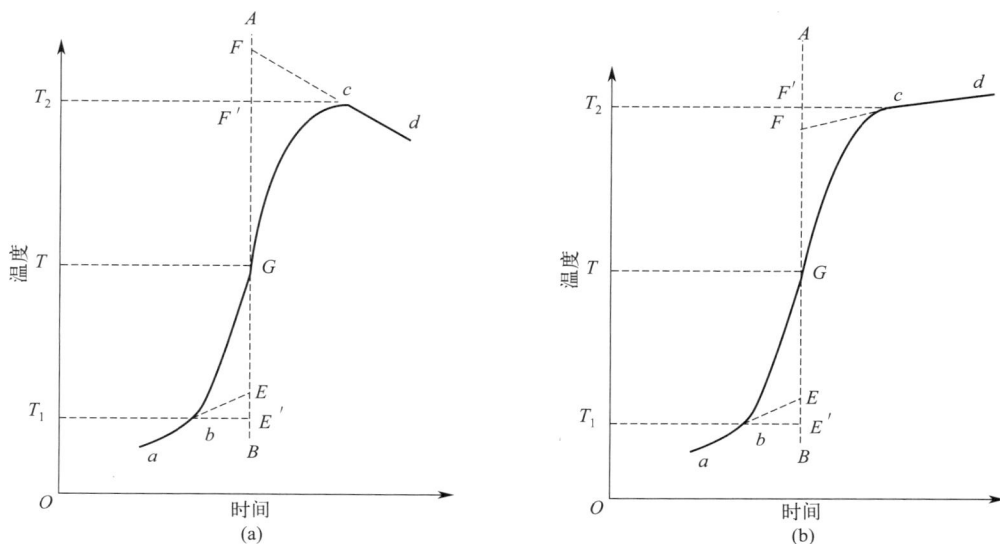

图 3 雷诺曲线

三、仪器与药品

（1）仪器：SHR-15 型氧弹式量热计（图 4）、氧气钢瓶、氧气减压阀、充氧器、压片

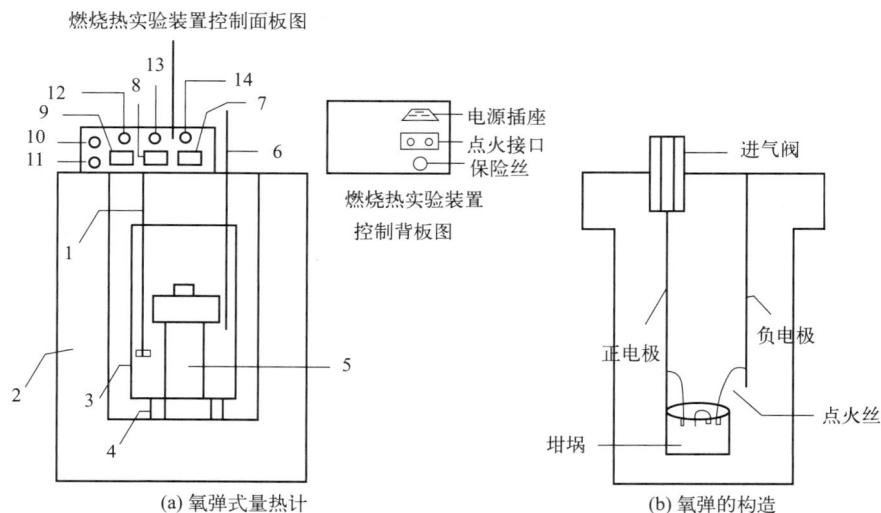

图 4 SHR-15 型氧弹式量热计示意图

1—搅拌器；2—外筒；3—内筒；4—垫脚；5—氧弹；6—温度传感器；7—点火按键；8—电源开关；
9—搅拌开关；10—点火输出负极；11—点火输出正极；12—搅拌指示灯；13—电源指示灯；14—点火指示灯

机、容量瓶（2 L、1 L）等。

（2）药品：萘（AR）、苯甲酸（AR）、点火丝。

四、实验步骤

1. 量热计热容（C）的测定

（1）苯甲酸压片

称取苯甲酸约 0.6 g，准确称取约 10 cm 长的点火丝，记录下燃烧前点火丝的精确质量。将点火丝成 V 形放在压片机内，再加入苯甲酸使丝包埋在中间，丝两端留在外，压片成型。准确称取其质量，记录下苯甲酸压片后的精确质量。

（2）氧弹内部安装

在氧弹中加 10 mL 去离子水，把盛有苯甲酸片的坩埚放于氧弹内的坩埚架上，连接好点火丝，盖上氧弹盖，一定要拧紧弹盖。点火丝与两电极及样品片一定要接触良好，而且不能有短路。点火丝不能接触坩埚！

用万用表检查氧弹上导电的两极是否通路，若不通，打开弹盖进行检查。

（3）氧弹充氧

将充氧器阀口接在氧弹顶进气阀上，按下充气手柄（一定要按紧，使充氧器阀口紧紧扣住进气阀）。

① 充氧。把减压阀关好，逆时针方向慢慢开启氧气钢瓶上的总阀，充氧气约 30 s，此时分压表指示压力为 1.5 MPa。

② 拆除充氧。先顺时针关闭氧气钢瓶总阀，然后快速上拉充气手柄，使充氧器与氧弹脱离，可听到短促的放气声。充气后再用万用表检查氧弹上导电的两极是否通路，若不通，则需放出氧气，打开弹盖进行检查。

（4）量热计组装

先把氧弹放置于筒内，然后向其注入 3 L 自来水（用容量瓶量取）。若先注水后放氧弹，手上会带一定的水，有损失。连接上点火电极，之后盖好量热计盖并插入热电阻温度计（即温度传感器）。

（5）苯甲酸燃烧和测量工作

开启搅拌器，再按时间控制"半分"键，选择计数时间间距为 30 s；按"恢复"键，使计数时间归零。搅拌 5 min，使体系温度基本稳定。

① 前期测量。待温度变化基本稳定后，开始读点火前最初阶段的温度，每 30 s 读取温度一次，共 10 次之后快速按"点火"键。

② 主期测量。指示灯亮后熄灭表示着火，接上次测量，每 30 s 读取温度一次，直至温度升到最高。

③ 后期测量。至温度变化变缓后，再读取最后阶段的 10 次读数，便可停止实验。

④ 清理工作。停止实验后关闭搅拌器，先取下热电阻温度计，再打开量热计盖，取出氧弹并将其拭干，将放气阀接在氧弹顶上，下压放气。放完气后，拧开弹盖，检查燃烧是否完全，若氧弹内有炭黑或未燃烧的苯甲酸时，则应认为实验失败。若燃烧完全，则将燃烧后剩下的点火丝在分析天平上称量，记录下燃烧后的点火丝的精确质量。

倒去水桶中的水，用毛巾擦干全部设备，用台秤重新称取苯甲酸约 0.6 g，按上法进行压片、燃烧、测量等实验。

2. 萘的燃烧热测定

用台秤称取萘约 0.5 g，按上法进行压片、燃烧、测量等实验，反复 2 次。

实验完毕后，倒去水桶中的水，用毛巾擦干全部设备，以待进行下一次实验。

五、数据记录与处理

（1）苯甲酸的温度记录过程（表 1）

室温：_____ ℃；

大气压力：_____ Pa；

苯甲酸片（含点火丝）的精确质量为_____g；

燃烧前点火丝的精确质量为_____g；

燃烧后点火丝的精确质量为_____g。

表 1 苯甲酸燃烧数据记录表

前期测量		主期测量				末期测量	
时间/s	温度/℃	时间/s	温度/℃	时间/s	温度/℃	时间/s	温度/℃
30		330		630		930	
60		360		660		960	
90		390		690		990	
120		420		720		1020	
150		450		750		1050	
180		480		780		1080	
210		510		810		1110	
240		540		840		1140	
270		570		870		1170	
300		600		900		1200	

按作图法绘制雷诺校正曲线求出苯甲酸燃烧所引起量热计温度的变化值 ΔT。

（2）萘的温度记录过程（表 2）

室温：_____ ℃；

大气压力：_____ Pa；

萘片（含点火丝）的精确质量为_____g；

燃烧前点火丝的精确质量为_____g；

燃烧后点火丝的精确质量为_____g。

表 2 萘燃烧数据记录表

前期测量		主期测量				末期测量	
时间/s	温度/℃	时间/s	温度/℃	时间/s	温度/℃	时间/s	温度/℃
30		330		630		930	
60		360		660		960	
90		390		690		990	
120		420		720		1020	
150		450		750		1050	
180		480		780		1080	
210		510		810		1110	
240		540		840		1140	
270		570		870		1170	
300		600		900		1200	

按作图法绘制雷诺校正曲线求出萘燃烧引起量热计温度的变化值 ΔT。

（3）数据处理

① 由苯甲酸的 2 次实验分别计算量热计的热容（C），并求 2 次实验所得热容（C）的平均值。

② 由萘的 2 次实验分别计算萘的恒容燃烧热（Q_V），并求 2 次实验所得恒容燃烧热（Q_V）的平均值。

③ 根据式（1），由萘的恒容燃烧热（Q_V）计算萘的恒压燃烧热（Q_p）。

④ 由文献参考值计算绝对误差和相对误差。

苯甲酸的恒容燃烧热 Q_V：-26.460 kJ·g^{-1}（298.15 K）。

萘的恒压燃烧热 Q_p：-5153.9 kJ·mol^{-1}（298.15 K）。

六、注意事项

（1）注意压片的紧实程度，压片时应不松不紧，以保证其可以完全燃烧，且不会散开。点火丝需压入片内，若压在浮面上会引起样品熔化面脱落，燃烧不完全或不燃烧。

（2）点火丝与两电极及样品片一定要接触良好，而且不能有短路。点火丝不能接触燃烧坩埚。

（3）使用氧气钢瓶，一定要按照要求操作，注意安全。往氧弹内充入氧气时，一定不能超过指定的压力（1.5 MPa），以免发生危险。氧气瓶在开总阀前要检查减压阀是否关好；实验结束后要关上钢瓶总阀，注意排净余气，使指针回零。

（4）温度记录是在搅拌 5 min 后开始的（此时体系温度达到稳定）。

（5）内筒中加 3 L 水后若有气泡逸出，说明氧弹漏气，应设法排除。

（6）氧弹位置一定要与水筒内位置吻合。如实验失败，应把氧弹从水筒中提出，用放气器缓缓放气，使其内部的氧气彻底排清，才能重新进行实验，否则会发生危险。往水筒内添水时，应注意避免水溅湿氧弹的电极，使其短路。

七、思考题

（1）外筒每次加水总量变化对实验结果有无影响？

（2）氧弹准备部分，点火丝和电极需注意什么？

（3）本实验中，哪些为体系？哪些为环境？

（4）实验中苯甲酸和萘量取的一样多吗？

（5）若待测样品受潮，对实验结果有何影响？

（6）压片时，压力必须适中，片粒压得太紧对实验结果有何影响？

（7）实验过程中有无热损耗？如何降低热损耗？

（8）搅拌太慢或太快对实验结果有何影响？

八、课外拓展

科学家雷诺简介

人物生平

雷诺是英国力学家、物理学家、工程师。1842 年 8 月 23 日生于北爱尔兰的贝尔法斯特，1912 年 2 月 21 日卒于萨默塞特的沃切特。早年在工厂做技术工作。1867 年毕业于剑桥大学王后学院，1868 年起出任曼彻斯特欧文学院（后改名为维多利亚大学）的首席工程学教授，1877 年当选为皇家学会会员，1888 年获皇家奖章。

主要成就

雷诺在流体力学方面最主要的贡献是发现流动的相似律，他于 1883 年发表了一篇经典性论文——《决定水流为直线或曲线运动的条件以及在平行水槽中的阻力定律的探讨》。这篇文章以实验结果说明水流分为层流与紊流两种形态，并引入表征流动中流体惯性力和黏性力之比的一个无量纲数，即雷诺数，作为判别两种流态的标准。

在物理学和工程学方面，雷诺解释了辐射计的作用；对热的力学当量进行过早期测定；研究过固体和液体的凝聚作用和热传导，从而导致锅炉和凝结器的根本改造；研究过涡轮泵，使它的应用得到迅速发展。

雷诺兴趣广泛，一生著作很多，其中近 70 篇论文都有很深远的影响。这些论文研究的内容包括力学、热力学、电学、航空学、蒸汽机特性等。雷诺的著作被编成《雷诺力学和物理学课题论文集》2 卷。其中重要的有 1893 年发表的关于动力相似律的具有奠基性的论文、1886 年发表的关于润滑理论的论文和 1895 年发表的关于湍流中雷诺应力的论文等。

实验 2 ▶▶

中和热的测定

一、实验目的

（1）了解用量热计直接测定反应热效应的实验方法和操作技能。

（2）进一步学习用雷诺曲线进行数据处理，以求得 ΔT 的方法。

（3）了解吉尔伯特·牛顿·路易斯的生平经历，学习科学家的创新精神。

二、实验原理

在一定的温度、压力和浓度下，强酸和强碱发生中和反应生成 1 mol 液态水时放出的热量称为中和热。

强酸和强碱在水溶液中完全电离，其化学方程式可用离子方程式表示：

$$H^+ + OH^- \Longrightarrow H_2O$$

在足够稀释的情况下，中和热几乎是相同的，在 25 ℃时：

$$\Delta H_{中和} = -57.3 \ \text{kJ} \cdot \text{mol}^{-1}$$

若所用的酸（或碱）只是部分电离的，当其和强碱（或强酸）发生中和反应时，其热效应是中和热和离解热的代数和。例如，醋酸和氢氧化钠的反应，则与上述强碱、强酸的中和反应不同，因为在中和反应之前，弱酸首先进行离解，然后才与强碱发生中和反应，反应方程式如下：

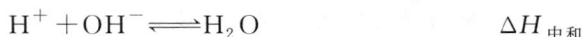

$$CH_3COOH \Longrightarrow H^+ + CH_3COO^- \qquad \Delta H_{离解}$$

$$H^+ + OH^- \Longrightarrow H_2O \qquad \Delta H_{中和}$$

总反应：

$$CH_3COOH + OH^- \Longrightarrow H_2O + CH_3COO^- \qquad \Delta H$$

由此可见，ΔH 是弱酸与强碱中和反应的总热效应，它包括中和热和离解热两部分。根据盖斯定律可知，如果测得这一反应的 ΔH 和 $\Delta H_{中和}$，就可以计算出弱酸的离解热 $\Delta H_{离解}$。

$$\Delta H = \Delta H_{中和} + \Delta H_{离解}$$

$$\Delta H_{离解} = \Delta H - \Delta H_{中和} \tag{1}$$

如果中和反应在绝热良好的杜瓦瓶中进行，且使酸和碱的起始温度相同，同时使酸稍微过量，即碱能被中和完全，则中和放出的热量可以全部为溶液和量热计所吸收，这时可得如式(2)所示热平衡式：

$$\frac{c_{碱} V_{碱}}{1000} \Delta H_{中和} = -K \Delta T \tag{2}$$

式中，$c_{碱}$ 为碱的浓度，$mol \cdot L^{-1}$；$V_{碱}$ 为碱的体积，mL；$\Delta H_{中和}$ 为反应温度下的中和热，$J \cdot mol^{-1}$；K 为量热计热容，$J \cdot ℃^{-1}$，即指加热此量热计时使温度升高 1 ℃ 所需的热量；ΔT 为溶液的真实温差，可用雷诺曲线求得。

测定量热计热容 K 有两种方法：化学标定法和电热标定法。前者是将已知热效应的标准样品放在量热计中反应使其放出一定热量；后者是在溶液中输入一定的电能，然后根据已知热量和温升，按式(2)计算出 K。前一种方法可以用强酸（HCl）和强碱（NaOH）在量热计中反应，利用其已知的中和热和测得的温升，计算量热计热容。测得量热计的热容 K 后，就可以在相同条件下测定未知反应的反应热。

三、仪器与药品

(1) 仪器：SWC-ZH 中和热（熔）测定装置、量筒（50 mL、500 mL）等。

(2) 药品：$1 \ mol \cdot L^{-1}$ NaOH 溶液、$1 \ mol \cdot L^{-1}$ HCl 溶液、$1 \ mol \cdot L^{-1}$ CH₃COOH 溶液，所有试剂均为分析纯。

四、实验步骤

(1) 仪器准备

① 打开机箱盖，将仪器平稳地放在实验台上，将传感器 PT100 插头接入后面板传感器座，用配置的加热功率输出线接入仪器的正、负极接线柱"I+""I−"，红线接红柱，蓝线接蓝柱，即"红-红""蓝-蓝"，将仪器接入 220 V 电源。

② 打开电源开关，仪器处于待机状态，待指示灯亮，预热 10 min。

③ 将量热杯放在反应器的固定架上。

(2) 量热计热容 K 的测定

① 用布擦净量热杯，量取 500 mL 去离子水注入其中，放入搅拌磁珠，调节适当的转速。

② 将 O 形圈（用来调节传感器插入深度）套入传感器并将传感器插入量热杯中（不要

与点火丝相碰），将功率输入线两端接在点火丝两接头上。按"状态转换"键切换到测试状态（测试指示灯亮），调节"加热功率"旋钮，使其输出为所需功率（一般为 2.5 W），再次按"状态转换"键切换到待机状态，并取下点火丝两端任一夹子。

③ 前期测量：待温度基本稳定后，在待机状态下设定"定时"为 30 s，按"状态转换"键切换到测试状态，蜂鸣器响，记录 1 次温度。

④ 主期测量：当记下第 10 个读数时，夹上取下的点火丝一端的夹子，此时为加热的开始时刻；连续记录温度和时间，根据温度变化大小可调整读数的间隔，但必须连续计时。

⑤ 末期测量：待温度升高 0.8～1.0 ℃时，取下点火丝一端的夹子，并记录通电时间 t；继续搅拌，每间隔 30 s 记录 1 次温度，测 10 个点为止。

⑥ 用作图法求出由通电而引起的温度变化值 ΔT_1。

（3）中和热的测定

① 将量热杯中的水倒掉，用干布擦净，重新用量筒取 400 mL 去离子水注入其中，然后加入 50 mL 的 HCl（1 mol·L^{-1}）溶液。再取 50 mL 的 NaOH（1 mol·L^{-1}）溶液注入碱储液管中，仔细检查是否漏液。

② 前期测量：适当调节磁珠的转速，待温度基本稳定后，在待机状态下设定"定时"为 15 s，按"状态转换"键切换到测试状态，每 30 s 记录一次温度，记录 5 min。

③ 主期测量：当记下第 10 个读数时，迅速拔出玻璃棒（不要用力过猛，以免相互碰撞而损坏仪器），加入碱溶液；继续每隔 15 s 记录 1 次温度（注意整个过程中时间是连续记录的）。

④ 末期测量：加入碱溶液后，温度上升，待体系中温差几乎不变时，继续搅拌，每间隔 30 s 记录 1 次温度，测 10 个点为止。

⑤ 用作图法确定 ΔT_2。

（4）醋酸离解热的测定

用 1 mol·L^{-1} CH$_3$COOH 溶液代替 HCl 溶液，重复上述步骤（3）操作，求出 ΔT_3。

五、数据记录与处理

1. 数据记录

（1）量热计热容的测定（表 1）

表 1 量热计热容的测定

加热功率 P：_____W；通电时间 t：_____s

前期测量		主期测量				末期测量	
时间/s	温度/℃	时间/s	温度/℃	时间/s	温度/℃	时间/s	温度/℃
30		330		630		930	
60		360		660		960	
90		390		690		990	
120		420		720		1020	
150		450		750		1050	
180		480		780		1080	
210		510		810		1110	
240		540		840		1140	
270		570		870		1170	
300		600		900		1200	

用雷诺曲线确定 $\Delta T_1 = $ _____。

（2）中和热的测定（表2）

表2 中和热的测定

前期测量		主期测量				末期测量	
时间/s	温度/℃	时间/s	温度/℃	时间/s	温度/℃	时间/s	温度/℃
30		315		465		630	
60		330		480		660	
90		345		495		690	
120		360		510		720	
150		375		525		750	
180		390		540		780	
210		405		555		810	
240		420		570		840	
270		435		585		870	
300		450		600		900	

用雷诺曲线确定 $\Delta T_2 = $ _____。

（3）醋酸离解热的测定（表3）

表3 醋酸离解热的测定

前期测量		主期测量				末期测量	
时间/s	温度/℃	时间/s	温度/℃	时间/s	温度/℃	时间/s	温度/℃
30		315		465		630	
60		330		480		660	
90		345		495		690	
120		360		510		720	
150		375		525		750	
180		390		540		780	
210		405		555		810	
240		420		570		840	
270		435		585		870	
300		450		600		900	

用雷诺曲线确定 $\Delta T_3 = $ _____。

2. 数据处理

① 将作图法求得的 ΔT_1、加热功率 P 和通电时间 t 代入下式中，计算出量热计热容 K。

$$K = \frac{Pt}{\Delta T_1}$$

② 将量热计热容 K 及作图法求得的 ΔT_2、ΔT_3 分别代入下式（式中，$c = 1 \ \text{mol} \cdot \text{L}^{-1}$，$V = 50 \ \text{mL}$），计算出 $\Delta H_{中和}$ 和 ΔH_{m}。

$$\Delta H_{中和} = -\frac{K \Delta T_2}{cV} \times 1000$$

$$\Delta H_{\text{m}} = -\frac{K \Delta T_3}{cV} \times 1000$$

③ 将 $\Delta H_{中和}$ 和 ΔH_m 代入下式中，计算出醋酸的离解热 $\Delta H_{离解}$。

$$\Delta H_{离解} = \Delta H_m - \Delta H_{中和}$$

六、注意事项

（1）在三次测量过程中，应尽量保持测定条件的一致。如水和酸碱溶液体积的量取、搅拌速度的控制、初始状态的水温等。

（2）实验所用的 $1mol \cdot L^{-1}$ NaOH、HCl 和 HAc 溶液应准确配制，必要时可进行标定。

实验所求的 $\Delta H_{中和}$ 和 ΔH_m 均为 1mol 反应的中和热，因此当 HCl 和 HAc 溶液浓度非常准确时，NaOH 溶液的用量可稍稍过量，以保证酸被完全中和。反之，当 NaOH 溶液浓度准确时，酸可稍稍过量。

（3）在测定温差 ΔT_1 过程中，要经常查看功率是否保持恒定，此外，若温度上升较快，可改为每 30 s 记录一次。

（4）在测定中和反应时，加入碱液后，若温度上升很快，应读取温差上升所达的最高点，若温度一直上升而不下降，应记录上升变缓慢的开始温度及时间，只有这样才能保证作图法求得的 ΔT 的准确性。

七、思考题

（1）测量中影响实验结果的因素有哪些？

（2）本实验所用的 HCl 和 NaOH，哪个是过量的？为什么？

（3）为什么在测定热量计热容 K 时，必须把碱储液管、玻璃棒等装好放在量热杯内？

八、课外拓展

吉尔伯特·牛顿·路易斯（Gilbert Newton Lewis，1875—1946 年）是一位杰出的美国化学家，曾任美国加州大学伯克利分校化学系教授和伯克利化学院院长。他提出了电子对共价键理论、酸碱电子理论等，化学中的"路易斯结构式"即以其名字命名。此外，他还在同位素分离、光化学领域作出了贡献，并于 1926 年命名了"光子"（photon）一词。

尽管路易斯从未获得诺贝尔奖，但他曾获得 41 次诺贝尔化学奖提名，这在诺贝尔奖历史上成了一个争议点。作为化学热力学创始人之一，路易斯的理论和发现对于现代化学的发展产生了深远的影响，并为后来的研究者提供了重要的指导和启发。

在伯克利任教期间，路易斯培养并影响了众多诺贝尔奖得主，包括哈罗德·克莱顿·尤里、威廉·弗朗西斯·吉奥克、格伦·西奥多·西博格、威拉德·弗兰克·利比、梅尔文·埃利斯·卡尔文等，这使得伯克利成为世界上最重要的化学中心之一。伯克利校园内的"路易斯楼"（Lewis Hall）也是以其名字命名的，以示对他在化学领域所作贡献的认可。

附录：　SWC-ZH 中和热（焓）测定装置说明书

一、简介

在一定温度和浓度下，酸和碱进行中和反应时产生的热效应称为中和热。对于强酸、强碱，由于它们在水中完全离解，中和反应实质上是 H^+ 与 OH^- 的反应。本实验装置就是以此实质而研制出的一体化中和热实验装置，它将温度温差仪、恒流源、量热计、磁力搅拌器等集成于一体，具有体积小、重量轻、便于携带、显示清晰直观、实验数据稳定等特点，是院校做中和热实验的理想实验装置。

二、技术指标

装置相关技术指标见表 4。

表 4 技术指标表

指标	参数
最大加热功率	12 W
温度测量范围	$-50\sim150$ ℃
温度测量分辨率	0.01 ℃
温差测量范围	±19.999 ℃
温差测量分辨率	0.001 ℃
输出信号	RS-232C 串行口（可选配）
电源	~220 V±22 V,50 Hz
环境	温度 $-5\sim50$ ℃,湿度≤85%,无腐蚀性气体的场合

三、面板示意图

（一）前面板示意图

前面板示意图如图 1 所示。

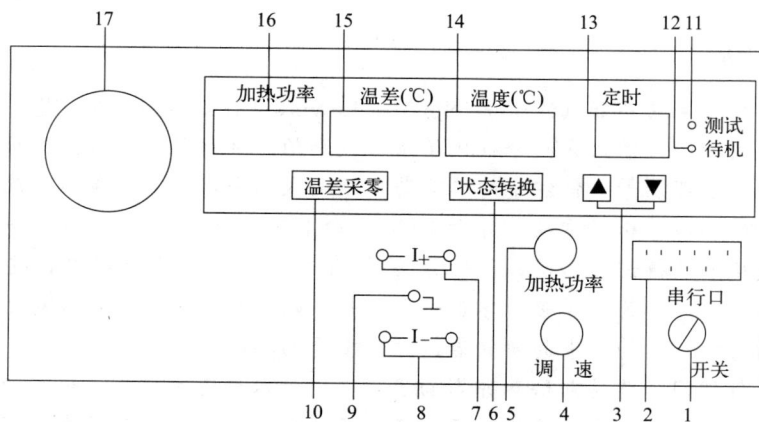

图 1 前面板示意图

前面板说明如下：

1. 电源开关。

2. 串行口：计算机接口（可选配）。

3. 增、减键按钮：按增、减键设置所需定时时间。

4. 调速旋钮：调节磁力搅拌器的速率。

5. 加热功率旋钮：根据需要调节所需输出加热的功率。

6. 状态转换键：进行测试功能与待机功能之间的转换。

7. 正极接线柱：负载的正极接入处。

8. 负极接线柱：负载的负极接入处。

9. 接地接线柱。

10. 温差采零键：在待机状态下，按下此键对温差进行清零。

11. 测试指示灯：灯亮表明仪器处于测试工作状态。

12. 待机指示灯：灯亮表明仪器处于待机工作状态。

13. 定时显示窗口：显示所设定的定时时间间隔。

14. 温度显示窗口：显示所测物的温度值。

15. 温差显示窗口：显示温差值。

16. 加热功率显示窗口：显示输出的加热功率值。

17. 固定架：固定中和热反应器。

（二）后面板示意图

后面板示意图如图 2 所示。

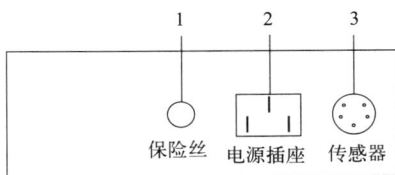

图 2　后面板示意图

后面板说明如下：

1. 保险丝：2 A。

2. 电源插座：与～220 V 电源连接。

3. 传感器插座：将传感器插头插入此插座。

（三）量热杯

量热杯示意图如图 3 所示。

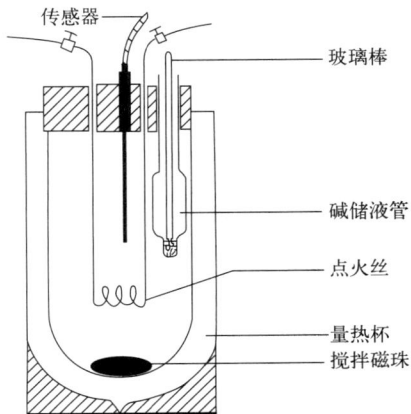

图 3　量热杯示意图

实验 3 ▶▶

溶解热的测定

一、实验目的

（1）了解测定积分溶解热的基本原理。

（2）掌握量热法的实验操作。

（3）测定 KNO_3 的积分溶解热。

（4）通过课外拓展中的故事，培养家国情怀。

二、实验原理

物质的溶解，尤其是盐类的溶解过程通常包括溶质晶格的破坏和溶质分子或离子的溶剂化，前者一般为吸热过程，后者则为放热过程。这两个过程热量的相对大小决定物质溶解的总热效应。已有的研究表明，温度、压力、溶质或溶剂的性质和体积都对热效应有影响。

溶解热可进一步分为积分溶解热和微分溶解热。积分溶解热一般是指在等温等压且非体积功为零的条件下，1 mol 溶质分子溶于一定量溶剂时的热效应，溶解过程中溶液浓度连续变化，其溶解热可直接由实验测定。微分溶解热则是在等温等压且非体积功为零的条件下，1 mol 的溶质溶于无限量的某一定浓度的溶液时所产生的热效应，溶解过程中溶液浓度变化微小，可视为不变，其溶解热由作图法测定。

本实验测定积分溶解热。恒压条件下，需在绝热的量热计（杜瓦瓶）中测定积分溶解热，溶解过程吸收或者放出的热量完全由系统的温度变化反映出来。因杜瓦瓶不是严格的绝热系统，在实际实验过程中，系统与外界环境仍存在微小的热交换（传导热、辐射热、搅拌热等），直接读取的温差有误差，须予以校正来消除微小热交换的影响，得到真实的温差 ΔT。本实验通过雷诺图解法校正测量数据，具体方法如下：

以时间为横坐标，测得的温度为纵坐标作图，得到一溶解曲线，如图 1 所示。图中 AB 段为加入样品前一段时间（5 min）内体系的温度线性变化曲线；B 点加入样品后温度快速下降至 C 点并完全溶解；CD 段则表示溶解完后一段时间（5 min）内体系与环境热交换导致的温度线性变化曲线。取 B、C 纵坐标中点 G 点，过 G 点作垂直于横坐标的线分别交 AB 与 CD 的延长线于 E、F 两点，则 EF 可近似作为真实温差 ΔT，即 $\Delta T = T_E - T_F$。

测量系统热容 C（量热计和溶液温度升高 1 ℃ 所吸收的热量，单位 $J \cdot K^{-1}$）的标定：

在某一温度下将积分溶解热已知的标准物质

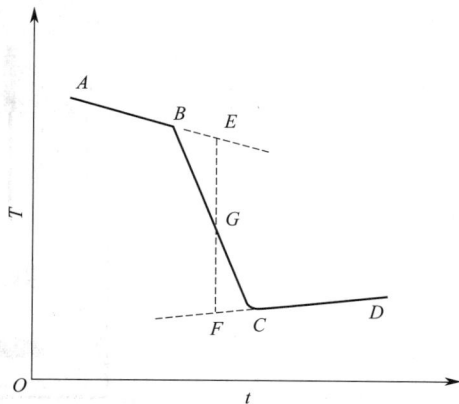

图 1 雷诺图解法

KCl 加入量热计中溶解完全，用贝克曼温度计测量溶解前后的温度并用雷诺作图法求得真实温差 ΔT_S。假定系统完全隔热且忽略搅拌热，根据热力学第一定律可得公式：

$$\frac{m_S}{M_S}\Delta_{sol}H_{m,S}^{\ominus}+C\Delta T_S=0 \tag{1}$$

则：

$$C=-\frac{m_S}{M_S}\times\frac{\Delta_{sol}H_{m,S}^{\ominus}}{\Delta T_S} \tag{2}$$

式中，m_S 为标准物质 KCl 的质量，kg；M_S 为 KCl 的摩尔质量，kg·mol^{-1}；$\Delta_{sol}H_{m,S}^{\ominus}$ 为等温等压下 1 mol KCl 溶于 200 mol 水的积分溶解热，J·mol^{-1}；ΔT_S 为 KCl 溶解前后温度的变化值，K。

不同温度下 KCl 的积分溶解热见表 1。

表 1 不同温度下 KCl 的积分溶解热（$\Delta_{sol}H_{m,S}^{\ominus}$） 单位：kJ·mol^{-1}

温度 a	温度 b/℃									
/℃	0	1	2	3	4	5	6	7	8	9
10	19.99	19.80	19.64	19.46	19.28	19.11	18.95	18.78	18.62	18.46
20	18.31	18.16	18.01	17.86	17.72	17.57	17.43	17.28	17.15	17.02

注：温度 $T=a+b$。

用待测物质 B 重复上述实验操作。假定水溶液的热容为恒定值，根据式（2）可得待测物质的积分溶解热：

$$\Delta_{sol}H_{m,B}^{\ominus}=-C\Delta T_B\frac{M_B}{m_B} \tag{3}$$

三、仪器与药品

（1）仪器：SWC-RJ 溶解热测定实验装置、电子天平、秒表、台秤、温度计、500 mL 容量瓶。

（2）药品：KCl（AR）、KNO$_3$（AR），均研磨至粒径 0.5～1 mm 且在 120 ℃烘干 2 h，所有试剂均为分析纯。

四、实验步骤

（1）称量

以 1 mol KCl∶200 mol 蒸馏水（水按 250 mL 计算）的比例准确称量 KCl。

（2）标定测量系统的热容 c

用容量瓶准确量取 250 mL 蒸馏水加入杜瓦瓶中，盖好瓶盖与加样孔塞。以一定速度匀速搅拌，等待蒸馏水与量热计的温度达到平衡时，再依次按下精密数字温差仪上的"温差""采零""锁定"按钮。前期测量：启动秒表并读取温差仪上显示的读数，每 30 s 读一次，记录 10 个数后停止搅拌。主期测量：取下加样孔塞，插入专用漏斗，迅速加入全部称量的 KCl 并盖好塞子，重新开启搅拌，立刻记录此时的读数和时间，后续间隔 30 s 读数一次，读取 20 次数据。末期测量：读数稳定后再每隔 30 s 记录末期温度。停止搅拌，记录普通温度计上的温度作为溶解温度。倒出溶液至回收桶，用蒸馏水润洗所有与溶液接触的部分 2 次，备用。

（3）测定 KNO_3 溶解热

以 1 mol KNO_3：400 mol 水（水按 250 mL 计算）的比例准确称量 KNO_3。重复上述实验操作。

五、数据记录与处理

（1）KCl 溶解热测定（表 2）

表 2　KCl 溶解热测定数据记录表

实验温度=_____℃；大气压=_____kPa；$M_S=$_____$kg \cdot mol^{-1}$

前期测量		主期测量				末期测量	
时间/s	温度/℃	时间/s	温度/℃	时间/s	温度/℃	时间/s	温度/℃
30		330		630		930	
60		360		660		960	
90		390		690		990	
120		420		720		1020	
150		450		750		1050	
180		480		730		1080	
210		510		810		1110	
240		540		840		1140	
270		570		870		1170	
300		600		900		1200	

（2）KNO_3 溶解热测定（表 3）

表 3　KNO_3 溶解热测定数据记录表

实验温度=_____℃；大气压=_____kPa；$M_B=$_____$kg \cdot mol^{-1}$

前期测量		主期测量				末期测量	
时间/s	温度/℃	时间/s	温度/℃	时间/s	温度/℃	时间/s	温度/℃
30		330		630		930	
60		360		660		960	
90		390		690		990	
120		420		720		1020	
150		450		750		1050	
180		480		780		1080	
210		510		810		1110	
240		540		840		1140	
270		570		870		1170	
300		600		900		1200	

（3）数据处理

分别作 KCl 和 KNO_3 的温度-时间曲线，用雷诺法求得真实温差 ΔT_S 和 ΔT_B 并按式（2）计算量热计的热容 C；按式（3）计算在实验终止温度下的积分溶解热 $\Delta_{sol} H_{m,B}^{\ominus}$。

六、注意事项

（1）实验样品容易吸潮，尽量现称现用。

（2）加入样品过程务必迅速，以减少体系与环境的热交换。

七、思考题

（1）实验为何规定所用药品的粒径范围？粒径过大或过小有什么影响？
（2）影响实验准确度的因素有哪些？如何避免？

八、课外拓展

时钧先生：忠党爱国，淡泊坚韧，求实惟先，扶掖后学

时钧（1912—2005），江苏常熟人，我国著名化学工程学家、教育家。1934 年，他毕业于清华大学化学系，后公费留学美国。七七事变后，时钧身在异邦却心系祖国，他怀着"天下兴亡、匹夫有责"的抱负，婉言谢绝了导师怀德曼教授的盛情挽留，毅然携妻儿回到了祖国，渴望实现科学救国的理想。回国后，时钧先生长期从事化学工程教学和科研工作，在化工热力学、传质分离及膜科学与技术等研究领域取得重大成就，获"全国化工有重大贡献的优秀专家"称号、何梁何利基金科学与科技进步奖等多个奖项。

时钧先生执教六十七载，半世甘为人梯，培养了 18 位院士。时钧先生在晚年坚持从事科研，带研究生，在八十多高龄时，还主持编写了百万字级的中国第一部《化学工程手册》，当之无愧地赢得了"化工教育一代宗师"的尊号。

时钧先生编写《中国大百科全书·化工卷》

实验 4 ▶▶
凝固点降低法测定摩尔质量

一、实验目的

（1）用凝固点降低法测定萘的摩尔质量。
（2）掌握溶液凝固点的测定技术。

（3）通过实验加深对稀溶液依数性质的理解。

（4）通过道尔顿的故事，培养学生求新质疑的科学精神。

二、实验原理

在一定压力下，固、液两相成平衡时的温度称为凝固点（或熔点）。溶液的凝固点不仅与外压有关，还和液态溶液的组成及析出固态物质的组成有关。在溶质与溶剂不生成固态溶液的条件下，当溶剂中溶有少量溶质形成稀溶液时，从溶液中析出固态纯溶剂的温度会低于纯溶剂在同样外压下的凝固点，即凝固点降低。当确定了溶剂的种类和数量后，溶剂凝固点降低值仅取决于溶剂中溶质分子的数目。稀溶液的凝固点降低是稀溶液的依数性质之一。

根据热力学推导可以证明，当溶质与溶剂在液相完全互溶而固相完全不互溶（即不生成固溶体），而且形成的是稀溶液时，凝固点降低值的大小只与溶质在溶液中的粒子数目有关而与其本性无关。根据热力学的相平衡条件，设在标准力 $p^{\ominus}$ 下，溶液中溶剂 A 的化学势 $\mu_A(l,T_f,p^{\ominus})$ 与所析出纯固体溶剂的化学势 $\mu_A(s,T_f,p^{\ominus})$ 相等。

$$\mu_A(l,T_f,p^{\ominus})=\mu_A(s,T_f,p^{\ominus})=\mu_A^{\ominus}(s) \tag{1}$$

而溶剂 A 的化学势可由式（2）计算：

$$\mu_A(l,T_f,p^{\ominus})=\mu_A^{\ominus}(l)+RT\ln a_A \tag{2}$$

由式（1）式（2）可得式（3）式（4）：

$$\mu_A^{\ominus}(s)=\mu_A^{\ominus}(l)+RT\ln a_A \tag{3}$$

$$\mu_A^{\ominus}(s)-\mu_A^{\ominus}(l)=RT\ln a_A \tag{4}$$

式中，$\mu_A^{\ominus}(s)-\mu_A^{\ominus}(l)$ 为 T_f、$p^{\ominus}$ 下，1 mol 纯溶剂 A 由液相转为固相的吉布斯函数变化 $\Delta_s^l G_m^{\ominus}$，即摩尔融化吉布斯能变 $\Delta_{fus}G_m^{\ominus}$。

经推证，得式（5）：

$$\ln a_A=-\frac{\Delta_{fus}H_m^{\ominus}}{RT_f}\times\frac{\Delta T_f}{T_f^*} \tag{5}$$

式中，$\Delta T_f=T_f^*-T_f$，为标准压力下纯溶剂凝固点与溶液凝固点之差。若溶液为稀溶液，且溶液中只有一种溶质 B，其既不缔合也不离解时，将 $\ln a_A$ 以级数展开并取第一项，可得式（6）：

$$\Delta T_f=k_f b_B \tag{6}$$

式中，k_f 称为溶剂 A 的凝固点降低常数，$K \cdot kg \cdot mol^{-1}$；$b_B$ 为溶质 B 的质量摩尔浓度，$mol \cdot kg^{-1}$。

取质量为 m_A（单位 g）的溶剂和质量为 m_B（单位 g）的溶质配制成一稀溶液，则溶液的质量摩尔浓度 b_B 由式（7）计算：

$$b_B=\frac{m_B/M_B}{m_A}\times 1000 \tag{7}$$

由式（6）和式（7）可得溶质 B 的摩尔质量：

$$M_B=\frac{k_f m_B}{\Delta T_f m_A}\times 1000 \tag{8}$$

若已知 k_f 值，测出溶液的凝固点降低值 ΔT_f，即可求得溶质 B 的摩尔质量 M_B。需要注意的是，若溶质在溶液中有离解、缔合、溶剂化和配合物生成时，则用凝固点降低法测得的摩尔质量为表观摩尔质量，而不是溶质真正的摩尔质量，此时式（8）不再适用，但可用来研究溶液的其他一些性质，如电解质的电离度及溶质的缔合度、活度和活度系数等。

通常 ΔT_f 的测定是通过分别测定纯溶剂与稀溶液的凝固点而得的。本实验测定凝固点采用过冷法。此法是将纯溶剂或稀溶液缓慢冷却成过冷液体，然后通过适当措施令液体结晶，当结晶生成时放出的凝固热使系统温度回升。若液体为纯溶剂，则放热与散热达平衡时温度就稳定不变。这一温度就是该溶剂的凝固点，如图 1 中的 a 线。对于稀溶液，因凝固时溶剂浓度改变，据相律可知，凝固温度随溶剂浓度而变，故不可能出现温度稳定的情况，所以稀溶液凝固点通过温度-时间曲线延长线来求取，如图 1 中 b 线的延长线交点 A，即为该溶液的凝固点。ΔT_f 可由图 1 所示求出。

因为稀溶液的凝固点降低值不大，所以温度的测量要用较精密的测温仪器，本实验用精密电子温差测量仪。

三、仪器与药品

（1）仪器：凝固点测定装置（图 2）、精密电子温差测量仪、电子天平（公用）、25 mL 移液管。

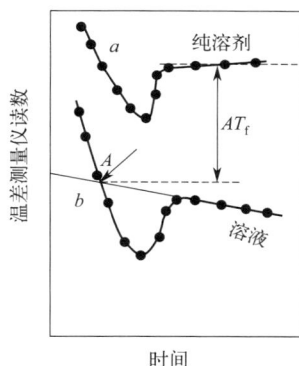

图 1 冷却曲线

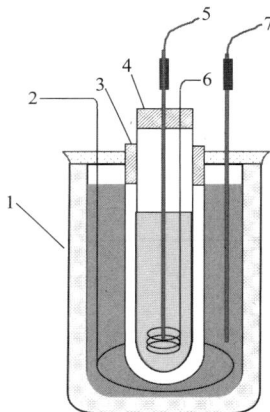

图 2 凝固点测定装置

1—保温瓶；2—外搅拌器；3—外套管；
4—内管；5—精密电子温差测量仪测温探头；
6—内搅拌器；7—外测温探头

（2）药品：环己烷（AR）、萘（AR）。

四、实验步骤

（1）准备冷浴

接通凝固点测定装置电源，取适量的去离子水放入保温瓶内杯中，设置冷浴温度为 2.5℃（冷浴温度低于被测液体凝固点 2~3℃），待冷浴温度稳定后开始实验。

（2）取样并安装仪器

记录室温，用移液管取 25 mL 环己烷置于干燥的内管中，按图 2 所示安装温差测量仪的测温探头和内搅拌器，调节测温探头的顶端置于环己烷液体的中心部位；调节内搅拌器的位置，使之能顺利上下搅拌，并在搅拌时不与探头或内管壁发生摩擦。

（3）溶剂凝固点的粗测

将内管直接放入冷浴中，缓慢上下移动内搅拌器，使环己烷温度逐渐下降，观察温差测量仪示数变化，当数值基本不变时，其对应温度为环己烷的近似凝固点。

（4）溶剂凝固点的精测

取出内管，用手温热使管内结晶的固体刚好全部融化（温度略高于凝固点即可），套上外管并重新置于冷浴中，慢慢搅拌，使环己烷温度均匀下降，当温差测量仪示数比粗测的凝固点值高 1～2℃时，开始每 10 s 记录一次示数。注意温度变化过程（观察样品管的降温过程，温度达到最低点后，又开始回升，回升到最高点后又开始下降）。温差测量仪示数基本稳定时，对应的温差值即为环己烷的凝固点对应值，记录 8～10 个稳定数据。取出内管使固体再次融化，重复测定 1～2 次，得到纯溶剂的冷却曲线数据。

（5）溶液凝固点的测定

用电子天平称取 0.1～0.15 g 的萘（准确记录所称质量），小心投入内管的环己烷中，注意不要让萘粘在管壁上，立即塞好管口，搅拌使萘完全溶解，重复步骤（4），测定萘的环己烷溶液的凝固点。观察、记录温度随时间的变化，待温度-时间数据出现明显转折后，再测大约 10 个点即可，得到萘的环己烷溶液的冷却曲线数据。以温差测量仪示数为纵坐标、时间为横坐标，绘制冷却曲线，曲线上的转折点即为析出固态纯溶剂的凝固点。重复测定溶液凝固点 1～2 次。

环己烷密度用公式 $\rho/(\text{g} \cdot \text{cm}^{-3}) = 0.7971 - 0.8879 \times 10^{-3} t/℃$ 计算。

五、数据记录与处理

（1）环己烷纯溶剂温度-时间测量原始数据如表 1 所示。

表 1 环己烷纯溶剂温度-时间测量原始数据

室温：_____℃；环己烷密度：_____g·cm^{-3}；萘的质量：_____g

第一次实验		第二次实验	
计数点	温度示数/℃	计数点	温度示数/℃

（2）环己烷-萘溶液温度-时间测量原始数据如表 2 所示。

表 2 环己烷-萘溶液温度-时间测量原始数据

第一次实验		第二次实验	
计数点	温度示数/℃	计数点	温度示数/℃

（3）以温度示数为纵坐标、时间为横坐标，分别作出纯溶剂和溶液的冷却曲线（用 Origin 绘图）。用外推法确定纯溶剂和溶液的凝固点示数值，求出凝固点降低值 ΔT_f，并计算萘的摩尔质量。给出计算过程，并将结果列在表 3 中。

表 3 萘的环己烷稀溶液的凝固点降低值及萘的摩尔质量

测量次数	纯溶剂凝固点/K	溶液凝固点/K	凝固点降低值/K	萘的摩尔质量/(g·mol^{-3})
1				
2				

（4）计算测量值与理论值的相对误差，分析误差产生的原因

六、注意事项

（1）搅拌速度的控制是做好本实验的关键，每次测定应按要求的速度搅拌，并且测溶剂与溶液凝固点时搅拌条件要完全一致。

（2）寒剂温度对实验结果也有很大影响，过高会导致冷却太慢，过低则测不出正确的凝固点。

（3）在测量过程中，析出的固体越少越好，以减少溶液浓度的变化，进而准确测定溶液的凝固点。若过冷太甚，溶剂凝固越多，溶液的浓度变化太大，使测量值偏低。

七、思考题

（1）为提高实验的准确度，能否采用增大溶液浓度的方法增加 ΔT_f 值？为什么？

（2）若溶质在溶剂中发生缔合，所测的 ΔT_f 值与不缔合的 ΔT_f 值相比，哪个大？

（3）冷浴温度应调节到 $2\sim3℃$，过高或过低对实验及结果有什么影响？

八、课外拓展

道尔顿提出的相对原子质量，在宏观和微观之间架起了一座桥梁。

约翰·道尔顿（John Dalton，1766 年 9 月 6 日—1844 年 7 月 27 日），英国化学家、物理学家。道尔顿首先把原子论和元素说结合在一起，他认为自然界中的元素有很多种，组成物质的原子种类也有很多种。道尔顿通过研究氢气和氧气燃烧生成水的反应，发现了一个重要的规律——物质反应的质量是按照一定的比例来进行的。根据氢气、氧气燃烧生成水反应的物质质量比例，道尔顿大胆推断出一个氧原子的质量是一个氢原子质量的 8 倍。于是，道尔顿把一个氢原子的质量定义为单位 1，顺理成章，氧原子就是 8。这个数值，就是相对原子质量，也就是今天我们统称的原子量。

实验 5 ▶▶
环己烷-乙醇双液系气-液平衡相图

一、实验目的

（1）测定常压下环己烷-乙醇双组分系统的气-液平衡数据，绘制沸点-组成相图。

（2）掌握双组分系统沸点的测定方法，通过实验进一步理解分馏的原理。

（3）掌握阿贝折射仪的使用方法。

（4）了解金展鹏院士的生平经历，学习他的科学精神和奉献精神。

二、实验原理

两种液体物质混合而成的双组分体系称为双液系。根据双组分间溶解度的不同，可分为

完全互溶、部分互溶和完全不互溶三种情况。两种挥发性液体混合形成完全互溶体系时，如果该两组分的蒸气压不同，则混合物的组成与平衡时的气相组成不同。当压力保持一定，混合物的沸点与两组分的相对含量有关。

恒定压力下，真实的完全互溶双液系的气-液平衡相图（T-x 图），根据体系对拉乌尔定律的偏差情况，可分为 3 类：

① 一般偏差：混合物的沸点介于两种纯组分之间，如甲苯-苯体系，如图 1(a) 所示。

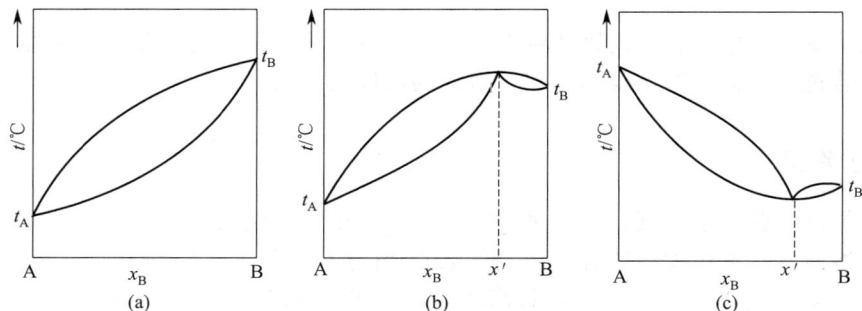

图 1 二组分真实液态混合物气-液平衡相图（T-x 图）

② 最大负偏差：存在一个比两个纯液体的饱和蒸气压都小的饱和蒸气压值，混合物存在最高沸点，如盐酸-水体系，如图 1(b) 所示。

③ 最大正偏差：存在一个比两个纯液体的饱和蒸气压都大的饱和蒸气压值，混合物存在最低沸点，如图 1(c) 所示。

后两类为具有恒沸点的双液系相图。它们在最低或最高恒沸点时的气相和液相组成相同，因而不能像第一类那样通过反复蒸馏的方法而使双液系的两个组分相互分离，只能采取精馏等方法分离出一种纯物质和另一种恒沸混合物。

为了测定双液系的 T-x 图，需在气-液平衡后，同时测定双液系的沸点和液相、气相的平衡组成。

本实验以环己烷-乙醇为体系，该体系属于上述第三种类型，在沸点仪（图 2）中蒸馏不同组成的混合物，测定其沸点及相应的气、液二相的组成，即可作出 T-x 图。

本实验中两相的成分均采用折射率法来测定。

折射率是物质的一个特征数值，它与物质的浓度及温度有关，因此在测量物质的折射率时要求温度恒定。溶液的浓度不同、组成不同，折射率也不同。因此可先配制一系列已知组成的溶液，在恒定温度下测其折射率，绘制折射率-组成的工作曲线，便可通过测定折射率在工作曲线上找出未知溶液的组成。

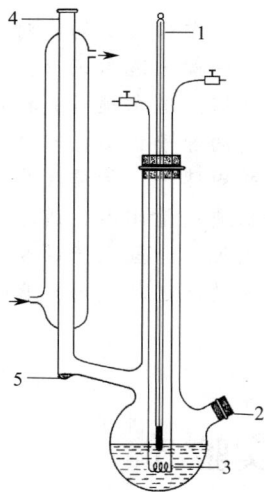

图 2 沸点测定仪装置示意图
1—温度计；2—加液口；
3—加热电阻丝；4—冷凝管；
5—冷凝液

三、仪器与药品

(1) 仪器：沸点测定仪（图 2）、变压器、阿贝折射仪、移液管（1 mL、10 mL、25 mL）、吸液管、擦镜纸等。

(2) 药品：环己烷、无水乙醇、环己烷-乙醇混合溶液（体积分数分别为 0.2、0.4、

0.6、0.8），所有试剂均为分析纯。

四、实验步骤

（1）折射率-组成工作曲线的测定

取环己烷体积分数分别为 0、0.2、0.4、0.6、0.8、1 的六种环己烷-乙醇溶液，在 25 ℃下，逐个用阿贝折射仪测定其折射率。绘制折射率-组成的工作曲线。

（2）沸点及气、液相组成的测定

① 取 20 mL 无水乙醇置于沸点测定仪的蒸馏瓶内，此时加热电阻丝完全浸没在液体中。按图 2 连接好线路，打开回流冷凝水，通电并调节变压器（0～15 V）至电压为 12 V，使液体加热至沸腾，回流并观察温度计的变化，待温度恒定时记下沸点。然后将变压器的电压调至零处，停止加热，冷却片刻，用胶头滴管分别从冷凝管上端的分馏液取样口及加液口取样，用阿贝折射仪分别测定气相冷凝液和液相的折射率（数据填入表 2，溶液编号为 1）。按上述操作步骤分别测定加入环己烷为 1 mL、2 mL、4 mL 时各液体的沸点及气相冷凝液和液相的折射率（数据填入表 2，混合液编号为 2～4）。

② 将蒸馏瓶内的溶液倒入回收瓶中，并用环己烷清洗蒸馏瓶。然后取 20 mL 环己烷注入蒸馏瓶内，按步骤①进行操作。分别加入乙醇 1 mL、2 mL、4 mL，测定其沸点及气相冷凝液和液相的折射率（数据填入表 2，乙醇溶液编号为 5，混合液编号为 6～8）。

在 101.325 kPa 下，纯环己烷的沸点为 80.1 ℃，无水乙醇的沸点为 78.4 ℃。25 ℃时，纯环己烷的折射率为 1.4264，无水乙醇的折射率为 1.3593。

五、数据记录与处理

1. 数据记录

（1）折射率-组成工作曲线的测定（表 1）

表 1　环己烷-乙醇标准溶液的折射率

φ环己烷	0	0.2	0.4	0.6	0.8	1
x环己烷 折射率						

注：其中 φ环己烷 为环己烷的体积分数，x环己烷 为环己烷的摩尔分数。

（2）沸点及气、液相组成的测定（表 2）

表 2　环己烷-乙醇混合液的测定数据

溶液编号	沸点/℃	液相		气相冷凝液	
		折射率	x环己烷	折射率	x环己烷
1					
2					
3					
4					
5					
6					
7					
8					

2. 数据处理

① 根据表 1 绘制环己烷-乙醇标准溶液的折射率-组成工作曲线。

② 根据折射率-组成关系曲线求出各待测溶液的气相和液相的平衡组成，填入表 2 中。以组成为横坐标，沸点为纵坐标，绘出气相与液相的沸点-组成（T-x）图。

③ 由沸点-组成（T-x）图找出其恒沸点及恒沸组成。

六、注意事项

（1）测定折射率时动作要迅速，以避免样品中易挥发组分损失，确保数据准确。

（2）加热电阻丝一定要被溶液浸没后方可通电加热，否则易烧断，还可能会引起有机物燃烧，所以电压不能太大，加热电阻丝上有小气泡逸出即可。

（3）注意一定要先加溶液，再加热；取样时，应注意切断加热电阻丝电源。

（4）每次取样量不宜过多；取样管一定要干燥，不能留有上次的残液；气相部分的样品要取干净。

（5）阿贝折射仪的棱镜不能用硬物（如滴管）触及，擦拭棱镜需用擦镜纸。

七、思考题

（1）操作步骤中，在加入不同数量的各组分时，如发生了微小的偏差，对相图的绘制有无影响？为什么？

（2）为什么折射率的测定要在恒温下进行？

（3）测定某一组成的混合液的沸点及气相冷凝液和液相折射率时，如因某种原因缺少其中某一个数据，应如何处理？对相图的绘制有无影响？

（4）如何判断气-液已达到平衡状态？

八、课外拓展

轮椅上的院士——金展鹏

金展鹏（1938.11.6—2020.11.27），金属材料学家、粉末冶金专家，广西荔浦人，曾任中南大学教授、国际合金相图委员会委员、中国材料学会理事、国际相图计算杂志副主编、亚太材料科学院成员。他于 1955 年考入中南矿冶学院（中南大学前身）冶金系金相专业，1959 年考上本校研究生，重点研究耐热镁合金；1963 年研究生毕业后留校任教；1979 年至 1981 年在瑞典皇家科学院师从国际著名材料学家和相图学权威马兹·希拉德教授，主攻材料设计。他在 20 世纪 80 年代首创的"三元扩散偶——电子探针微区成分法"，实现了国际相图实验测量方法的重大突破，被国际上称为"金氏相图测定法"；提出"热化学磁矩法"理论，建立了相图数据库，被国际上广为应用。

1981 年，他谢绝国外科研机构的挽留，坚持回国效力，在中南大学组建了自己的相图室，教学、科研双肩挑，取得了多项重大研究成果。1998 年初，他因颈椎病突发，造成高位瘫痪，生活完全不能自理，但他仍坚持在"轮椅"上继续科研、教学工作，完成了 1 项国家"863"课题、3 项国家自然科学基金课题和 1 项国际合作项目，均取得优秀科研成果，还培养了一大批优秀博士、硕士研究生。

他在 1989 年获国家教委科技进步奖，1991 年获国家自然科学奖，1998 年获宝钢教育奖一等奖；2003 年 11 月当选为中国科学院院士，同年被评为"湖南十大新闻人物"；2007 年获"全国模范教师"称号，2011 年被评为第二届"全国教书育人楷模"，2012 年被评为"全国创新争优优秀共产党员"，2019 年获"全国自强模范"荣誉称号。

实验 6 ▶▶

液体饱和蒸气压的测定

一、实验目的

（1）掌握测定单组分液体（水、乙醇）在不同温度下的饱和蒸气压的原理。

（2）理解单组分液体饱和蒸气压与温度的关系。

（3）掌握由克劳修斯-克拉佩龙方程（简称克-克方程）求算单组分液体的摩尔汽化焓（实验温度范围内的平均摩尔汽化焓）。

（4）通过克劳修斯-克拉佩龙方程的诞生的故事，培养科研思维。

二、实验原理

在密闭容器中，一定温度下，液体分子以一定速度逃离液相进入上方气相［图 1(a)］，同时进入气相中的分子也会部分返回液相，气相中的分子数逐渐增加，从气相进入液相的速率也会逐渐增加［图 1(b)、(c)］，当液体与其自身的蒸气达到气、液相平衡时，即气相分子向液面凝结和液相分子从液面逃逸到气相的速度相等［图 1(d)］时，液面上方蒸气的压力称为液体在该温度下的饱和蒸气压，简称为蒸气压，用 p^* 表示。

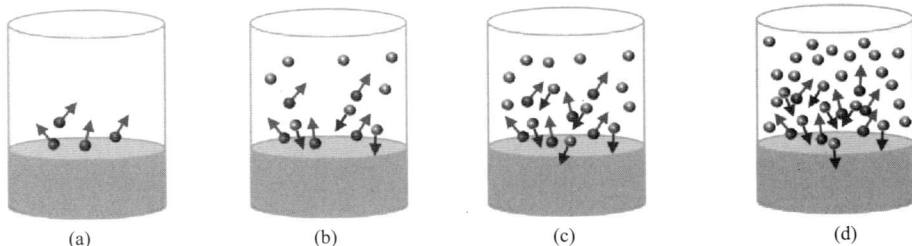

图 1　液体饱和蒸气压示意图

液体的蒸气压与温度有关，温度升高，分子运动加剧，因而单位时间内从液面逸出的分子数增多，蒸气压增大，反之，温度降低，蒸气压减小，即饱和蒸气压 p^* 是温度 T 的函数。

蒸发 1 mol 液体所吸收的热量称为液体在该温度下的摩尔汽化焓，用 $\Delta_{vap}H_m$ 表示。摩尔汽化焓也是温度的函数，当温度变化不大时，$\Delta_{vap}H_m$ 可以视为常数。

当液体的饱和蒸气压等于外界压力时，液体沸腾，此时的温度即为该液体的沸点。外压不同时，液体的沸点也不同。把外压为 1 个标准大气压（101325 Pa）时的沸点称为液体的正常沸点。

测定饱和蒸气压常用的方法有动态法、静态法和饱和气流法。

① 静态法。即将被测物质放在一个密闭的体系中，在不同温度下直接测量其饱和蒸气压，或在不同外压下测液体的沸点，此法用于蒸气压比较大的液体。

② 动态法。通过改变外压测得不同的沸点。

③ 饱和气流法。通过将一定体积的已被待测液体所饱和的气流，用某物质完全吸收，然后称量吸收物质增加的质量，求出蒸气的分压力。

本实验采用静态法测水的饱和蒸气压。

将蒸气视为理想气体，液体饱和蒸气压与温度的关系可用克劳修斯-克拉佩龙微分方程表示：

$$\frac{\mathrm{d}\ln p}{\mathrm{d}T} = \frac{\Delta_{\mathrm{vap}}H_{\mathrm{m}}}{RT^2} \tag{1}$$

式中，T 为热力学绝对温度，K；p 为液体在温度 T 时的饱和蒸气压，Pa；$\Delta_{\mathrm{vap}}H_{\mathrm{m}}$ 为液体的摩尔汽化热，J·mol^{-1}；R 为摩尔气体常数，8.314 J·mol^{-1}·K^{-1}。

温度变化范围不大时，将 $\Delta_{\mathrm{vap}}H_{\mathrm{m}}$ 视为常数，对式(1) 作不定积分，可得式(2)：

$$\ln p = \frac{-\Delta_{\mathrm{vap}}H_{\mathrm{m}}}{R} \times \frac{1}{T} + C \tag{2}$$

式中，C 为积分常数，与压力的单位有关。由式(2) 可知，$\ln p$ 与 $1/T$ 呈线性关系，直线斜率 k 为 $-\Delta_{\mathrm{vap}}H_{\mathrm{m}}/R$，即 $\Delta_{\mathrm{vap}}H_{\mathrm{m}} = -Rk$。实验测定液体在不同温度下的饱和蒸气压，以 $\ln p$ 对 $1/T$ 作图，可得一条直线，由直线的斜率可得实验温度范围内的平均摩尔汽化焓 $\Delta_{\mathrm{vap}}H_{\mathrm{m}}$，从图中也可求得正常沸点。

三、仪器与药品

(1) 仪器：液体饱和蒸气压测量装置（图1）、数字式气压计、数字式温度计、恒温水浴、真空泵、大气压力计（共用）等。

(2) 药品：无水乙醇。

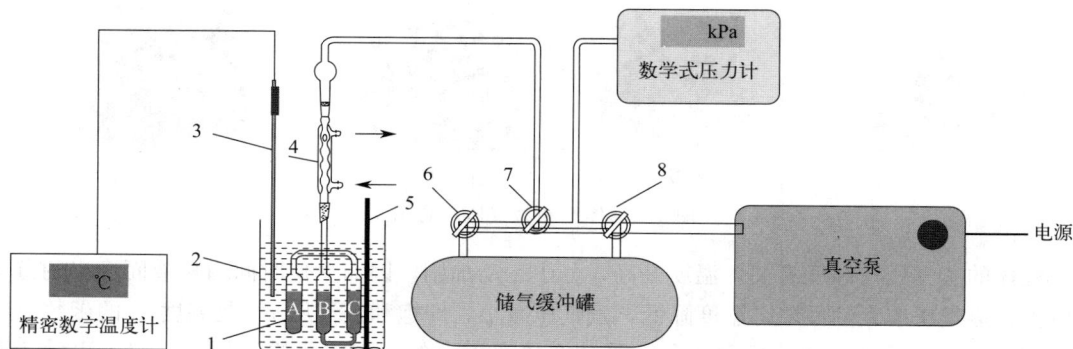

图 2　液体饱和蒸气压测定装置

1—平衡管；2—恒温水浴；3—温度传感器；4—冷凝管；5—搅拌器；6—平衡阀1；7—平衡阀2；8—抽气阀

四、实验步骤

1. 连接实验仪器并检漏

取无水乙醇装入平衡管，A 球约 2/3、B 球和 C 球约 1/2，按图 2 组装实验装置。将平衡管固定，连接冷凝管，将恒温槽温度传感器连接好，取橡胶管连接平衡管和仪器。

打开仪器电源，设置温度为 25℃，并按下状态转换键，使仪器处于工作状态。温度基本稳定后，打开平衡阀 2，观察压力示数，此时系统的压力为大气压，待稳定后按采零键。

关闭平衡阀 2，打开真空泵开关，打开抽气阀，再打开平衡阀 1，观察压力计示数变化（当前环境气压约为标准大气压），此时可观察到平衡管内的无水乙醇逐渐沸腾，有气泡经 A 管、C 管，从 B 管逸出。待压力计示数变化至 −92 kPa 左右，关闭平衡阀 1，关闭抽气阀，关闭真空泵。若系统真空度可抽至上述值，则表示系统不漏气。若不能，则表示漏气，需要仔细检漏。真空系统检漏的原则是首先检查最靠近测压仪表部分的装置是否漏气，如证明不漏气后，再由近及远分段逐步检查，直到整个系统。若发现哪部分漏气则需补漏，直至整个系统不漏气，则可进行下面实验。

2. 测定 25℃时乙醇的饱和蒸气压

缓慢调节平衡阀 1、2，使平衡管 B、C 管液面基本平齐时，关闭阀门，读取数据。如不慎使空气倒灌入 A 管，则需要重新抽真空后再进行实验。如 U 形平衡管溶液倒灌入 A 管，则需要重新加样后再进行测定。记录此时的温度、压力值。

3. 测定其他温度下乙醇的饱和蒸气压

重复步骤 2，用同样的方法测定 30℃、35℃、40℃、45℃、50℃的饱和蒸气压，并记录到原始数据表中。

4. 结束实验

实验结束后打开平衡阀 1、2，使系统与大气稍微相通（关机时必须先泄压，缓缓通大气），使仪器压差示数为"0"，再关电源开关；关闭真空泵、电源、冷凝水。

五、数据记录与处理

（1）将测得数据记录于表 1 中。

表 1　原始数据记录表

室温：　　　　　；气压计读数：　　　　　；被测液体：

次序	温度 t /℃	温度 T /K	压力计读数 /Pa	蒸气压 p /Pa	$1/T$ /K^{-1}	$\ln p$
1						
2						
3						
4						
5						
6						

（2）以 $\ln p$ 对 $1/T$ 作图，求乙醇的正常沸点 $T_{正常}$。

（3）根据 $\ln p$-$1/T$ 直线的斜率，求无水乙醇在实验温度区内的平均摩尔汽化热 $\Delta_{vap}H_m$。

（4）对实验结果进行讨论。

（5）将所测摩尔汽化焓与文献值对比，分析产生误差的原因有哪些。

六、注意事项

（1）A、B、C 球（含连接弯管）应浸在水浴水面之下，且实验过程中应维持水浴搅拌，使体系温度均匀（否则线性关系不好）。

（2）测定前必须充分驱尽 A、C 球间弯管内的全部空气，使 A 球和 C 球液面上方只含待测液体的蒸气分子。

（3）注意不能旋错平衡阀 1、平衡阀 2、抽气阀，否则出差错。操作前必须明确哪个位置是系统与大气相通、哪个位置是系统与真空泵相通、哪个位置是均不通。

（4）提前开启冷凝水，防止液体的蒸气来不及冷凝，冲到冷凝管上端。

（5）本实验的关键是快速减压，防止空气倒灌，保持等位计 A 球液面上蒸气相中不存在空气。

（6）抽气速度要适中，以免液体沸腾过剧使 B、C 管内液体被抽尽。

（7）当 B、C 球的液面平齐时要立即读数，包括压力及温度，读毕还要快速抽气减压。因此，同组人员必须集中注意力，密切配合。

（8）数字压力计在开始测试前必须"采零"。

（9）关机时必须先泄压，通大气，使示数为"0"，再关电源开关。

七、思考题

（1）液体的饱和蒸气压是什么？正常沸点是指什么？液体的沸点与外压有何关系？

（2）本实验中对克劳修斯-克拉佩龙方程的应用推导做了哪些近似？

（3）本实验所用方法能否用于测定溶液的蒸气压？为什么？

（4）等压计 U 形管中的液体的作用是什么？

（5）能否在加热情况下检查装置是否漏气？

（6）实验过程中为什么要防止空气倒灌？

（7）实验时抽空气的速度应如何控制？为什么？

（8）实验时大烧杯中的水为什么一定要淹没等压计的 A 球和 C 球间的 U 形管？

八、课外拓展

克劳修斯-克拉佩龙方程的诞生

抽象的热力学在大约 300 年前快速发展，一个重要的推动力就是蒸汽机的发展。1698 年，第一台蒸汽机出现，但这种没有活塞的机器效率低下，经历多位物理、工程学者超过 100 年的改进，直到 1824 年卡诺热机才出现。而克劳修斯-克拉佩龙方程（克-克方程）的建立，前期主要受到了卡诺热机的启发。1834 年，克拉佩龙正是在扩展卡诺的工作中，给出了克-克方程的雏形。随后，克劳修斯于 1850 年将能量守恒加入克拉佩龙的方程里，他还发展了潜热理论，让水汽等相变的热效应在方程中得以体现，最终诞生了著名的克-克方程。克-克方程具有很多重要的应用，克-克方程帮助人类洞察到空气中的水汽存储能量是怎样随着温度变化而改变的。方程中的对数关系带来一个关键点，即空气中水汽含量的变化与温度之间是非线性的指数关系，意味着曲线越靠近上端就越陡。

Ⅱ 电化学

离子选择性电极性能的测试及应用

实验 7.1 氯离子选择性电极性能的测试

一、实验目的

（1）了解离子选择性电极的主要特征。

（2）掌握离子选择性电极测定电位选择性系数的原理、方法及操作技术。

（3）了解离子选择性电极发展现状及其应用。

二、实验原理

离子选择性电极是一种电化学传感器，它对特定的离子有电位响应。但是离子选择性电极均不可能只对溶液中的某一特定离子有响应，对其他离子也可能会有响应。比如把氯离子选择性电极浸入含有 Br^- 的溶液时，也会产生膜电位。将氯离子选择电极、甘汞电极、待测溶液组成电池，当 Cl^- 和 Br^- 于溶液中共存时，Br^- 的存在必然会对 Cl^- 的测定产生干扰，这体现在电池电动势的改变。为了表征共存离子对电位的"贡献"，可用扩展的能斯特方程来描述：

$$E = E^{\ominus} \pm \frac{2.303RT}{nF} \lg(a_i + K_{ij} a_j^{n/b})$$

式中，i 为被测离子；j 为干扰离子；n 和 b 分别为被测离子和干扰离子的电荷数；K_{ij} 为电位选择性系数。从上式可以看出，电位选择性系数愈小，电极对被测离子的选择性愈好。

测定 K_{ij} 的方法有分别溶液法和混合溶液法，本实验采用混合溶液法测定 K_{ij}。混合溶液法是将 i、j 于溶液中共存，配制一系列含有固定活度的干扰离子（j）和不同活度的被测离子（i）的标准溶液，分别测量其电位值，绘成曲线，如图 1 所示。

曲线中的斜线部分（$a_i > a_j$）的能斯特方程如下：

$$E_1 = E_1^{\ominus} \pm \frac{2.303RT}{nF} \lg a_i$$

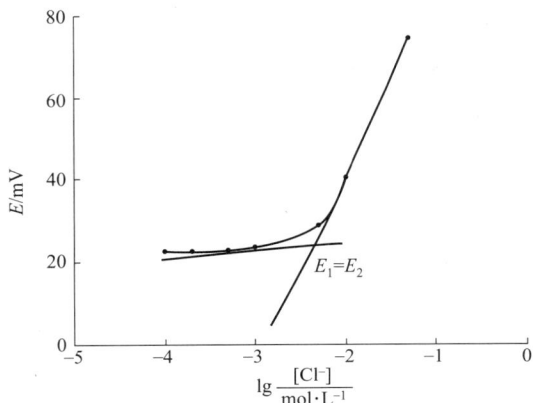

图 1 混合溶液法曲线

在曲线的水平部分（$a_j > a_i$），电极对 i 的响应可以忽略，电位值完全由 j 决定，则：

$$E_2 = E_2^{\ominus} \pm \frac{2.303RT}{nF} \lg K_{ij} a_j^{n/b}$$

假定 $E_1^{\ominus} = E_2^{\ominus}$，且两斜率相同，在两直线的交点处 $E_1 = E_2$，可以得出下述公式：

$$K_{ij} = a_i a_j^{-n/b}$$

由此可以求得 K_{ij} 值，这一方法也称为固定干扰法。本实验以 Br^- 为干扰离子，测定氯离子选择性电极的电位选择系数 K_{Cl^-, Br^-}。

三、仪器与药品

(1) 仪器：PHS-3CE 酸度计、232 型饱和甘汞电极、氯离子选择性电极、50 mL 容量瓶（5 个）、移液管（1 mL、5 mL、10 mL）。

(2) 药品：$0.010\ mol \cdot L^{-1}$ NaBr 标准溶液、$1.0\ mol \cdot L^{-1}$ KNO_3 溶液（pH 约 2.5）、饱和 KCl 溶液、$0.001\ mol \cdot L^{-1}$ NaCl 等，所有试剂均为分析纯。

四、实验步骤

(1) 仪器的准备

按酸度计操作步骤调试仪器，选择 "mV" 键，检查 232 型甘汞电极是否充满 KCl 溶液，若未充满，应补充饱和 KCl 溶液，并用皮筋将套管连接在甘汞电极上。

(2) 离子选择性电极的准备

接通电源，预热 20 min，校正仪器，调仪器零点。氯离子选择性电极接仪器负接线柱，饱和甘汞电极接仪器正接线柱。氯离子选择性电极在使用前，应先在 $0.001\ mol \cdot L^{-1}$ 的 NaCl 溶液中活化 1 h，然后在去离子水中充分浸泡。

(3) 氯标准溶液的配制

称取 0.2922 g 预先在 $500 \sim 600$ ℃ 灼烧 $40 \sim 50$ min 的优级纯氯化钠，溶解，移入 50 mL 容量瓶中，用去离子水稀释至刻度，混匀。此溶液氯含量为 $0.1\ mol \cdot L^{-1}$。

分别吸取 $0.1\ mol \cdot L^{-1}$ NaCl 标准溶液 0.10 mL、0.25 mL、0.50 mL、2.50 mL、5.00 mL 于 50 mL 容量瓶中（编号 1~5），各加入 5 mL $0.01\ mol \cdot L^{-1}$ 的 Br^- 标准溶液和 15 mL $1.0\ mol \cdot L^{-1}$ KNO_3 溶液，用去离子水稀释至刻度，摇匀。

(4) 电位测定

将准备好的 5 种溶液转移到玻璃烧杯中（编号 1~5），由低浓度到高浓度分别测定电位值，准确记录实验数据。

五、数据记录与处理

(1) 标准溶液电位值的测定（表 1）

表 1　实验数据记录表

项目	1	2	3	4	5
NaCl 标准溶液/mL	0.10	0.25	0.50	2.50	5.00
氯离子溶液浓度/$(mol \cdot L^{-1})$					
$\lg \dfrac{[Cl^-]}{mol \cdot L^{-1}}$					
电位值 E/mV					

（2）电位选择性系数 K_{ij} 的计算

以电位值 E 为纵坐标，$\lg \dfrac{[\mathrm{Cl}^-]}{\mathrm{mol} \cdot \mathrm{L}^{-1}}$ 为横坐标作图。延长曲线中两段直线部分，得一交点，根据公式计算氯离子选择性电极对溴离子的电位选择性系数 $K_{\mathrm{Cl}^-,\mathrm{Br}^-}$。

六、思考题

（1）离子选择性电极测试工作中，为什么要调节溶液离子强度？怎样调节？
（2）本实验中为什么要选用双盐桥饱和甘汞电极？

实验 7.2　应用氟离子选择性电极测定自来水中的氟含量

一、实验目的

（1）了解氟离子选择性电极的构造。
（2）掌握用标准曲线法测定自来水中氟含量的方法。

二、实验原理

离子选择性电极的分析方法较多，基本的方法有标准曲线法和标准加入法。用氟离子选择性电极测定 F^- 浓度的方法与氢离子电极测 pH 值的方法相似。以氟离子选择性电极为指示电极、甘汞电极为参比电极，插入溶液中组成测量电池，电池的电动势 $E(\mathrm{V})$ 在一定条件下与 F^- 活度的对数值呈线性关系：

$$E = E^{\ominus} - \frac{2.303RT}{nF} \lg a_{\mathrm{F}^-}$$

式中，$E^{\ominus}$ 包括内外参比电极电位、液体接界电位（液接电位）等常数。通过测量电池电动势可以测得 F^- 的活度。当溶液的总离子强度不变时，离子的活度系数为定值，所以把溶液的离子活度系数也合并于 K 中，即得：

$$E = E' - \frac{2.303RT}{F} \lg c_{\mathrm{F}^-}$$

可见，E 与 F^- 的浓度 c_{F^-} 的对数值呈线性关系。因此，为了测定 F^- 的浓度，常在标准溶液与试样溶液中同时加入相等的足够量的惰性电解质作总离子强度调节缓冲溶液（TISAB），使它们的总离子强度相同。

氟离子选择性电极适用的测定浓度范围很宽，当 F^- 的浓度在 $10^{-6} \sim 10^{-1}$ $\mathrm{mol} \cdot \mathrm{L}^{-1}$ 范围内时，氟电极电位与 pF（F^- 浓度的负对数）呈线性关系。因此可用标准曲线法或标准加入法进行测定。

应该注意的是，因为直接电位法测得的是该体系平衡时的 F^- 浓度，因而氟电极只对游离 F^- 有响应。在酸性溶液中，H^+ 与部分 F^- 形成 HF^{2-} 或 HF，会降低 F^- 的浓度。在碱性溶液中 LaF_3 薄膜与 OH^- 发生交换作用而使溶液中 F^- 浓度增加。因此溶液的酸度对测定有影响，氟电极适宜测定的 pH 范围为 $5 \sim 7$。

三、仪器与药品

（1）仪器：PHE-3CE 酸度计、232 型饱和甘汞电极、氟离子选择性电极、50 mL 容量瓶（5 个）、移液管（1 mL、5 mL、10 mL、20 mL、50 mL）、50 mL 塑料烧杯（8 个）、10 mL 量筒等。

（2）药品：去离子水、NaF、$Na_3C_6H_5O_7 \cdot 2H_2O$、$KNO_3$、溴甲酚绿等，所有试剂均为分析纯。

（3）配制溶液

① $0.1\ mol \cdot L^{-1}$ F^- 标准储备液。称取 0.4199 g NaF（烘干 1~2 h，温度 110 ℃ 左右，放在干燥器中冷却至室温）于烧杯中，用去离子水溶解，定量转入 100 mL 容量瓶中，用去离子水稀释至刻度，储存于聚乙烯瓶中，备用。在冰箱内保存，临用时放至室温再用。

② $0.001\ mol \cdot L^{-1}$ NaF 标准溶液。取 1.0 mL 的 NaF 标准储备液，用去离子水稀释成 100 mL。

③ $1\ mg \cdot mL^{-1}$ 溴甲酚绿指示剂。称取 100 mg 溴甲酚绿于研钵中，加入 95％乙醇研细，移入 100 mL 容量瓶中，用 95％乙醇定容至标线。

④ 总离子强度调节缓冲溶液（TISAB）。称取 59.0 g 柠檬酸钠（$Na_3C_6H_5O_7 \cdot 2H_2O$）、20 g 硝酸钾（$KNO_3$），置于 1 L 烧杯中，加 300 mL 去离子水溶解，加溴甲酚绿指示剂 1 mL，用 $1\ mol \cdot L^{-1}$ HCl 调节至溶液颜色刚刚转变，此时 pH 约为 6，移入 1000 mL 容量瓶中，用去离子水稀释至刻度，摇匀。

四、实验步骤

（1）离子选择性电极的准备

接通电源，预热 20 min，校正仪器，调仪器零点。氟离子选择性电极接仪器负接线柱，饱和甘汞电极接仪器正接线柱。氟离子选择性电极在使用前，应先在 $0.001\ mol \cdot L^{-1}$ 的 NaF 标准溶液中活化 1 h，然后在去离子水中充分浸泡。

（2）标准曲线的绘制

分别吸取 $0.001\ mol \cdot L^{-1}$ F^- 标准溶液 0.10 mL、0.50 mL、1.00 mL、3.00 mL、5.00 mL 于 50 mL 容量瓶中（编号 1~5），加入 10 mL TISAB 溶液，加入 2 滴溴甲酚绿指示剂，用 $2\ mol \cdot L^{-1}$ 盐酸调节 pH，使溶液刚刚变为蓝绿色（此时溶液的 pH 约为 5.5），用去离子水稀释至刻度。将系列标准溶液由低浓度到高浓度依次转入干的塑料烧杯中（编号 1~5），从低浓度到高浓度依次测定，读取平衡电位。

（3）水样的测定

吸取被测水样 25 mL 于 50 mL 容量瓶中，加入 10 mL TISAB 溶液，加入 2 滴溴甲酚绿指示剂，用 $2\ mol \cdot L^{-1}$ 盐酸调节 pH，使溶液刚刚变为蓝绿色（此时溶液的 pH 约为 6），用去离子水稀释至刻度。吸取适量配制好的水样于聚乙烯瓶中，测定电位值，准确记录实验数据（测定水样之前，也需用去离子水洗涤电极至空白电位约 320 mV）。

五、数据记录与处理

（1）标准曲线的绘制（表 2）

表 2 实验数据记录表

项目	1	2	3	4	5
F^- 标准溶液的浓度/mL					
$c_{F^-}/(10^{-3}\ mol \cdot L^{-1})$					
$\lg c_{F^-}/(10^{-3}\ mol \cdot L^{-1})$					
电位/mV					

以电位 E 对 $\lg c_{F^-}$ 作标准曲线图。

（2）水样的测定

水样的电位＝_____ mV。

根据所测水样的 E 从标准曲线上查出 $\lg c_{F^-}$，计算原水样中氟的浓度 c_{F^-} ＝_____ mol $\cdot$ L^{-1}。

六、思考题

（1）测定 F^- 时，为什么要控制酸度？pH 过高或过低有何影响？

（2）为什么测定氟离子溶液前以及测定水样前要把氟电极洗至空白电位？

七、课外拓展

离子选择性电极又称离子电极，是一类利用膜电位测定溶液中离子活度或浓度的电化学传感器，于 1906 年由 R. 克里默最早研究。随后，德国哈伯（F. Harber）等人制得测量溶液 pH 的玻璃电极，这是第一种离子选择电极。到 20 世纪 60 年代末，离子选择性电极已有 20 多种。离子选择性电极具有将溶液中某种特定离子的活度转化成一定电位的能力，其电位与溶液中给定离子活度的对数呈线性关系。离子选择性电极是膜电极，其核心部件是电极尖端的感应膜，按构造可分为固体膜电极、液膜电极和隔膜电极。离子选择电极法是电位分析的分支，一般在直接电位法中使用，也可用于电位滴定。该法的特点是：①测定的是溶液中特定离子的活度而不是总浓度；②使用简便迅速，应用范围广，尤其适用于对碱金属、NO_3^- 等的测定；③不受试液颜色、浊度等的影响，特别适于水质连续自动监测和现场分析。pH 和氟离子的测定所采用的离子选择电极法已定为标准方法，水质自动连续监测系统中，有 10 多个项目采用离子选择电极法。

实验 8 ▶▶

蛋白质等电点的测定

一、实验目的

（1）了解等电点的意义及其与分子聚沉能力的关系。

（2）掌握蛋白质等电点的测定方法及其原理。

二、实验原理

（1）固体颗粒在液体带电的原因

当固体与液体接触时，固体从溶液中选择性吸附某种离子，或固体分子本身发生电离作用而使离子进入溶液，以致固、液两相分别带有不同的电荷。由于电中性的要求，带电表面附近的液体中必有与固体表面电荷数量相等且符号相反的反离子。在界面上，带电表面和反离子形成了双电层结构，即在两种不同物质的界面上，正、负电荷分别排列成的面层。

对于双电层的具体结构，一百多年来不同学者提出了不同的看法。1879 年 Helmholz 提出平板型模型；1910 年 Gouy 和 1913 年 Chapman 修正了平板型模型，提出了扩散双电层模型。后来 Stern 又提出了 Stern 模型（图 1），一部分反离子由于电性吸引或非电性的特性吸引作用（如范德华力）而和表面紧密结合，构成紧密层（或称 Stern 层），其余的离子则扩散地分布在溶液中，构成双电层的滑动面（或称 Stern 平面）。由于带电表面的吸引作用，在扩散层中反离子的浓度远大于同号离子的浓度。离表面越远，过剩的反离子越少，直至在溶液中反离子的浓度与同号离子的浓度相等。

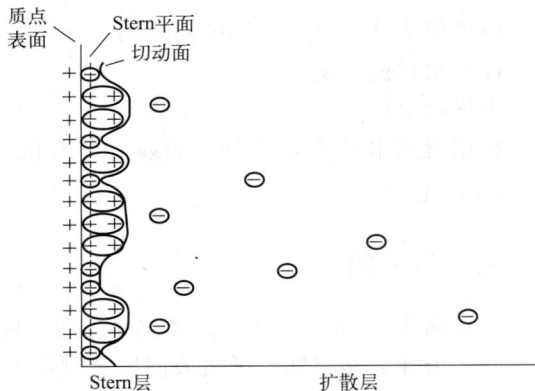

图 1 Stern 双电层模型

① 紧密层。溶液中反离子及溶剂分子受到足够大的静电力、范德华力或特性吸附力，而紧密吸附在固体表面上构成紧密层。其余反离子则构成扩散层。

② 滑动面。指固、液两相发生相对移动的界面，是凹凸不平的曲面。滑动面至溶液本体间的电势差称为 ζ 电势。

（2）固体颗粒带电量的大小及测量方式

ζ 电势只有在固、液两相发生相对移动时才能呈现出来。ζ 电势的大小由 Zeta 电势表示，其数值的大小反映了胶粒带电的程度，其数值越大表明胶粒带电越多，扩散层越厚。一般来说，以 pH 值为横坐标，Zeta 电势为纵坐标作图，Zeta 电势为零对应的 pH 值即为等电点（图 2）。

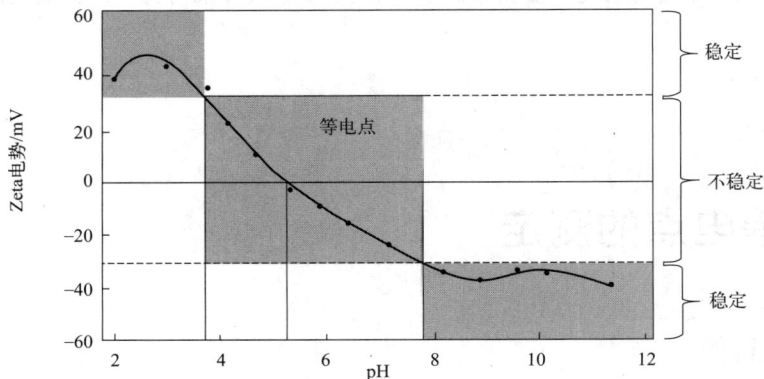

图 2 Zeta 电势-pH 图

（3）蛋白质等电点的测定

对于蛋白质分子来说，蛋白质分子所带的电荷与溶液的 pH 值有很大关系。蛋白质是两性电解质，如图 3 所示，在酸性溶液中，其分子中的氨基形成—NH_3^+ 而带正电，在碱性溶液中，羧基形成—COO^- 而带负电。

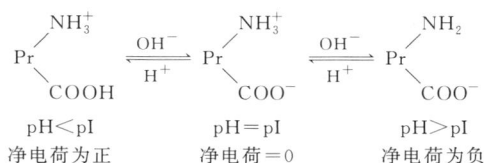

图 3　蛋白质的等电点

蛋白质分子所带净电荷为零时的 pH 值即为蛋白质的等电点（pI）。在某一 pH 值的溶液中，蛋白质解离成阳离子和阴离子的数相等，净电荷为 0，此时溶液的 pH 称为该蛋白质的等电点。

等电点的应用：主要用于蛋白质等两性电解质的分离、提纯和电泳。

在等电点时，蛋白质分子在电场中不向任何一极移动，而且分子与分子间因碰撞而引起聚沉的倾向增加，所以这时可以使蛋白质溶液的黏度、渗透压均减到最低，且溶液变浑浊。蛋白质在等电点时溶解度最小，最容易沉淀析出。

本实验采用浊度法来测定蛋白质的等电点，即浊度最大时的 pH 值即为该种蛋白质的等电点值，这个方法虽然不是很准确，但在一般实验条件下都能进行，操作也简便。采用等电聚焦技术可以准确测定蛋白质的等电点，但需一定的实验条件。

三、仪器与药品

（1）仪器：试管和试管架、滴管、吸管（1 mL、5 mL）、容量瓶等。

（2）药品：酪蛋白、酪蛋白醋酸钠溶液、0.01 mol·L^{-1} 醋酸溶液、1.00 mol·L^{-1} 醋酸溶液、0.10 mol·L^{-1} 醋酸溶液、1.00 mol·L^{-1} 氢氧化钠溶液等，所有试剂均为分析纯。

四、实验步骤

（1）蛋白质胶体的制备

① 称取酪蛋白 3.00 g，放在烧杯中，加入 40 ℃的蒸馏水。

② 加入 50 mL 1.00 mol·L^{-1} 氢氧化钠溶液，微热搅拌直到蛋白质溶解完全。将溶解好的蛋白质溶液转移到 500 mL 容量瓶中，并用少量蒸馏水洗涤烧杯，一并倒入容量瓶。

③ 在容量瓶中再加入 50 mL 1.00 mol·L^{-1} 醋酸溶液，摇匀。

④ 加入蒸馏水定容至 500 mL，得到略显浑浊的酪蛋白胶体。

（2）等电点的测定

① 按表 1 在各试管中加入蛋白质胶体，并准确地加入蒸馏水和各种浓度的醋酸溶液，加入后立即摇匀。

② 观察各管产生的浑浊并根据浊度来判断酪蛋白的等电点。观察时可用＋、＋＋、＋＋＋表示浊度。

五、数据记录与处理

将实验结果记录于表 1 中，并根据实验结果判断_____号试管的浊度最大，酪蛋白等电点为_____。

表 1　试剂加入及数据记录表

管编号	V(蛋白质胶液)/mL	$V(H_2O)$/mL	$V(0.01$ mol·L^{-1} 醋酸溶液)/mL	$V(0.10$ mol·L^{-1} 醋酸溶液)/mL	$V(1.00$ mol·L^{-1} 醋酸溶液)/mL	pH 值	观察现象		
							0 min	10 min	20 min
1	1	8.38	0.62	—	—	5.9			
2	1	7.75	1.25	—	—	5.6			
3	1	8.75	—	0.25	—	5.3			
4	1	8.50	—	0.50	—	5.0			
5	1	8.00	—	1.00	—	4.7			
6	1	7.00	—	2.00	—	4.4			
7	1	5.00	—	4.00	—	4.1			
8	1	1.00	—	8.00	—	3.8			
9	1	7.40	—	—	1.60	3.5			

六、注意事项

（1）为了减小误差，添加试剂时用移液管量取试剂，而不能使用量筒粗量。

（2）为了保证实验的重复性或为了进行大批量的测定，可以事先按照上述的比例配制成大量的 9 种不同浓度的醋酸溶液。

七、思考题

（1）本实验测定蛋白质等电点的原理是什么？

（2）酪蛋白在等电点时从溶液中沉淀析出，等电点时蛋白质的溶解度为什么最低？

（3）蛋白质等电点在实际生产上有何意义？

八、课外拓展

蛋白质是生物体内最重要的分子之一，其结构和功能与其等电点密切相关。蛋白质等电点的测定在生物药物研发中具有重要的科学价值。准确测定蛋白质等电点能为蛋白质结构和功能的研究提供关键信息，并在药物研发中发挥重要作用，如在药物稳定性优化、药效预测和质量控制等方面具有重要意义。

（1）药物稳定性优化

蛋白质的稳定性对于药物研发至关重要。蛋白质等电点的测定可帮助确定适宜的 pH 条件，从而提高蛋白质的稳定性和延长其在药物制备和储存过程中的保持时间。

（2）药效预测

蛋白质的等电点与其药效密切相关。了解蛋白质等电点有助于预测药物与靶标蛋白之间的相互作用，为药物研发提供指导。

（3）质量控制

蛋白质等电点的测定可用于蛋白质的纯化过程和质量控制。通过确保蛋白质等电点的一致性，可以保证产品的一致性和质量。

实验 9 ▶▶

阳极极化曲线的测定

一、实验目的

(1) 掌握用恒电位法测定金属极化曲线的原理和方法。

(2) 测定碳钢在碱性溶液中的恒电位阳极极化曲线及其极化电位。

二、实验原理

1. 阳极极化曲线

为了探索碳钢在碱性溶液中的恒电位阳极电极极化过程的机理及影响，对碳钢在碱性溶液中的电极过程进行研究，其中，测定该过程中的电极极化曲线是必要的。研究可逆电池电动势和电池反应时，电极上通过的电流几乎为零，电极反应和电池反应在无限接近于平衡条件下进行，因此，此时的电极反应是可逆的。但是，当有电流通过时，电极则处于不平衡的状态，此时，电极反应不可逆，且随着电极上电流密度的增加，电极反应的不可逆程度随之增大。当电流通过电极时，电极反应的不可逆而使电极电位偏离平衡电位的现象称为电极的极化。电流密度与电极电位之间关系的曲线称为极化曲线，如图 1 所示，该曲线分为四个区域。

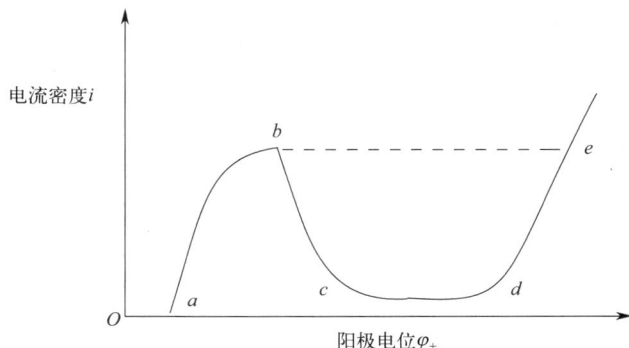

图 1 金属极化曲线

ab—活性活化区；b—临界钝化点；bc—钝化过渡区；cd—钝化稳定区；de—超（过）钝化区

① ab 为金属活化区，是金属的正常阳极溶解，以铁电极为例，此时铁失去 $2e^-$ 以 Fe^{2+} 形式进入溶液，即：

$$Fe \longrightarrow Fe^{2+} + 2e^-$$

a 点即为金属的自然腐蚀电位。

② bc 为金属钝化过渡区。bc 为金属由活化态到钝化态的转变过程，b 点所对应的电位为致钝电位，对应的电流密度 i_b 为致钝电流密度，此时 Fe^{2+} 与 SO_4^{2-} 反应生成 $FeSO_4$ 沉淀

层，阻碍阳极反应进行，导致电流密度下降。由于 H^+ 不容易到达 $FeSO_4$ 沉淀层的内部，因此铁表面的 pH 逐步增大。

③ cd 为钝化稳定区。由于金属表面状态发生变化，阳极溶解过程中过电位升高，金属溶解速率急剧下降。在此区域内的电流密度很小，基本上不随电位的变化而改变。此时的电流密度为维钝电流密度 $i_{钝化}$。对铁电极而言，此时 Fe_2O_3 在铁表面生成，形成致密的氧化膜，极大地阻碍了铁的溶解，出现钝化现象。

④ de 为过钝化区。在此区域阳极电流密度又重新随电位增大而增大，金属的溶解速率又开始增大。这种在一定电位下，钝化了的金属又重新溶解的现象称为过钝化。电流密度增大的原因可能是产生了高价离子（如铁以高价转入溶液），或者达到了氧的析出电位，析出 O_2。

金属的阳极过程主要是指当金属为阳极时，在一定的外电势存在下发生的阳极溶解的过程，如下式所示：

$$M \longrightarrow M^{n+} + ne^-$$

该过程只有在电极电位大于其热力学电位时才能发生。

2. 影响金属钝化过程的因素

① 溶液的组成影响金属钝化。在中性溶液中，金属一般较易钝化，而在酸性或碱性溶液中，金属则不易钝化；如果溶液中存在卤素离子（如 Cl^-），则金属的钝化明显减弱；如果溶液中存在其他氧化性的阴离子（如 CrO_4^{2-}），则金属的钝化现象又增强。

② 金属的化学组成和结构影响金属钝化。各种纯金属的钝化能力不尽相同，例如铁、镍、铬三种金属的钝化能力的顺序为铬＞镍＞铁。因此，金属中添加铬或镍，可以提高钢铁的钝化能力以及钝化的稳定性。

③ 外界因素（如温度、搅拌等）影响金属钝化。一般来说，金属钝化与离子扩散有关，温度升高、剧烈搅拌可以延迟或防止金属钝化的发生。

3. 极化曲线的测量

（1）恒电位法

恒电位法是将工作（研究）电极的电位控制在某一数值，然后测量该电位对应的电流，进而得极化曲线。由于电极表面未建立稳定状态，电流会随时间变化，故一般测出来的曲线为"暂态"极化曲线。在实际测量中，常采用的控制电位测量方法有以下两种：

① 静态法。将电极电位较长时间维持在某一恒定值，测量电流随时间的变化，直到电流值达到稳定。每次隔 $20 \sim 50$ mV，测量各个电极电位下的稳定电流值，即可获得完整的极化曲线。

② 动态法。控制电极电位以较慢的速率连续发生改变（扫描），测量对应电位下的瞬时电流值，以瞬时电流与对应的电极电位作图，即为极化曲线。扫描速率（即电位变化的速率）较慢，因此，动态法得到的极化曲线与静态法得到的极化曲线接近。

对比静态法和动态法发现，静态法测量结果最接近稳态值，但测量的时间较长；动态法测量结果与稳态值相差较大，但测量时间短，因此，实际工作中常常采用动态法测量极化曲线。

（2）恒电流法

恒电流法是将工作电极的电流控制在某一数值，然后测量其对应的电极电位，进而得极化曲线。但恒电流法所得到的阳极极化曲线不能完整地描绘出碳钢的溶解和钝化的实际过程。

　　本实验采用恒电位静态法测量碳钢电极在碱性溶液中的阳极极化曲线。通过模拟钢筋在混凝土中所处的碱性环境，了解影响钢筋腐蚀的各种因素。

三、仪器与药品

　　(1) 仪器：HDY-I 型恒电位仪（南京桑力电子设备厂，中国）、三电极电解池（碳钢电极为工作电极，铂电极为辅助电极，饱和甘汞电极为参比电极）金相砂纸等。

　　(2) 药品：NH_4HCO_3 饱和溶液、浓氨水、1%（体积比）硫酸溶液、丙酮等，所有试剂均为分析纯。

四、实验步骤

　　(1) 通电前必须按照实验指导书正确连接好电化学实验装置，并根据具体所做实验选择好合适的电流量程（如用恒电位法测定极化曲线，可将电流量程先置于"100 mA"挡），内给定旋钮左旋到底。实验装置见图 2。

　　(2) 用金相砂纸将碳钢电极抛光至镜面，然后置于含有 1 mL 浓 H_2SO_4 的 100 mL 蒸馏水中，约 1 min 后取出，蒸馏水洗净备用。

　　(3) 在 100 mL 烧杯中分别加入 35 mL 的 NH_4HCO_3 饱和溶液和浓氨水，混合均匀后倒入上述电解池中。将工作电极（碳钢电极，电极平面靠近毛细管口）、辅助电极（铂电极）、参比电极（饱和甘汞电极）分别安装在对应的电极管中，并与恒电位仪连接。

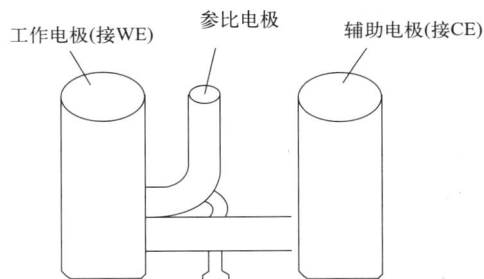

图 2　电解池实验装置图

　　(4) 接通电源开关，通过按"工作/方式"键选择"参比"工作方式；负载选择为电解池，"通/断"键置于"通"，此时仪器电压值为自然电位（应大于 0.8 V 以上，否则应重新处理电极）。

　　(5) 按"通/断"键置于"断"，按"工作/方式"键选择"恒电位"，负载选择为模拟，接通负载，再按"通/断"键置于"通"，调节内给定，使电压为自然电压。

　　(6) 将负载选择为电解池，每间隔 20 mV 调小内给定值，待电流稳定后，记录相应的恒电位和电流值。

　　(7) 当内给定值调到零时，微调内给定值，使得有少许电压值显示，按"+/−"键使显示为"−"值，再以 20 mV 为间隔调节内给定值直到约 −1.2 V 为止，记录相应的电流值。

　　(8) 将内给定旋钮左旋到底，关闭电源，将电极取出洗净。

五、数据记录与处理

　　(1) 将实验数据记录于表 1 中。

表 1　实验数据记录表

日期：＿＿＿＿＿；室温：＿＿＿＿＿；电极面积：＿＿＿＿＿

序号	电位/V	电流/mA
1		
2		
3		
4		
5		
6		
7		
8		
9		
10		

（2）以电流为纵坐标，电极电位（相对于参比电极）为横坐标，绘制阳极极化曲线。

（3）讨论所得实验结果及曲线的意义，同时指出 $\varphi_{钝化}$ 及 $i_{钝化}$ 的值。

六、注意事项

（1）严格按照实验要求对工作电极的表面进行处理。

（2）参比电极对工作电极的自然腐蚀电位一般大于 0.8V 以上，才能开始下一步的恒电位测定工作。

（3）恒电位仪工作时，严禁将工作电极和辅助电极接线相连致短路。

七、思考题

（1）为什么用恒电位法测定阳极极化曲线？

（2）阳极保护的基本原理是什么？

八、课外拓展

吴浩青院士：中国电化学的开拓者之一、中国的"锂离子电池之父"

吴浩青（1914—2010），江苏宜兴人，物理化学家、化学教育家、中国电化学的开拓者之一、中国的"锂离子电池之父"。吴浩青告诫学生，应该做一些实实在在的东西推动国家经济社会的发展。他主张理科学生既要有雄厚的基础理论知识，又必须有扎实的科学实验能力。作为国内电化学领域的开拓者之一，吴浩青始终坚持"把国家的需求当作个人的愿望"，一生埋首科研，取得丰硕成果。20 世纪 80 年代，锂电池虽已生产多年，却一直未能确定其阴极反应机理。1984 年，已是古稀之年的吴浩青与合作者用 X 射线衍射分析、电子自旋共振、X 射线光电子能谱等近代物理方法和循环伏安法等电化学方法广泛研究锂电池的反应机理，确认阴极反应是锂在氧化铜中的嵌入反应（intercalation reaction），在一定嵌入度后，Cu—O 键断裂而析出金属铜。"锂电池嵌入反应机理"否定前人的观点，得到学界公认，吴浩青院士也因此获得国家教委科学技术进步奖二等奖，学界尊称其为"锂电池之父"。

附录： HDY-I 型电位仪

一、前面板示意图

HDY-I 型恒电位仪前面板示意图如图 3 所示，根据功能作用划分为 14 个区。

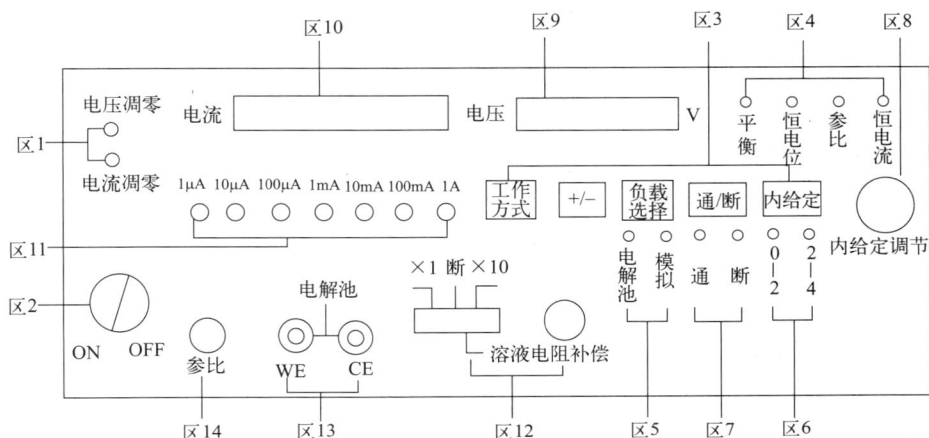

图 3 前面板示意图

前面板示意图的说明如下。

区 1 用于仪器系统调零，分别为"电压调零"和"电流调零"。

区 2 为电源开关。

区 3 是仪器功能控制按键区，分别有五个功能键。

"工作方式"键：该按键为仪器工作方式选择键，由该键可顺序循环选择"平衡""恒电位""参比"或"恒电流"等工作方式，区 4 的四个指示灯，与该按键配合，用于指示相应的工作方式。

"＋/－"键：该按键用于选择内给定的正负极性。

"负载选择"键：该按键用于负载选择，区 5 的两个指示灯与该按键配合，用于指示所选择的负载状态，"模拟"状态时，选择仪器内部阻值约为 10 kΩ 的电阻作为模拟负载，"电解池"状态时，选择仪器外部的电解池作为负载。

"通/断"键：该按键用于仪器与负载的通断控制，区 7 的两个指示灯与该按键配合，用于指示负载工作状况的通断，"通"时仪器与负载接通，"断"时仪器与负载断开。

"内给定选择"键：该按键用于仪器内给定范围的选择，"恒电位"工作方式时，通过该按键可选择 0～1.9999 V 或 2～4 V 的内给定恒电位范围；"恒电流"工作方式时，只能选择 0～1.9999 V 的内给定恒电位范围。区 6 的两个指示灯与该按键配合，用于指示所选择的内给定范围。

区 8 为内给定调节电位器旋钮。

区 9 为电压值显示区，恒电位工作方式时，显示恒电位值；恒电流工作方式时，显示槽电压值。

区 10 为电流值显示区，恒电位工作方式时，可通过区 11 的电流量程选择键来选择合适的显示单位，若在某一电流量程下出现显示溢出，数码管将以"0.0000"闪烁显示，以示警示，此时可在区 11 顺次向右选择较大的电流量程挡；恒电流工作方式时，区 10 的显示值为仪器提供的恒电流值，该方式下，在区 11 选择的电流量程越大，仪器提供的极化电流也越大，若过大的极化电流造成区 9 电压显示溢出（数码管以"0.0000"闪烁显示），可在区 11 顺次向左选择较小的电流量程挡。

区 11 为电流量程选择区，由七挡按键开关组成，分别为"1 μA""10 μA""100 μA""1 mA""10 mA""100 mA"和"1 A"。实际电流值为区 10 数据乘所选择挡位的量程值。

区 12 为溶液电阻补偿区，由控制开关和电位器（10 kΩ）组成，控制开关分"×1""断"和"×10"三挡。"×10"挡时补偿溶液电阻是"×1"挡的十倍，"断"则溶液反应回路中无补偿电阻。

区 13 为电解池电极引线插座，"WE"插孔接工作电极引线，"CE"插孔接辅助电极引线。

区 14 为参比输入端。

二、后面板示意图

恒电位仪后面板示意图如图 4 所示，功能说明如下：

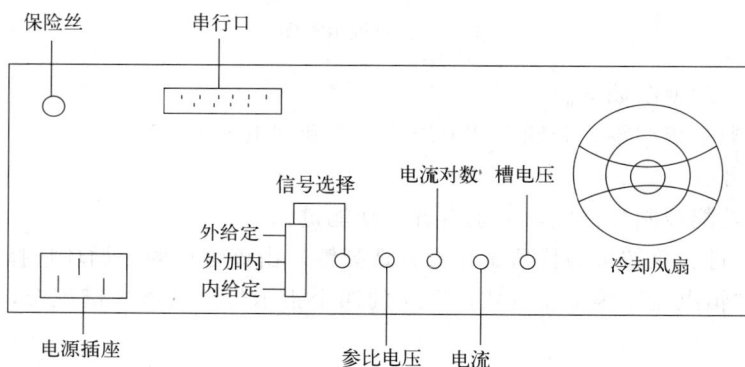

图 4 后面板示意图

电源插座连接 220 V 交流电压，保险丝座内接 3 A 保险丝管。"信号选择"由选择开关及其右侧相邻的高频插座组成，"内给定""外给定"和"外加内"三种给定方式由选择开关选定："内给定"时由仪器内部提供内给定直流电压，"外给定"时外加信号从与选择开关右侧相邻的高频插座输入，"外加内"时给定信号由外加信号和内部直流电压信号两者组合给出。"参比电压""电流对数""电流"和"槽电压"四个高频插座输出端，可与外接仪表或记录仪连接。

三、仪器的提示和保护功能

实验中，若电压或电流值超出量程，相应的数码管以"00000"闪烁警示，提醒转换电流量程或减小内给定值。

工作方式的改变将强制使仪器工作状态处于"断"的状态，即仪器负载断开，以保护仪器的工作安全。

在"通/断"的状态下选择"工作方式""负载选择"。

WE 和 CE 不能短路。

实验 10 ▶▶

原电池电动势的测定

一、实验目的

(1) 了解原电池电动势测定的方法。

(2) 掌握电极的制备及 Cu-Zn 电池电动势的测定方法。

二、实验原理

电压表不能直接测原电池电动势，原因是电压表与电池接通后会有电流通过，在电池两极发生极化现象，使电极偏离平衡状态。此外，电池本身也有内阻，电压表所测得的仅是不可逆电池的端电压。

电池电动势的准确测定必须在无电流（或极小电流）通过电池的情况下进行，同时需用对消法测定原电池的电动势，其原理为在待测电池上并联一个大小相等、方向相反的外加电势差，这样待测电池中就没有电流通过，外加电势差的大小即等于待测电池的电动势（图 1）。

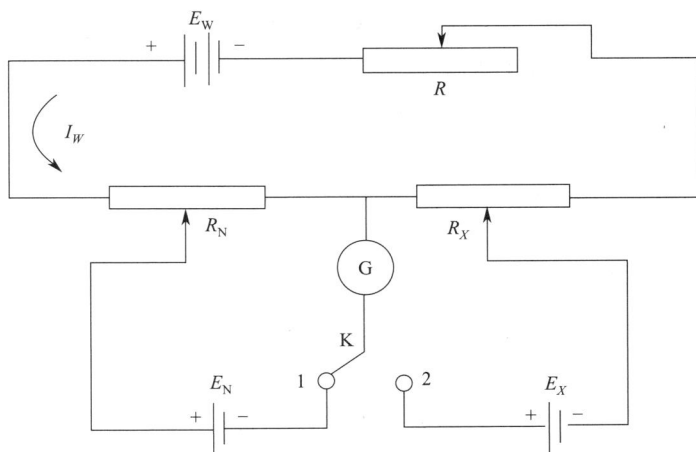

图 1　对消法测电池电动势原理

E_W—工作电源；E_N—标准电池；E_X—待测电池；R—调节电阻；

R_X—待测电池电动势补偿电阻；R_N—标准电池电动势补偿电阻；

K—单刀双置开关；G—检流计

电池由正、负两极组成。电池在放电过程中，正极发生还原反应，负极发生氧化反应，除此之外，电池内部还有可能发生其他化学反应。因此，电池反应是电池中所有反应的总和。

电池除可以用作外部电源外，还可用来研究构成此电池的化学反应的热力学性质。从化学热力学方面看，恒温、恒压、可逆的条件下，电池反应存在以下关系：

$$\Delta G = -nFE \tag{1}$$

式中，ΔG 为电池反应的吉布斯自由能变；n 为电极反应过程中得失电子的数目；F 为法拉第常数，$96500\ C \cdot mol^{-1}$；E 为电池电动势。因此，测出 E 后，就可以根据式(1)求出 ΔG，进而可以求出其他的热力学函数。但要注意以下几点：

① 电池反应可逆，即电池电极反应是可逆的；

② 电池反应过程中不存在任何不可逆的液接界面；

③ 电池须在可逆条件下工作，即放电和充电过程都必须在准平衡状态下进行，或者只允许有无限小的电流通过电池。

因此，采用电化学方法研究化学反应的热力学性质时，所设计的电池应尽量避免出现液接界面，如果设计的电池出现液接电位，在测量的精确度要求不高时，可以用盐桥来消除或减小液接电位。

在测量电池电动势时，为了使电池反应条件无限接近热力学可逆条件，通常采用电位差计测量电池电动势。原电池电动势主要是两个电极的电极电势的代数和，当测定出两个电极的电势时，就可以计算出由它们组成的原电池的电动势。同时，由式(1)可得出电池的电动势以及电极电势的表达式。下面以铜-锌组成的原电池为例进行实例分析。

Cu-Zn 电池表达式：

$$Zn(s)\,|\,ZnSO_4(m_1)\,\|\,CuSO_4(m_2)\,|\,Cu(s)$$

式中，符号"$|$"表示固相（Zn 或 Cu）和液相（$ZnSO_4$ 或 $CuSO_4$）的界面；"$\|$"表示连通两个液相的盐桥；m_1 和 m_2 分别为 $ZnSO_4$ 和 $CuSO_4$ 的质量摩尔浓度。

当电池放电时，负极发生氧化反应：

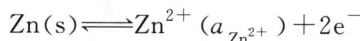

$$Zn(s) \Longleftrightarrow Zn^{2+}(a_{Zn^{2+}}) + 2e^-$$

正极发生还原反应：

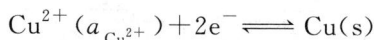

$$Cu^{2+}(a_{Cu^{2+}}) + 2e^- \Longleftrightarrow Cu(s)$$

电池的总反应：

$$Zn(s) + Cu^{2+}(a_{Cu^{2+}}) \Longleftrightarrow Zn^{2+}(a_{Zn^{2+}}) + Cu(s)$$

纯固体物质的活度等于 1，即 $a_{Cu} = a_{Zn}$，则电池反应的吉布斯自由能变可用式(2)表示：

$$\Delta G = \Delta G^{\ominus} - RT\ln\frac{a_{Zn^{2+}}}{a_{Cu^{2+}}} \tag{2}$$

式中，$\Delta G^{\ominus}$ 为标准态时的吉布斯自由能变；a 为物质的活度。

在标准态时，$a_{Cu^{2+}} = a_{Zn^{2+}} = 1$，则有：

$$\Delta G = \Delta G^{\ominus} = -nFE^{\ominus} \tag{3}$$

式中，$E^{\ominus}$ 为电池的标准电动势。由式(1)~式(3)可得：

$$E = E^{\ominus} - \frac{RT}{nF} \ln \frac{a_{Zn^{2+}}}{a_{Cu^{2+}}} \tag{4}$$

对于任一电池，其电动势等于两个电极电势之差，即：

$$E = \varphi_+ - \varphi_- \tag{5}$$

对于铜-锌电池：

$$\varphi_+ = \varphi^{\ominus}_{Cu^{2+},Cu} - \frac{RT}{2F} \ln \frac{1}{a_{Cu^{2+}}} \tag{6}$$

$$\varphi_- = \varphi^{\ominus}_{Zn^{2+},Zn} - \frac{RT}{2F} \ln \frac{1}{a_{Zn^{2+}}} \tag{7}$$

其中，当 $a_{Cu^{2+}} = 1$、$a_{Zn^{2+}} = 1$ 时，$\varphi^{\ominus}_{Cu^{2+},Cu}$ 和 $\varphi^{\ominus}_{Zn^{2+},Zn}$ 分别为铜电极和锌电极的标准电极电势。

对于单个离子，其活度 a 无法测定，但强电解质的活度 a 与该物质的质量摩尔浓度和活度系数之间存在以下关系：

$$a_{Zn^{2+}} = \gamma_{\pm} m_1 \tag{8}$$

$$a_{Cu^{2+}} = \gamma_{\pm} m_2 \tag{9}$$

三、仪器与药品

（1）仪器：UJ25 型电位差计、标准电池、检流计、直流稳压电源、电流表、电压表、饱和甘汞电极、电极（铜、锌各 1 支）、金相砂纸、电极管（若干）等。

（2）药品：镀铜溶液（每升含 150 g 五水合硫酸铜、稀硫酸（3 mol·L^{-1}、6 mol·L^{-1}），50 mL 无水乙醇、0.1 mol·L^{-1} ZnSO$_4$ 溶液、0.1 mol·L^{-1} CuSO$_4$ 溶液、五水合硫酸铜、饱和氯化钾溶液、饱和硝酸亚汞等，所有试剂均为分析纯。

四、实验步骤

1. 电极的制备

（1）锌电极的制备

将锌电极置于约 50 mL 3 mol·L^{-1} 稀硫酸中浸泡几分钟，除去电极表面的氧化物，经蒸馏水清洗后浸入饱和硝酸亚汞溶液约 5～10 s，锌电极表面生成一层均匀且光亮的汞齐（汞齐化的目的是消除金属表面机械应力不同所带来的影响，从而获得具有较好重复性的电极）。蒸馏水冲洗后，将镀了汞齐的锌电极插入电极管内，然后将电极管的虹吸管插入盛有 0.1 mol·L^{-1} ZnSO$_4$ 溶液的烧杯中，用针管或洗耳球自乳胶管处抽气，将烧杯中的 ZnSO$_4$ 溶液吸入电极管中，直至液体高出电极约 1 cm，停止抽气，夹紧夹子。

（2）铜电极的制备

将铜电极置于约 50 mL 6 mol·L^{-1} 稀硫酸中浸泡几分钟，除去电极表面的氧化物，经蒸馏水清洗后，置于如图 2 所示的电镀烧杯中，连接电源的负极。同时，未处理的铜片（棒）连接电极的正极，进行电镀。电流密度控制在 20 mA·cm^{-2} 左右，电镀时间控制在 20～30 min。电镀结束后，铜电极表面生成一层均匀且光亮的铜。为防止电镀的铜氧化，铜电极经蒸馏水清洗干净后，置于 0.1 mol·L^{-1} 硫酸铜溶液中备用。

2. 电池的组装

如图 3 所示，将上述制备好的锌电极和铜电极置于含有饱和 KCl 的烧杯中（KCl 起盐桥作用），即组成 Cu-Zn 电池：

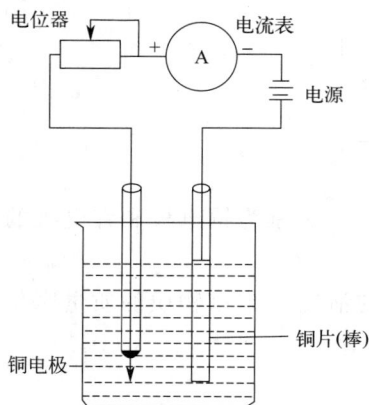

$$Zn(s) \mid ZnSO_4 (0.1000 \ mol \cdot L^{-1}) \parallel （饱和 KCl 溶液） \parallel CuSO_4 (0.1000 \ mol \cdot L^{-1}) \mid Cu(s)$$

图 2　铜电极电镀装置

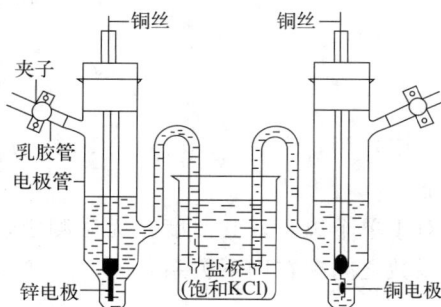

图 3　电池装置示意图

同法分别组成下列电池：

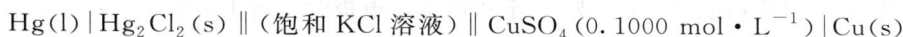

$$Cu(s) \mid CuSO_4 (0.01000 \ mol \cdot L^{-1}) \parallel （饱和 KCl 溶液） \parallel CuSO_4 (0.1000 \ mol \cdot L^{-1}) \mid Cu(s)$$

$$Zn(s) \mid ZnSO_4 (0.1000 \ mol \cdot L^{-1}) \parallel （饱和 KCl 溶液） \parallel Hg_2Cl_2(s) \mid Hg(l)$$

$$Hg(l) \mid Hg_2Cl_2(s) \parallel （饱和 KCl 溶液） \parallel CuSO_4 (0.1000 \ mol \cdot L^{-1}) \mid Cu(s)$$

3. 电动势测定装置的组装和调试

UJ-25 型电位差计的操作面板如图 4 所示。根据接线柱的标注连接检流计、标准电池、待测电池和工作电池。工作电池采用稳压直流电源，串联直流电表，调节输出电压为 3 V，负极接电位差计的"—"端，正极接电位差计的"2.9～3.3 V"端。

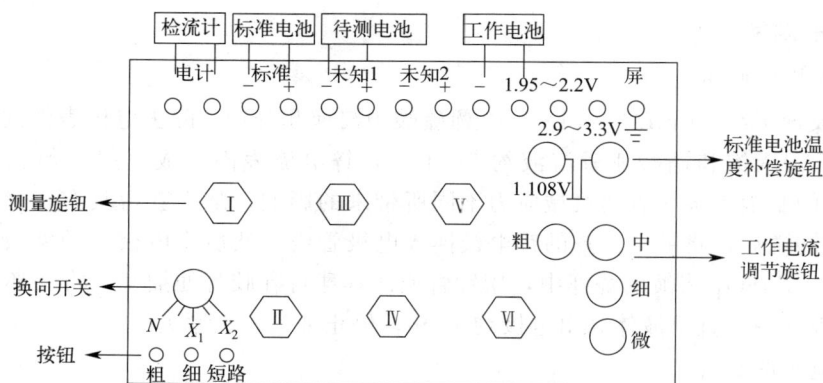

图 4　UJ-25 型电位差计的操作面板示意图

（1）标准电池电动势的温度校正

标准电池电动势是温度的函数，因此在调节仪器前，先计算出电池电动势的准确值。常用的镉-汞标准电池电动势的温度校正公式如下：

$$E_t/V = E_{20}/V - [39.94(t/\text{℃}-20) + 0.929(t/\text{℃}-20)^2$$
$$-0.0090(t/\text{℃}-20)^3 + 0.00006(t/\text{℃}-20)^4] \times 10^{-6}$$

式中，E_t 为温度 t 时标准电池的电动势；t 为测量时的室内温度；E_{20} 为 20 ℃时标准电池的电动势，取值为 1.01862 V。

计算出电池电动势的准确值，并调节"标准电池温度补偿旋钮"，使其数值与标准电池电动势值一致。

（2）电位差计的标定

将检流计的电源设置为"220 V"，接通电源，检查检流计的光标是否出现。将检流计的波段开关由保护状态的"短路"挡位调至"×1"挡，此时光标能够自由移动，调节仪器上的"调零"螺丝将光标调至零位。

将"换向开关"调至"N"位（校正），然后依次调节"粗""细"按钮，根据检流计光标的偏转情况，按照"粗、中、细、微"的顺序调节"工作电流调节旋钮"，通过可变电阻的调节，使检流计光标指示零位，电位差计标定完毕。

（3）未知电动势的测量

将"换向开关"调至"X_1"或"X_2"（测量），与上述操作相同，依次调节"粗""细"按钮，根据检流计光标的偏转方向，旋转各"测量旋钮"（按由Ⅰ到Ⅵ的顺序）至检流计光标指示零位。此时，六个测量挡所示电压值总和即为被测电池的电动势 E_x。

4. 电池电动势的测定

分别测量 4 个电池的电动势。

五、数据记录与处理

（1）根据下列公式，计算室温下饱和甘汞电极的电极电势。

$$\varphi_{饱和甘汞}/V = 0.2415 - 7.61 \times 10^{-4}(T/\text{K}-298)$$

（2）根据测定的下列各电池的电动势，计算相关数据。

Zn(s)$|$ZnSO$_4$(0.1000 mol·L^{-1})$\|$(饱和 KCl 溶液)$\|$CuSO$_4$(0.1000 mol·L^{-1})$|$Cu(s)　①

Cu(s)$|$CuSO$_4$(0.01000 mol·L^{-1})$\|$(饱和 KCl 溶液)$\|$CuSO$_4$(0.1000 mol·L^{-1})$|$Cu(s)　②

Zn(s)$|$ZnSO$_4$(0.1000 mol·L^{-1})$\|$(饱和 KCl 溶液)$\|$Hg$_2$Cl$_2$(s)$|$Hg(l)　　　　　③

　　　Hg(l)$|$Hg$_2$Cl$_2$(s)$\|$(饱和 KCl 溶液)$\|$CuSO$_4$(0.1000 mol·L^{-1})$|$Cu(s)　　④

① 根据电池③、④的电动势测量值，由式（5）分别计算铜、锌电极的 φ_T；由式（6）和式（7）分别计算铜、锌电极的 $\varphi_T^{\ominus}$，注意公式中应使用活度。

② 根据表 1 查得 $\varphi_{298}^{\ominus}$（理论），计算电池①两电极的 $\varphi_T^{\ominus}$（理论）和 $E_{理论}$，与 $E_{测}$ 比较，算出相对误差。

③ 计算浓差电池②的 $E_{理论}$，与测量值比较并算出相对误差。

表 1　Cu、Zn 电极的温度系数及标准电极电位

电极	电极反应式	$\alpha \times 10^3/(\text{V·K}^{-1})$	$\beta \times 10^6/(\text{V·K}^{-2})$	$\varphi_{298}^{\ominus}/\text{V}$
Cu^{2+},Cu	Cu^{2+}+2e$^-$══Cu	−0.016	—	0.3419
Zn^{2+},Zn(Hg)	(Hg)+Zn^{2+}+2e$^-$══Zn(Hg)	0.100	0.62	−0.7627

标准电极电势随温度变化，α 为恒压下，标准电极电势与温度的一阶偏导数，即 $\alpha = \left(\dfrac{\partial E}{\partial T}\right)_p$，$\beta$ 为标准电极电势与温度的二阶偏导数，即 $\beta = \left(\dfrac{\partial^2 E}{\partial T^2}\right)_p$，温度 T 下电极电势的理论值按下式计算：

$$\varphi_T^{\ominus}(理论) = \varphi_{298K}^{\ominus}(理论) + \alpha \Delta T + \beta (\Delta T)^2$$

式中，ΔT 的单位为 K。

六、注意事项

(1) 工作电池电压的不稳定，将导致工作电流的变化，所以在测量过程中要经常对工作电流进行标定，即每次测量操作的前后都应进行电位差计的标定操作，按照标定—测量—标定的步骤进行。

(2) 标定与测量的操作中，可能出现电流过大使检流计受到"冲击"的现象。为此，应迅速按下"短路"按钮，检流计的光标将会迅速恢复到零位，使灵敏检流计得以保护。实际操作时，常常是先按下"粗"按钮，得知检流计光标的偏转方向后，立即松开，进行调节后再次检测。待粗调状态下光标基本不移动后，再按"细"按钮，依次调节，直至在细调状态下光标也不移动为止。这样不仅保护了检流计免受冲击，而且可以缩短检流计光标的摆动时间，测量加快。

(3) 在测量过程中，若发现检流计光标总是偏向一侧，找不到平衡点，则表明没有达到补偿，其原因可能是被测电动势高于电位差计的限量；工作电池的电压过低；线路接触不良或导线断路；被测电池、工作电池或标准电池极性接反。通过认真分析即可排除这一故障。

七、思考题

(1) 在用电位差计测量电动势过程中，若检流计的光标总是向一个方向偏转，其原因是什么？

(2) 用 Zn (Hg) 与 Cu 组成电池时，有人认为锌表面有汞，因而铜应为负极，汞为正极。请分析此结论是否正确。

(3) 选择盐桥液应注意什么问题？

八、课外拓展

比亚迪：刀片电池

"刀片电池"是比亚迪为研发多年的"超级磷酸铁锂电池"取的一个犀利而相对具象化的名称。所谓"刀片电池"，指长度大于 0.6 m 的大电芯通过阵列的方式排布在一起，就像"刀片"一样插入电池包里面。一方面可提高动力电池包的空间利用率，增加能量密度；另一方面能够保证电芯具有足够大的散热面积，可将内部的热量传导至外部，从而匹配较高的能量密度。相较传统电池包，"刀片电池"的体积利用率提升了 50% 以上，也就是说续航里程可提升 50% 以上，达到了高能量密度三元锂电池的同等水平。动力电池作为新能源汽车的核心部件，当前市场主流的产品类型有三元锂电池和磷酸铁锂电池，而由于磷酸铁锂电池的能量密度较低等，外界一直倾向使用三元锂电池，但是三元锂电池的安全性不足。刀片电池最大的特点就是安全，解决了安全和能量密度不可兼得的问题。

实验 11 ▸▸

恒电流法测量锌电极的稳态极化曲线

一、实验目的

（1）理解并掌握经典恒电流法测量稳态阴极极化曲线的基本原理和测量技术。

（2）测定锌电极在碱性溶液中的阴极极化曲线。

（3）熟知阴极极化曲线的应用。

（4）了解电化学的应用及发展，培养创新的科学精神。

二、实验原理

恒电流法通过控制电流密度，使其依次恒定在不同的数值，同时测定相应的稳定电极电位值，进而测得一系列电流密度和电极电位，将其绘成曲线，即得恒流稳态极化曲线。在此情况下，电流密度是自变量，极化曲线表示电极电位和电流密度之间的函数关系：

$$\varphi = f(i)$$

在恒电流极化中，电流的恒定可用两种方法来实现：一种是恒电流仪，它通过电子线路的反馈作用自动调整，使电流维持稳定；另一种是经典恒电流法，即利用高压直流电源串联一组高电阻来维持电流恒定。

本实验采用经典恒电流法恒流。由于电解池的阻抗远远小于外线路中串联的限流电阻，所以在测量过程中由电极极化、钝化等原因引起的电解池阻抗的变化或电路中接触点电阻的变化相对于限流电阻而言是微不足道的，因此，它引起的电流变化可以忽略不计，达到恒定电流的目的。

与恒电位法相比，恒电流法所用仪器简单、容易实现，所以应用较早。但恒电流法只适用于测量单值函数的稳态极化曲线，即一个电流密度对应一个电极电位。当一个电流密度对应几个电极电位时必须采用恒电位法才能测得一条完整的极化曲线。

采用恒电流法测量极化曲线时，在每一个给定的电流密度下读取相应的电极电位值。但因种种原因，在给定电流后，电流不能立即达到稳态，即电极电位还将随时间发生变化。不同的电极体系，电位趋于稳定所需要的时间也不同。那么，在实际测量时应该怎样来读取实验数据？众所周知，所谓稳态是相对于暂态而言的，绝对的稳态是不存在的，暂态与稳态的划分是以物理量变化是否显著为标准的，这种划分也是相对的，因为其还与采用仪器的灵敏度及观察的时间长短有关。所以，在实际测量中，往往电位接近稳定（即 1～3 min 内的读数无大变化）时就读取电位值，或者硬性规定时间间隔，给定电流后暂停一定时间（如 3 min、5 min 或 10 min）测取电位值。显然，这种方式测得的极化曲线并非稳态，而只是接近于稳态，是"准稳态"。

在稳态情况下，极化曲线表示电极反应速率（即电流密度）与电极电位的关系。极化曲线是研究电极过程动力学最基本且最重要的方法。利用极化曲线可以测量电极反应的动力学参数，如交换电流密度 $i^{\ominus}$、传递系数 α 或 β；还可以研究电极反应机理。此外，极化曲线在电化学如电解、电镀、化学电源和金属腐蚀等方面得到广泛应用。本实验测量锌电极在 $1\ mol \cdot L^{-1}$ KOH 溶液中的极化曲线。电极反应：

阴极（Zn 电极）：

$$2H_2O + 2e^- \longrightarrow 2OH^- + H_2 \uparrow$$

阳极（Zn 电极）：

$$2OH^- \longrightarrow H_2O + \frac{1}{2}O_2 + 2e^-$$

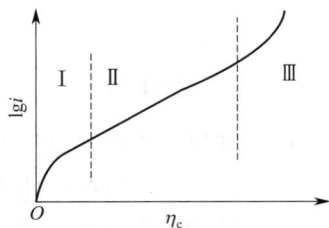

图 1 为锌电极在碱性溶液中的阴极极化曲线，Ⅰ、Ⅱ、Ⅲ区分别对应弱极化区、Tafel 极化区和析氢区，电极过程为电化学控制。

图 1　锌电极在碱性溶液中的
阴极极化曲线

1905 年塔费尔（Tafel）曾提出一个经验式，表明氢超电势 η 与电流密度 i 的关系，后称为塔费尔公式。

$$\eta = a + b \lg i$$

由 η-$\lg i$ 关系图可以得到 Tafel 常数 a 和 b，其中 $a = \dfrac{RT \lg i^{\ominus}}{\alpha n F}$，$b = -\dfrac{RT}{\alpha n F}$

三、仪器与药品

（1）仪器：电化学工作站、电解池、导线、鲁金毛细管、工作电极（锌电极，直径 3 mm，纯度 99.95%）、辅助电极（锌电极）、参比电极（标准氧化汞电极，天津艾达恒晟科技发展有限公司）等。

（2）药品：$1\ mol \cdot L^{-1}$ KOH 溶液等，所有试剂均为分析纯。

实验使用的标准氧化汞电极的参数如表 1 所示，其电极电位计算公式如下：

$$\varphi^{\ominus}/V = 0.098 - 1.12 \times 10^{-4}(t/℃ - 25)$$

表 1　标准氧化汞电极结构和性能参数

电极	电极结构	电极电位（25 ℃）/V	温度系数/(mV·℃$^{-1}$)	使用介质
氧化汞电极	Hg/HgO/KOH($a=1$)	0.098	−1.12	碱性

四、实验步骤

（1）将研究电极用金相砂纸磨光，除油后装入电解池，位置固定后调整鲁金毛细管的位置；辅助电极清洗后也装入电解池；加入电解液，即 $1\ mol \cdot L^{-1}$ KOH 溶液（图 2）。

（2）接通极化回路，极化电流从 0.05 mA 开始测量，一直测量到电极电位为 2.0 V 左右结束。在初始阶段每间隔 0.1 mA 测量一次电位值，随后可适当增大电流间隔。

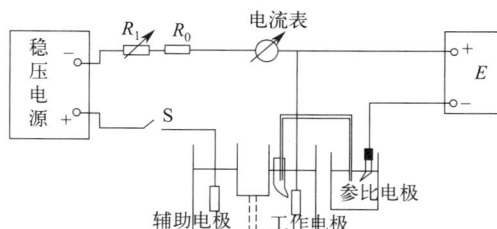

图 2 采用经典恒电流法测定阴极极化
曲线的电路图

（3）极化电流由小到大测量一次，然后由大到小再测量一次。关闭电源、拆掉导线，电极和电解池冲洗、干燥。

五、数据记录与处理

（1）逐点记录数据，填入表 2。

表 2 实验数据记录表

I/mA	$i/(mA \cdot cm^{-2})$	$\lg i$	$-\varphi/V(\eta/V)$	
			负向极化	正向极化

（2）用 Origin 软件处理数据，画出 η-$\lg i$ 关系图。

六、注意事项

（1）在极化开始前记录 Zn 电极的开路电位。

（2）必须注意过电位的计算，$\eta = |\varphi - \varphi_e|$，如果 φ_e 是氢标准电位，需要将实验记录的相对于标准氧化汞电极的 φ 换算成氢标准电位，再进行相关计算。

七、思考题

通过测量的极化曲线还可以获取哪些重要的电化学参数？

八、课外拓展

极化曲线在金属防腐的应用

（1）金属电化学腐蚀

金属的电化学腐蚀是金属与介质接触时发生的自溶解过程。在这个过程中金属被氧化，所释放的电子完全为氧化剂消耗，构成一个自发的短路电池，发生电化学腐蚀。

（2）阳极保护

凡是在某些化学介质中，通过一定的阳极电流，能够引起钝化的金属，原则上都可以采用阳极保护法防止金属的腐蚀。例如我国化肥厂在碳铵生产中的碳化塔已较普遍地采用阳极保护法，取得了良好效果，有效地保护了碳化塔和塔内的冷却水箱。

注意事项：使用此法时应注意，钝化区的电势范围不能过窄，否则容易因控制不当，阳极电势处于活化区，则不但不能保护金属，反将促使金属溶解，加速金属的腐蚀。

Ⅲ 化学反应动力学

实验 12 ▶▶
蔗糖水解反应速率常数的测定

一、实验目的

（1）了解蔗糖水解反应体系中各物质浓度与旋光度之间的关系。
（2）测定蔗糖水解反应的速率常数和半衰期。
（3）了解旋光仪的基本原理，掌握其正确的操作技术。
（4）了解数字旋光仪的发展史，培养科研攻坚的精神。

二、实验原理

反应速率$-\mathrm{d}c/\mathrm{d}t$ 只与反应物浓度的一次方成正比的反应称为一级反应，速率方程可由下式表示：

$$-\frac{\mathrm{d}c}{\mathrm{d}t}=kc$$

式中，c 为时间 t 时的反应物浓度；k 为反应速率常数。

积分可得：

$$\ln c=-kt+\ln c_0$$

式中，c_0 为反应开始时的反应物浓度。

当 $c=c_0/2$ 时，对应 t 可用 $t_{1/2}$ 表示，称为反应的半衰期，即反应物浓度减半时所用的时间。一级反应的半衰期：

$$t_{1/2}=\frac{\ln2}{k}=\frac{0.693}{k}$$

蔗糖在水中转化成葡萄糖与果糖，其反应如下：

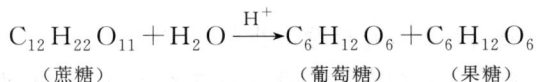

$$C_{12}H_{22}O_{11}+H_2O \xrightarrow{H^+} C_6H_{12}O_6+C_6H_{12}O_6$$
$$\text{（蔗糖）} \qquad \text{（葡萄糖）} \quad \text{（果糖）}$$

它属于二级反应，在纯水中此反应的速率极慢，通常需要在 H^+ 催化下进行。由于反应时水大量存在，尽管有部分水分子参与反应，但仍可近似地认为整个反应过程中水的浓度是恒定的，而且 H^+ 是催化剂，其浓度也保持不变。因此蔗糖转化反应可看作一级反应。

蔗糖及其转化产物都具有旋光性，而且它们的旋光能力不同，故可以利用体系在反应过程中旋光度的变化来度量反应进程。

测定物质旋光度所用的仪器称为旋光仪。溶液的旋光度与溶液中所含旋光物质的旋光能力、溶剂性质、溶液浓度、样品管长度及温度等均有关系。当其他条件均固定时，旋光度 α 与反应物浓度 c 呈线性关系，即：

$$\alpha = Kc$$

式中，比例常数 K 与物质旋光能力、溶剂性质、样品管长度、温度等有关。

物质的旋光能力用比旋光度来度量，比旋光度用下式表示：

$$[\alpha]_D^{20} = \frac{100\alpha}{c_A l}$$

式中，"20"表示实验温度为 20 ℃；D 是指用钠灯光源 D 线的波长（即 589 nm）；α 为测得的旋光度；l 为样品管长度，dm；c_A 为浓度，$g \cdot 100\ mL^{-1}$。

作为反应物的蔗糖是右旋性物质，其比旋光度 $[\alpha]_D^{20} = 66.6°$；生成物中葡萄糖也是右旋性物质，其比旋光度 $[\alpha]_D^{20} = 52.5°$，但果糖是左旋性物质，其比旋光度 $[\alpha]_D^{20} = -91.9°$。由于生成物中果糖的左旋性比葡萄糖右旋性大，所以生成物呈左旋性质。因此随着反应的进行，体系的右旋角不断减小，当反应至某一瞬间时，体系的旋光度可恰好等于零，而后就变成左旋，直至蔗糖完全转化，这时左旋角达到最大值 α_∞。

设最初系统的旋光度为 α_0。

$$\alpha_0 = K_反 c_{A,0} \quad (t=0, 蔗糖尚未水解) \tag{1}$$

最终系统的旋光度为 α_∞。

$$\alpha_\infty = K_生 c_{A,0} \quad (t=\infty, 蔗糖已完全水解) \tag{2}$$

当时间为 t 时，蔗糖浓度为 c_A，此时旋光度为 α_t。

$$\alpha_t = K_反 c_A + K_生(c_{A,0} - c_A) \tag{3}$$

联立式(1)、式(2)、式(3)可得：

$$c_{A,0} = K'(\alpha_0 - \alpha_\infty) \tag{4}$$

$$c_A = \frac{\alpha_t - \alpha_\infty}{K_反 - K_生} = K'(\alpha_t - \alpha_\infty) \tag{5}$$

将式(4)、式(5)代入速率方程即得：

$$\ln(\alpha_t - \alpha_\infty) = -kt + \ln(\alpha_0 - \alpha_\infty)$$

以 $\ln(\alpha_t - \alpha_\infty)$ 对 t 作图可得一直线，从直线的斜率可求得反应速率常数 k，进一步也可求算出 $t_{1/2}$；由截距可得到 α_0。

三、仪器与药品

(1) 仪器：旋光仪、旋光管（带有恒温水外套）、50 mL 容量瓶、恒温槽、250 mL 锥形瓶（2 个）、25 mL 移液管（2 支）、烧杯（100 mL、500 mL）等。

(2) 药品：$2\ mol \cdot L^{-1}$ HCl 溶液、蔗糖等，所有试剂均为分析纯。

四、实验步骤

（1）旋光仪零点的校正

① 开启水浴恒温水槽的电源开关，并将水浴恒温槽的温度控制在 60 ℃。

② 去离子水为非旋光性物质，可用来校正仪器的零点。将旋光管一端盖子打开，加入去离子水，然后盖上玻璃片，此时管内不应有空气泡存在，旋上套盖，使玻璃片紧贴旋光管，勿漏水。用滤纸擦干样品管，再用擦镜纸将样品管两端的玻璃片擦干净。放入旋光仪，打开电源，预热 5～10 min，检查钠灯发光是否正常。调目镜聚焦，使视野清晰；调检偏镜至三分视场暗度相等为止，记录游标（右边）刻度为检偏镜旋角，记录仪器零点。读数时注意 0°以下的实际旋光度（左旋）=读数值−180°。读取 3 次，取平均值，即为零点。对旋光仪零点的校正可用来校正仪器的系统误差。

（2）α_t 和 α_∞ 测定

① 配制蔗糖溶液：用托盘天平称取 10 g 蔗糖放入烧杯中，加去离子水溶解后转移到 50 mL 容量瓶中，稀释至刻度。

② 用 25 mL 移液管移取 50 mL 2 mol·L⁻¹ HCl 溶液于蔗糖水溶液，边放边振荡，当 HCl 溶液放出一半时按下秒表开始计时（注意：秒表一经启动，勿停，直至实验完毕）。迅速用反应混合液将样品管洗涤 3 次后，将反应混合液装满样品管，擦净后放入旋光仪，测定规定时间的旋光度。测得第一个数据时间应该为反应开始的前 3 min 内。测定时先将三分视场调节到全暗，再记录时间（注意时间要记录准确，以实际反应时间为准），最后读数。分别记录 5 min、10 min、15 min、20 min、25 min、30 min、35 min、40 min、45 min、50 min 的旋光度。

③ α_∞ 的测定：测定过程中，可将剩余的反应混合物放入 60 ℃ 恒温槽中加热 30 min，反应充分后冷却至室温，测定体系的旋光度，连续读数 3 次，取平均值。

五、数据记录与处理

1. 数据记录

室温：_____ ℃；盐酸浓度：_____；仪器零点：_____；α_∞：_____。

（1）旋光仪零点的校正（表 1）

表 1　旋光仪零点的校正

读取次数	1	2	3	平均值
零点				

（2）α_t 和 α_∞ 的测定（表 2）

表 2　α_t 和 α_∞ 的测定

反应时间/min	$\alpha_{t,1}$	$\alpha_{t,2}$	$\alpha_{t,3}$	α_t（平均）	$\ln(\alpha_t-\alpha_\infty)$
5					
10					
15					
20					
25					

续表

反应时间/min	$\alpha_{t,1}$	$\alpha_{t,2}$	$\alpha_{t,3}$	α_t（平均）	$\ln(\alpha_t - \alpha_\infty)$
30					
35					
40					
45					
50					
∞					

2. 数据处理

① 以 $\ln(\alpha_t - \alpha_\infty)$ 对 t 作图，由所得直线的斜率求得 k。

② 由截距求得 α_0。

③ 计算蔗糖水解反应的半衰期 $t_{1/2}$。

六、注意事项

(1) 蔗糖在配制成溶液前，需先在 100 ℃ 干燥 1～2 h。

(2) 在测定蔗糖水解速率前，应熟练地使用旋光仪，以保证在测定时能准确地读数。

(3) 旋光管管盖旋紧至不漏水即可，太紧容易损坏旋光管。

(4) 旋光管中不能有气泡存在。

(5) 旋光仪的钠光灯若较长时间不用，应熄灭灯源，以保护钠光灯。

(6) 反应速率与温度有关，因此在整个测定过程中应保持温度的恒定。

(7) 测定完毕应立即洗净旋光管，以免酸对旋光管的腐蚀。

七、思考题

(1) 蔗糖的转化速率和哪些条件有关？

(2) 为什么配蔗糖溶液可用粗天平称量？

(3) 在混合蔗糖溶液和盐酸溶液时，把 HCl 加到蔗糖溶液中去。如果把蔗糖溶液加到 HCl 中，对实验是否有影响？为什么？

(4) 旋光管中的液体有气泡是否会影响实验数据？应如何操作？

八、课外拓展

三星堆遗址新发现与 ^{14}C 测年法：一级反应的考古应用

1. 三星堆遗址的新发现

三星堆遗址的最新考古成果为我们展现了中华文明的多元一体。根据北京大学新闻网在 2023 年 11 月 17 日的报道，北京大学加速器质谱碳十四年代研究团队公布了三星堆遗址祭祀坑的年代测定结果。根据碳十四测年所能达到的精度，初步可以判断三星堆所发现的几个祭祀坑形成年代处于商代晚期，并且形成时间大致相当。这一发现不仅丰富了三星堆遗址的文化内涵，也实证了古蜀文明是中华文明的重要组成部分。

2. ^{14}C 测年法的原理与应用

^{14}C 测年法，即放射性碳测年法，是一种基于碳-14 的放射性衰变来测定含碳物质年代

的方法。这种方法在考古学中的应用极为广泛，它可以帮助我们确定文物的年代，从而更好地理解历史和文化的发展。^{14}C测年法的基本原理是利用碳-14的半衰期来计算样品中残留的碳-14含量，从而得知有机物死亡的年龄。

3. 一级反应与^{14}C测年法的关联

在化学反应动力学中，一级反应是指反应速率与反应物浓度的一次方成正比的化学反应。这种反应的特点包括反应速率常数与反应总浓度无关，反应过程中反应物的浓度按照时间的一次函数规律变化。^{14}C测年法中，碳-14的衰变过程可以看作一个一级反应，因为其衰变速率与样本中现存的碳-14含量成正比。通过测量样本中碳-14的剩余量，可以推算出样本的年代，这与一级反应中通过初始浓度和反应速率常数来计算反应时间的原理相似。

附录：旋光仪的使用

旋光仪（图1）用于测定旋光性化合物的旋光方向及旋光度，通过对样品旋光度的测定，可以确定样品的浓度、纯度、糖度或含量，广泛用于制糖、制药、药检、香料等领域，作为化验分析或过程质量控制方法。

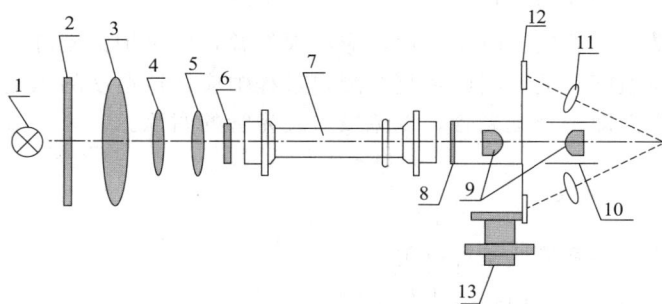

图1　旋光仪结构图

1—光源；2—毛玻璃；3—聚光镜；4—滤色镜；5—起偏镜；6—半波片；7—旋光管；8—检偏镜；
9—物、目镜组；10—调焦手轮；11—读数放大镜；12—度盘及游标；13—转动手轮

（1）工作原理

从光源1射出的光线，通过聚光镜3、滤色镜4经起偏镜5成为线偏振光（平面偏振光），在半波片6处产生三分视场。通过检偏镜及物、目镜组可以观察到如图2所示的三种情况。转动检偏镜，只有在零度时（仪器出厂前调整好）视场中三部分亮度才一致，如图2(b)所示。

当放进存有被测溶液的旋光管后，由于溶液具有旋光性，平面偏振光旋转了一个角度，零度视场便发生了变化，如图2(a)或(c)所示。转动检偏至一定角度，能再次出现亮度一致的视场。这个转角就是溶液的旋光度，它的数值可通过放大镜11从度盘及游标12上读出。

测得溶液的旋光度后，就可以求出物质的比旋光度。根据比旋光度的大小，就能确定该物质的纯度和含量。

为便于操作，WXG-4圆盘旋光仪的光学系统以倾斜20°安装在基座上。光源采用20W

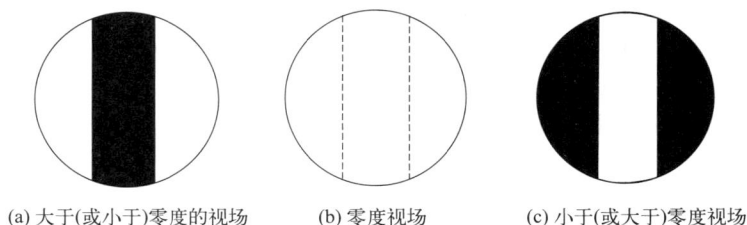

(a) 大于(或小于)零度的视场　　(b) 零度视场　　(c) 小于(或大于)零度视场

图 2　三分视场

的钠光灯（波长 $\lambda = 589$ nm）。钠光灯的限流器安装在基座底部，不需外接限流器。仪器的偏振器均为聚乙烯醇人造偏振片。半波片是采用劳伦特石英板装置。转动起偏镜可调整三分视场的影荫角（本仪器出厂时调整在 3°左右）。仪器采用双游标读数，以消除度盘偏心差。度盘分 360 格，每格 1°，游标分 20 格，对应度盘 19 格，用游标直接读数到 0.05°（如图 3）。度盘和检偏镜固定为一体，借转动手轮(13) 能作粗、细转动。度盘前方装有两块 4 倍的放大镜，供读数时用。

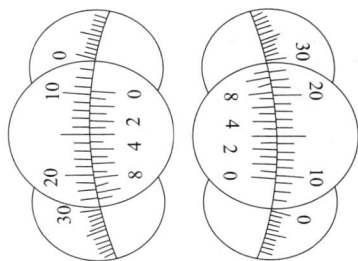

图 3　度盘及游标示意图

（2）使用方法

① 将仪器接于 220 V 交流电源。开启电源开关，约 5 min 后钠光灯发光正常，就可开始工作。

② 检查仪器零位是否准确，即在仪器未放试管或放进充满去离子水的试管时，观察零度时视场亮度是否一致。如不一致，说明有零位误差，应在测量读数中减去或加上该偏差值；或放松度盘盖背面四颗螺钉，微微转动度盘盖进行校正（只能校正 0.5°左右的误差，严重的应送制造厂检修）。

③ 选取长度适宜的试管，注满待测试液，装上橡胶圈，旋上螺帽，直至不漏水为止。螺帽不宜旋得太紧，以免产生应力，影响读数正确性。然后将试管两头残余溶液擦干，以免影响观察清晰度及测量精度。

④ 测定旋光度：转动度盘、检偏器，在视场中找到亮度一致的位置，再从度盘上读数。读数是正的为右旋物质，读数是负的为左旋物质。

⑤ 采用双游标读数法可按下列公式求得结果：

$$Q = \frac{A+B}{2}$$

式中，A 和 B 分别为两游标窗读数值。

如果 $A = B$，而且度盘转到任意位置都符合等式，则说明仪器没有偏心差（一般出厂前仪器均作过校正），可以不用此读数法。

⑥ 旋光度和温度也有关系。对大多数物质，用钠光（$\lambda = 589$nm）测定，当温度升高 1 ℃时，旋光度约减少 0.3%。对于要求较高的测定工作，最好能在 20 ℃±2 ℃的条件下进行。

（3）仪器的维护

① 仪器应放在通风干燥和温度适宜的地方，以免受潮发霉。

② 仪器连续使用时间不宜超过 4 h。如果使用时间较长，中间应关闭 10～15 min，待钠光灯冷却后再继续使用，或用风冷电风扇，减少灯管受热程度，以免亮度下降和寿命降低。

③ 试管用后要及时将溶液倒出，用去离子水洗涤干净，擦干放好。所有镜片均不能用手直接擦，应用柔软绒布擦。

④ 仪器停用时，应将装置套套上。装箱时，应按固定位置放入箱内并压紧。

实验 13 ▶▶

乙酸乙酯皂化反应速率常数的测定

一、实验目的

（1）学习电导法测定乙酸乙酯皂化反应速率常数的原理和方法。

（2）了解二级反应的特征，掌握图解法求二级反应速率常数的方法。

（3）了解石墨与金刚石的转化，培养实验诚信、做人诚信的品质。

二、实验原理

对于二级反应：

$$A+B \longrightarrow 产物$$

如果 A、B 两物质起始浓度相同，均为 c_0，则反应速率可表示为如下形式：

$$\frac{\mathrm{d}x}{\mathrm{d}t}=k(c_0-x)^2 \tag{1}$$

式中，x 为 t 时生成物的浓度。式（1）定积分得：

$$k=\frac{1}{t}\times\frac{x}{c_0(c_0-x)} \tag{2}$$

以 $\dfrac{x}{c_0-x}$ 对 t 作图，若所得图为直线，则说明该反应为二级反应，直线的斜率即为反应速率常数 k 的值。

因此，在反应进行的过程中，只要测出反应物或者生成物的浓度，就可求出该反应的反应速率常数 k。

温度对化学反应速率的影响可用阿伦尼乌斯方程描述：

$$\frac{\mathrm{d}\ln k}{\mathrm{d}T}=\frac{E_a}{RT^2} \tag{3}$$

式中，E_a 为活化能。假设 E_a 为常数，测定两个不同温度下的速率常数 k_{T_1} 和 k_{T_2} 后可按照式(4)计算出活化能 E_a 的数值。

$$E_a = R \ln \frac{k_{T_1}}{k_{T_2}} \times \frac{T_1 T_2}{T_2 - T_1} \qquad (4)$$

乙酸乙酯皂化反应是一个典型的二级反应,其反应式如下:

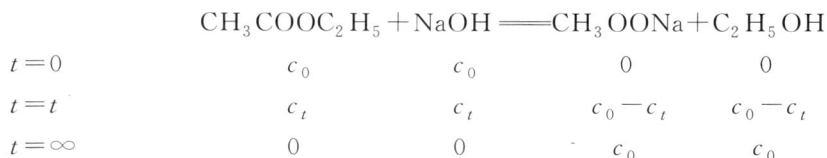

$$CH_3COOC_2H_5 + NaOH \Longrightarrow CH_3OONa + C_2H_5OH$$

$t=0$	c_0	c_0	0	0
$t=t$	c_t	c_t	$c_0 - c_t$	$c_0 - c_t$
$t=\infty$	0	0	c_0	c_0

假定反应在稀溶液中进行,且 CH_3OONa 全部电离,则 Na^+、OH^- 和 CH_3COO^- 均参与了导电。Na^+ 的浓度反应前后不发生变化,OH^- 的迁移率远大于 CH_3COO^-,随着反应的进行,CH_3COO^- 浓度增加,OH^- 浓度减小,因此,体系的电导率会下降。电导率的下降和 CH_3COO^- 浓度成正比。

设 κ_0、κ_t 和 κ_∞ 分别为 $t=0$、$t=t$ 和 $t=\infty$ 时的电导率,则:

$$t=t \text{ 时,} c_0 - c_t = K(\kappa_0 - \kappa_t) \qquad (5)$$
$$t=\infty \text{ 时,} c_0 = K(\kappa_0 - \kappa_\infty) \qquad (6)$$

式中,K 为比例系数,$K=kt$。式(2)、式(5)、式(6)联立可得:

$$\kappa_t = \frac{1}{kc_0} \times \frac{\kappa_0 - \kappa_t}{t} + \kappa_\infty \qquad (7)$$

因此,恒温时,在起始浓度 c_0 已知的情况下,测出 κ_0 和 κ_t,用 κ_t 对 $\frac{\kappa_0 - \kappa_t}{t}$ 作图,可以得到一条直线,直线的斜率为 $\frac{1}{kc_0}$,从而可求出该温度下的反应速率常数 k。

$$k = \frac{1}{\text{斜率} \times c_0}$$

某些情况下,实验条件下测得的是不同时刻反应液的电导 G,可利用式(8)可计算出对应的电导率 κ。

$$\kappa = G \frac{l}{A} \qquad (8)$$

上式中 l/A 为电导池常数,用 Q 表示,单位 m^{-1}。

三、仪器与药品

(1)仪器:恒温槽、DDS-307 型电导率仪、铂电极、秒表、150 mL 锥形瓶(4 个)、100 μL 注射器(1 支)、蒸馏水洗瓶、50 mL 移液管等。

(2)药品:0.01 $mol \cdot L^{-1}$ 醋酸溶液、0.01 $mol \cdot L^{-1}$ 氢氧化钠溶液、乙酸乙酯,所有试剂均为分析纯。

四、实验步骤

（1）恒温槽调节及溶液的配制

调节恒温槽温度为 303.2 K（30℃）。同时电导率仪提前打开预热。先用称量法配制乙酸乙酯溶液 100 mL，浓度为 0.02 mol·L^{-1}。再据所配乙酸乙酯溶液的浓度，配同等浓度的氢氧化钠溶液（由所给大浓度溶液稀释即可）。

（2）κ_0 的测定

分别取 20 mL 去离子水和 20 mL 所配 0.02 mol·L^{-1} NaOH 溶液，加到洁净、干燥的具塞刻度试管中充分混匀，置于恒温槽中恒温 5min。用 DDS-307 型数字电导率仪测定已恒温好的 NaOH 溶液的电导率 κ_0。

（3）κ_t 的测定

取两支洁净、干燥的具塞刻度试管分别取 20mL 0.02 mol·L^{-1} CH$_3$COOC$_2$H$_5$ 溶液和 20 mL 0.02 mol·L^{-1} NaOH 溶液，置于恒温槽中恒温 5 min。

恒温后，混合两溶液，同时开启停表，记录反应时间，并把电导电极插入混合溶液中。当反应进行 6 min、9 min、12 min、1−5 min、20 min、25 min、30 min、35 min、40 min 时各测电导率一次，记录电导率 κ_t 及时间 t。

（4）不同温度下的 κ_t

调节恒温槽温度为 313.2 K（40℃），重复上述步骤测定其 κ_0 和 κ_t，但在测定 κ_t 时按反应进行 4 min、6 min、8 min、10 min、12 min、15 min、18 min、21 min、24 min、27 min、30 min 时测其电导率。

五、数据记录与处理

（1）30℃时乙酸乙酯皂化反应速率常数测定（表 1）

室温：____℃；大气压：____kPa；电导池常数 $Q=$_____；$\kappa_0=$_____μS·cm^{-1}。

表 1　30℃时乙酸乙酯皂化反应不同时刻反应液的电导率值

t/min	κ_t/(μS·cm^{-1})				$(\kappa_t-\kappa_\infty)$ /(μS·cm^{-1})	$[(\kappa_t-\kappa_\infty)/t]$ /(μS·cm^{-1}·min^{-1})
	1 次读数	2 次读数	3 次读数	平均值		
6						
9						
12						
15						
20						
25						
30						
35						
40						
∞						

（2）40 ℃时乙酸乙酯皂化反应速率常数测定（表2）

室温：＿＿＿℃；大气压：＿＿＿kPa；电导池常数 $Q=$ ＿＿＿；$\kappa_0=$ ＿＿＿ $\mu S \cdot cm^{-1}$。

表2 40℃时乙酸乙酯皂化反应不同时刻反应液的电导率值

t/min	$\kappa_t/(\mu S \cdot cm^{-1})$				$(\kappa_t-\kappa_\infty)$ $/(\mu S \cdot cm^{-1})$	$[(\kappa_t-\kappa_\infty)/t]$ $/(\mu S \cdot cm^{-1} \cdot min^{-1})$
	1次读数	2次读数	3次读数	平均值		
4						
6						
8						
10						
12						
15						
18						
21						
24						
27						
30						
∞						

（3）数据处理

κ_t 对 $\dfrac{\kappa_0-\kappa_t}{t}$ 作图，得到一条直线，直线的斜率为 $\dfrac{1}{kc_0}$，从而求出该温度下的化学反应速率常数 k。

六、注意事项

（1）反应溶液要充分恒温。

（2）按照计算出的体积准确吸取乙酸乙酯，以保证 NaOH 与乙酸乙酯的物质的量相等。注入乙酸乙酯应迅速，并使两种液体混合均匀，立即开动秒表计时。

（3）每次使用铂电极前，须先用蒸馏水冲洗干净后再用滤纸吸干。实验结束后，应将铂电极放入盛有蒸馏水的锥形瓶中保存。

（4）电导瓶在恒温过程中一定要加塞盖严，以防 NaOH 溶液吸收空气中的 CO_2 而使其浓度发生变化。

七、思考题

（1）根据实验结果讨论二级反应的动力学特征。

（2）本实验为何可用反应系统的电导率变化来代替浓度变化？为何要求反应溶液浓度相当稀？

（3）改变反应物起始浓度 CO_2 测得的 k 值与本实验结果是否相同？为什么？

（4）某同学用 50 mL 移液管移取 100 mL NaOH 溶液时，实际上移取了一次（即 50 mL）便进行实验，并按本实验原理处理数据。其所得值与正常实验的 k 值是否相同？为什么？

八、课外拓展

金刚石俗称"金刚钻"，也就是人们常说的钻石的原身，它是一种由碳元素组成的矿物，是由单质元素组成的粒子物质，是碳同素异形体。金刚石是在地球内部极高的温度和压力下形成的。根据目前的认识，金刚石主要形成于地幔层，也就是地壳层下面约 2900 km 深度的区域。地幔层主要由岩石组成，其中含有一定量的碳元素。当碳元素受到足够高的温度和压力时，它们会重新排列成稳定的晶体结构，也就是金刚石。金刚石稳定区大约在距离地表 150 km 到 800 km 之间，也就是地幔层的上部和中部。在这些区域中，碳元素可以形成金刚石，并在数百万年甚至数十亿年的时间里保存下来。可见，碳转变为金刚石的反应速率非常慢。

相较于金刚石，石墨却更为常见，石墨也是碳的一种同素异形体，但二者确有天壤之别，金刚石是目前最硬的物质，而石墨却是最软的物质之一。可否将石墨转变为金刚石？事实上，石墨在高温高压的状态下是可以变成金刚石的，但反应条件非常苛刻。石墨在 5 万～6 万大气压以及 1000～2000 ℃ 高温下，再用金属铁、钴、镍等作催化剂，可转变成金刚石。

所以化学反应速率是反应现实性的指导，化学反应的快慢与反应的外部环境息息相关，外部因素的改变会得到相应的结果，这在辩证唯物主义中属于原因与结果的范畴。明确原因与结果的辩证关系以及其中所包含的辩证思维，能够指导我们的认识与实践活动。只有全面的把握事物的因果关系，才能通过自身的努力来消除不利的原因，得到有利的结果，使因果关系的运动朝着有利于人的发展方向进行。

实验 14 ▶▶
分光光度法测定蔗糖酶的米氏常数

一、实验目的

（1）用分光光度法测定蔗糖酶的米氏常数 K_M 和最大反应速率 v_{max}。
（2）了解底物浓度与酶反应速率之间的关系。
（3）掌握分光光度计的使用方法。
（4）通过酶催化故事，培养打破传统、探索未知、追求真理的科学精神以及敢于吃苦的奋斗精神。

二、实验原理

酶是由生物体产生的具有催化活性的蛋白质或核糖核酸，它具有特异的催化功能，也可称为生物催化剂。酶的催化具有高效性和高度选择性，其催化反应通常在常温、常压下进行。

酶催化反应过程中，底物浓度远远大于酶的浓度，在指定实验条件下，酶的浓度一定时，总的反应速率会随着底物浓度的增加而增大，直至底物过剩，此时底物浓度对反应速率不再产生影响，反应速率达到最大。

Michaelis 应用酶催化反应过程中形成中间络合物的学说，推导出了米氏方程，给出了酶反应速率和底物浓度的关系：

$$v = \frac{v_{max} c_s}{K_M + c_s} \tag{1}$$

米氏常数 K_M 指反应速率达到最大反应速率一半时的底物浓度。

根据公式，可先测定不同底物浓度时的酶反应速率，但为了准确求解，可采用双倒数作图法，即：

$$\frac{1}{v} = \frac{K_M}{v_{max} c_s} + \frac{1}{v_{max}} \tag{2}$$

以 $\frac{1}{v}$ 为纵坐标，$\frac{1}{c_s}$ 为横坐标作图，所得直线的截距是 $\frac{1}{v_{max}}$，斜率是 $\frac{K_M}{v_{max}}$，直线与横坐标的交点为 $-\frac{1}{K_M}$。

蔗糖酶是一种水解酶，它能使蔗糖水解为葡萄糖和果糖。该反应的速率可以用单位时间内葡萄糖浓度的增加来表示。葡萄糖与3,5-二硝基水杨酸共热后被还原成棕红色的氨基化合物，在一定浓度范围内，葡萄糖的量和棕红色物质颜色深浅程度呈一定比例关系，因此可以用分光光度计来测定反应在单位时间内生成葡萄糖的量，从而计算出反应速率。通过测量不同底物（蔗糖）浓度的相应反应速率，就可用作图法计算出米氏常数 K_M。

三、仪器与药品

（1）仪器：高速离心机、分光光度计、恒温水浴装置、25 mL 比色管（9 支）、1 mL 移液管（10 支）、2 mL 移液管（4 支）、10 mL 试管（10 支）等。

（2）药品：3,5-二硝基水杨酸（即 DNS）试剂、0.1 mol·L^{-1} 醋酸缓冲溶液、蔗糖、葡萄糖、酒石酸钾钠、重蒸酚、亚硫酸钠等，所有试剂均为分析纯。

四、实验步骤

（1）蔗糖酶的制取

在 50 mL 的锥形瓶中加入 10 g 鲜酵母、0.8 g 醋酸钠，搅拌 15～20 min 后使块团溶解，加入 1.5 mL 甲苯，用软木塞将瓶口塞住，摇动 10 min，放入 37 ℃ 的恒温箱中保温 60 h。取出后加入 1.6 mL 4 mol·L^{-1} 的醋酸和 5 mL 蒸馏水，使 pH 为 4.5 左右。混合物以 15000 r·min^{-1} 离心 20 min，混合物分为三层，将中层移出，注入试管中，为粗制酶液。将粗制酶液加水稀释至 50 mL，制得稀释酶液，备用。

（2）溶液的配制

① 0.1%葡萄糖标准液（1 mg·mL^{-1}）。先在 90 ℃ 下将葡萄糖烘 1 h，然后准确称取 1 g 于 100 mL 烧杯中，用少量蒸馏水溶解后，定量移至 1000 mL 容量瓶中定容。

② 3,5-二硝基水杨酸（即 DNS）试剂。称取 6.3 g DNS 和 262 mL 2 mol·L^{-1} 氢氧化钠加到酒石酸钾钠的热溶液（182 g 酒石酸钾钠溶于 500 mL 蒸馏水中）中，再加 5 g 重蒸酚和 5 g 亚硫酸钠，微热搅拌溶解，冷却后加蒸馏水定容到 1000 mL，贮于棕色瓶中备用。

③ 0.1 mol·L^{-1} 的蔗糖液。准确称取 34.2 g 蔗糖，溶解后于 1000 mL 容量瓶中定容。

（3）葡萄糖标准曲线的绘制

在 9 个 50 mL 的容量瓶中，按表 1 所示体积分别加入不同量 0.1%葡萄糖标准液及去离子水，得到一系列不同浓度的葡萄糖溶液。分别吸取 1.0 mL 不同浓度的葡萄糖溶液注入 9 支试管内，另取 1 支试管加入 1.0 mL 蒸馏水，然后在每支试管中加入 1.5 mL DNS 试剂，混合均匀。在沸水浴中加热 5 min 后，取出以冷水冷却，每支内注入蒸馏水 2.5 mL，摇匀。在分光光度计上用 540 nm 波长测定其吸光度。由测定结果作出标准曲线。

表 1　不同浓度葡萄糖溶液配制

序号	V(0.1%葡萄糖溶液)/mL	V(去离子水)/mL	葡萄糖最终浓度/($\mu g \cdot mL^{-1}$)
1	5	45	100
2	10	40	200
3	15	35	300
4	20	30	400
5	25	25	500
6	30	20	600
7	35	15	700
8	40	10	800
9	45	5	900

（4）蔗糖酶米氏常数的测定

按表 2 所示配料体积比，在 9 支试管中分别加入体积为 V_1 的 0.1 mol·L^{-1} 蔗糖液、体积为 V_2 的醋酸缓冲溶液，总体积达 2 mL，于 35 ℃ 水浴中预热，另取预先制备的酶液在 35 ℃ 水浴中保温 10 min，依次向试管中加入稀释过的酶液各 2.0 mL，准确作用 5 min 后，按次序加入 0.5 mL 2 mol·L^{-1} NaOH 溶液，摇匀，令酶反应停止。用分光光度计测定时，先从每支试管中吸取 0.5 mL 酶反应液加入装有 1.5 mL DNS 试剂的 25 mL 比色管中，加入蒸馏水，在沸水中加热 5 min 后冷却，用蒸馏水稀至刻度，摇匀，然后在 540 nm 波长下测定其吸光度。

表 2　蔗糖酶米氏常数测定反应物配料体积比

序号	1	2	3	4	5	6	7	8	9
V_1/mL	0	0.2	0.25	0.3	0.35	0.4	0.5	0.6	0.8
V_2/mL	2.0	1.8	1.75	1.7	1.65	1.6	1.5	1.4	1.2

五、数据记录与处理

由各反应液测得的吸光度值，在葡萄糖标准曲线上查出对应的葡萄糖浓度，结合反应时间计算其反应速率 v，并将对应的底物（蔗糖）浓度 c_s 一并用表格形式列出，用 $\frac{1}{v}$ 对 $\frac{1}{c_s}$ 作图，以直线斜率和截距求出 K_M 和 v_{max}。

六、注意事项

（1）在使用分光光度计前，应先了解该仪器的结构和原理。
（2）葡萄糖标准曲线的绘制要精确。
（3）反应条件要严格按要求控制。

七、思考题

（1）为什么测定酶的米氏常数要采用初始速率法？为什么会产生过冷现象？
（2）试讨论本实验中米氏常数的测定结果与底物浓度、反应温度和酸度的关系。

八、课外拓展

　　酶由数百个氨基酸组成，但涉及化学反应的往往只有几个。那么，是否必须有一个完整的酶才能催化化学反应？

　　2021 年，诺贝尔化学奖由两位化学家分享，分别是德国马克斯·普朗克煤炭 研究所的 Benjamin List 教授和美国普林斯顿大学的 David W. C. MacMillan 教授，以表彰他们在"不对称有机催化的发展"中所作出的突出贡献。许多研究领域和工业都依赖于化学家构建的分子，这些分子能够形成有弹性和耐用的材料，可用在电池中储存能量以及抑制疾病的发展。这项工作需要催化剂，其是控制和加速化学反应的物质，但不会成为最终产品的一部分。例如，汽车中的催化剂将废气中的有毒物质转化为无害分子。人体也含有数以千计的酶形式的催化剂，它们雕刻出生命所必需的分子。因此，催化剂是化学家的基础性工具。但研究人员长期以来一直认为，原则上只有两种催化剂：金属和酶。Benjamin List 和 David W. C. MacMillan 之所以被授予 2021 年诺贝尔化学奖，是因为在 2000 年，他们各自独立地开发了第三种催化，即不对称有机催化，它建立在小的有机分子之上。

　　自 2000 年以来，有机催化以惊人的速度发展着。目前，Benjamin List 和 David M. C. MacMillan 仍然是这个领域的领先者，他们已经证明了有机催化剂可以用来驱动大量的化学反应。利用这些反应，研究人员现在可以更有效地构建许多东西，比如新的药物，还可以在太阳能电池中捕捉光的分子等。通过这种方式，有机催化剂给人类带来了巨大的益处。

实验 15 ▶▶

过氧化氢催化分解反应动力学

一、实验目的

（1）测定过氧化氢分解反应的反应速率常数。
（2）了解用体积法研究动力学的基本原理。
（3）了解实验测定活化能 E 的原理和方法。
（4）通过中国科学家十年磨一剑的故事，培养家国情怀及科研攻坚的精神。

二、实验原理

　　过氧化氢在没有催化剂时，分解反应进行得很慢；加入催化剂时，能促进其分解。过氧化氢分解的化学方程式如下：

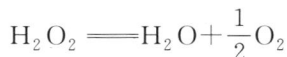

$$H_2O_2 =\!=\!= H_2O + \frac{1}{2}O_2$$

　　很多物质都能对这一反应起催化作用，如铂、银、铅、二氧化锰、三氯化铁以及三氯化铁和氯化铜的混合物等。本实验是以三氯化铁和氯化铜的混合物作催化剂，研究 H_2O_2 分解反应的动力学。其中 $CuCl_2$ 是助催化剂，单独使用它并不能催化该反应。

在本实验条件下，过氧化氢的分解是一级反应。若以 a 表示 H_2O_2 的起始浓度，x 表示在时刻 t 时已经分解掉的 H_2O_2 的浓度，则 t 时刻所剩余的 H_2O_2 的浓度为 $c_t=(a-x)$，于是有：

$$\frac{dx}{dt}=k_1(a-x)$$

定积分得：

$$\ln(a-x)=-k_1t+\ln a$$

式中，k_1 为反应速率常数，它的大小表征着反应的快慢。$\ln a$ 为积分常数，可由 $t=0$、$x=0$ 这一边界条件得出。

在 H_2O_2 的催化分解中，t 时的 H_2O_2 浓度 c_t 可通过测量在相应的时间内分解放出的氧气体积得出。因分解过程中放出的氧气体积与分解了的 H_2O_2 浓度成正比，其比例常数为定值。令 V_∞ 表示 H_2O_2 全部分解放出的氧气体积，V_t 表示 H_2O_2 在 t 时分解放出的氧气体积，则：

$$c_0 \propto V_\infty$$
$$c_t \propto (V_\infty-V_t)$$

式中，c_0、c_t 分别代表 H_2O_2 在 $t=0$ 和 $t=t$ 时的浓度。将上面关系式代入一级反应速率方程的定积分表达式，则有：

$$\lg\frac{c_t}{c_0}=\lg\frac{V_\infty-V_t}{V_\infty}=\frac{k_1t}{2.303}$$

或者

$$\lg(V_\infty-V_t)=-\frac{k_1t}{2.303}+\lg V_\infty$$

根据上式，如果以 $\lg(V_\infty-V_t)$ 对 t 作图得一直线，即可验证该反应是一级反应。此时由直线的斜率可求出反应速率常数 k_1。

V_∞ 可由两种方法得出：
① 实验法。
② 公式法。计算公式如下：

按 H_2O_2 分解反应的化学反应方程式，1 mol H_2O_2 放出 0.5 mol O_2。在酸性溶液中以 $KMnO_4$ 标准溶液滴定 H_2O_2 溶液，V_∞（m^3）则可通过如下公式计算：

$$V_\infty=\frac{M_{H_2O_2}V_{H_2O_2}RT}{p}$$

式中，$M_{H_2O_2}$ 为 H_2O_2 的起始物质的量浓度，$mol \cdot L^{-1}$；$V_{H_2O_2}$ 为 H_2O_2 溶液的体积，m^3；p 为氧气的分压，即大气压减去实验温度下水的饱和蒸气压，Pa；T 为实验的热力学温度，K；R 为摩尔气体常数，其值为 8.314 $J \cdot K^{-1} \cdot mol^{-1}$。

由于这种方法需用 $KMnO_4$ 滴定 H_2O_2，比较麻烦，所以一般都用实验法直接获得。如果改变分解反应的温度，求得不同温度下的反应速率常数 k_1，则根据阿伦尼乌斯公式得：

$$\frac{d\ln k}{dT}=\frac{E}{RT^2}$$

积分后可知，若以 $\ln k$ 对 $\frac{1}{T}$ 作图，由斜率则可求得在该反应温度范围内的平均活化能。

体积法是研究化学反应动力学的基本方法之一。只要反应过程中体系的体积发生明显的变化，一般都可用这种方法研究该反应的动力学。

三、仪器与药品

（1）仪器：恒温槽、秒表等。

（2）药品：混合液（0.05 mol·L⁻¹ FeCl₃＋0.005 mol·L⁻¹ CuCl₂＋0.4 mol·L⁻¹ HCl）、0.2 mol·L⁻¹ H₂O₂ 等，所有试剂均为分析纯。

四、实验步骤

实验装置图如图 1 所示。实验前需检查装置是否漏气，先打开活塞 A，拔开塞子 B，提高水准瓶 C，使量气管 D 内的水面升至上部。然后关闭活塞 A，把水准瓶放在桌面上。塞紧塞子 B，打开活塞 A，任水面自由下落，若降至某一位置保持静止，则证明装置不漏气，即可开始实验。

拔开塞子 B，打开活塞 A，提高水准瓶 C，使 D 管内的水平面升至量气管 0 刻度以上，关闭 A。再调节 A，使 D 管内的水面恰在刻度 0 的位置。移取 20 mL H₂O₂ 溶液注入 E 管，加入 10 mL 混合液，随即把塞子 B 塞紧。此时 H₂O₂ 已开始分解，不断调节活塞 A，使量气管内两壁的水面保持相同，当气体放出速率趋于稳定后（约 10 min），记下 D 管内水平面的刻度，同时打开秒表，每 5 min 记录一次 D 管内水面的位置。记录 8～10 个数据。

为得到 H₂O₂ 全部分解后的体积 V_∞，将测得 8～10 个 V_t 后的试管放在 80 ℃水浴中加热，并不断摇动，待反应管内不再有气泡放出为止。取出反应管，仍放回原恒温槽内恒温后，读取量气管内水面刻度，即 V_∞。

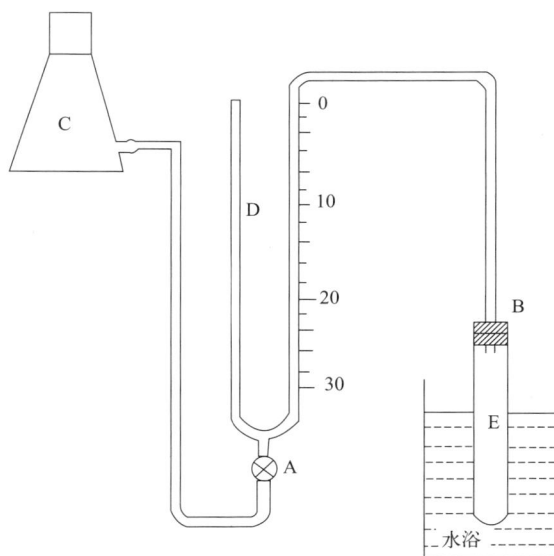

图 1　过氧化氢分解装置

改变反应温度，分别测定 25 ℃、30 ℃、35 ℃、40 ℃等温度下的速率常数（方法同上），进而求 H₂O₂ 分解反应的活化能。

五、数据记录与处理

（1）将实验数据记录于表 1 中。

表 1　实验数据记录表

室温：_____；大气压：_____；恒温槽温度：_____；V_∞：_____

t/min	V_t/mL	$(V_\infty - V_t)/\text{mL}$	$\lg(V_\infty - V_t)$

（2）以 $\lg(V_\infty - V_t)$ 为纵坐标，时间 t 为横坐标，作 $\lg(V_\infty - V_t)$-t 图，由直线斜率计算分解反应的速率常数 k_1。

六、注意事项

（1）气体体积受温度和压力影响较大，在实验中要保证所测得的 V_t 和 V_∞ 都是在相同温度和压力下的数据。

（2）要真正理解动力学方程中 V_t、V_∞ 的含义，这样在进行数据处理时就不会出现错误。

七、思考题

（1）反应速率常数与哪些因素有关？

（2）为什么在每次读取 V_t 或 V_∞ 时，一定要调整量气管两壁的水面相平？

八、课外拓展

化学工业中，85% 以上的过程都依赖于催化剂来加速反应。但在大多数情况下，决定催化反应效率的两个重要参数——反应物的转化率和目标产物的选择性，往往相互纠缠，就像"跷跷板"一样，转化率提高了，选择性就降低，此消彼长，无法同时兼顾。

2023 年 5 月，《科学》杂志发表了一项关于煤经合成气直接转化制烯烃的最新成果。在大量实验基础上，中国科学院大连化学物理研究所的焦峰博士、潘秀莲研究员和包信和院士的研究团队创制了一种新型的双功能催化剂。该催化剂在保持低碳烯烃选择性大于 80% 的条件下，使一氧化碳的单程转化率达到 85%，低碳烯烃产率达 48%。这项研究成果破解了高活性和高选择性无法兼得的难题。

此前，研究团队成功实现了反应物活化和产物生成两个活性中心的分离。在国际上首次实现了当一氧化碳转化率为 17% 时，低碳烯烃的选择性高达 80%，从而突破了百年来经典费托合成低碳烯烃选择性难以逾越的 58% 理论极限。

为进一步认识和理解该创新反应的机理，提高该过程的催化反应效率，研究人员与中国科学技术大学研究团队紧密配合，又进行了系统深入的基础研究和理论分析。

他们发现，加速中间体的传输和转化，同时降低分子筛孔道中副反应的发生，是破解这种"跷跷板"效应的有效途径，在大量实验的基础上，成功创制了新催化剂——金属锗离子同晶取代微孔分子筛（GeAPO-18），解决了过去高活性与高选择性无法同时实现的技术难题。

包信和院士团队研发的双功能沸石分子筛催化剂突破了现有费托合成的极限，并且依托中国公司平台已实现工业级的应用示范。

实验 16 ▸▸
化学振荡反应——B-Z 反应

一、实验目的

（1）了解 B-Z 反应的基本原理。

（2）掌握计算机在化学实验中的应用，测定振荡反应的诱导期与振荡周期以及有关反应的表观活化能。

（3）通过振荡反应的发现及应用，培养科研攻坚的精神。

二、实验原理

有些自催化反应有可能使反应体系中某些物质的浓度随时间（或空间）发生周期性变化，这类反应称为化学振荡反应。

1921 年，美国科学家 W·C·Bray 用 H_2O_2、KIO_3 和丙二酸（H_2SO_4 为介质，$MnSO_4$ 为催化剂）进行反应时，发现系统中碘的浓度及氧气的生成速率均随时间产生周期性变化。这是人们正式发现的第一个化学振荡反应。但之后很长时间内，人们一直无法从热力学的角度来解释化学振荡反应产生的原因，造成化学振荡反应被人们冷落了很长时间。

直到 1958 年，别洛索夫（Belousov）才报道了以金属锌离子作催化剂，柠檬酸被溴酸氧化时，中间产物浓度随时间周期性变化的现象。随后，1964 年，扎勃丁斯基（Zhabotinsky）进一步深入研究证明了化学振荡体系还能呈现空间有序周期性变化。为纪念他们最早期的研究成果，将后来发现大量的可呈现化学振荡的含溴酸盐的反应体系称为贝洛索夫-恰鲍廷斯基（Belousov-Zhabotinsky）反应（B-Z 反应）。例如，丙二酸在溶有硫酸铈的酸性溶液中被溴酸钾氧化的反应就是典型的 B-Z 反应。典型的 B-Z 反应中，Ce^{3+} 和 Br^- 浓度的振荡曲线如图 1 所示。

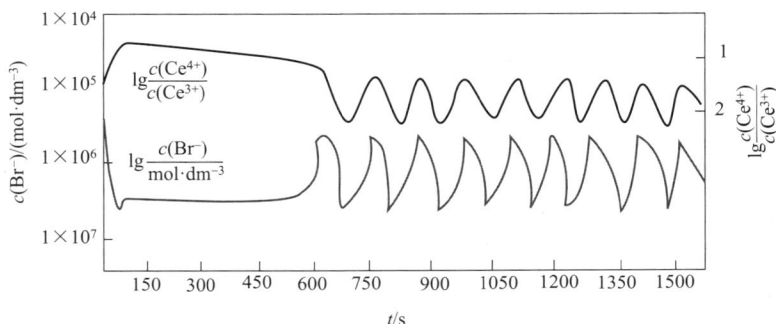

图 1　Ce^{3+} 和 Br^- 浓度的振荡曲线

对于以 B-Z 反应为代表的化学振荡现象的机理，目前被普遍认同的是 Field、Körös 和 Noyes 在 1972 年提出的 FKN 机理。FKN 机理提出反应由三个主过程组成：

① 过程 A。当 $[Br^-]$ 足够大时，反应如下式所示。

$$BrO_3^- + Br^- + 2H^+ \Longrightarrow HBrO_2 + HBrO \tag{1}$$

$$HBrO_2 + Br^- + H^+ \Longrightarrow 2HBrO \tag{2}$$

注：HBrO 一旦生成，立即与丙二酸反应。

② 过程 B。当 $[Br^-]$ 较小时，Ce^{3+} 按下式被氧化。

$$BrO_3^- + HBrO_2 + H^+ \Longrightarrow 2BrO_2 + H_2O \tag{3}$$

$$BrO_2 + Ce^{3+} + H^+ \Longrightarrow HBrO_2 + Ce^{4+} \tag{4}$$

$$2HBrO_2 \Longrightarrow BrO_3^- + HBrO + H^+ \tag{5}$$

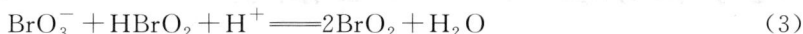

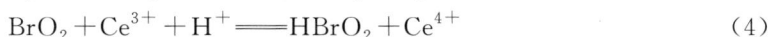

③ 过程 C。即 Br^- 的再生，如下式所示。

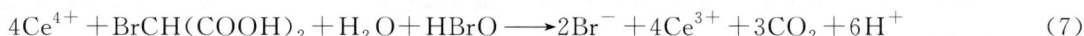

$$HBrO + CH_2(COOH)_2 \longrightarrow BrCH(COOH)_2 + H_2O \tag{6}$$

$$4Ce^{4+} + BrCH(COOH)_2 + H_2O + HBrO \longrightarrow 2Br^- + 4Ce^{3+} + 3CO_2 + 6H^+ \tag{7}$$

过程 A 消耗 Br^-，产生能进一步反应的 $HBrO_2$，$HBrO_2$ 为中间产物。过程 B 是一个自催化过程，在 Br^- 消耗到一定程度后，$HBrO_2$ 才按式(3)、式(4) 进行反应，并使反应不断加速，同时 Ce^{3+} 被氧化为 Ce^{4+}。$HBrO_2$ 的积累还受到式(5) 的制约。过程 C 为次溴酸（HBrO）和丙二酸 $[(CH_2(COOH)_2]$ 反应生成溴代丙二酸 $[BrCH(COOH)_2][$式(6)$]$，$BrCH(COOH)_2$ 与 Ce^{4+} 反应生成 Br^-，使 Ce^{4+} 还原为 $Ce^{3+}[$式(7)$]$。过程 C 对化学振荡反应非常重要，如果只有过程 A 和 B，就是一般的自催化反应，进行一次就完成了。过程 C 以丙二酸的消耗为代价，重新得到 Br^- 和 Ce^{3+}，反应得以再启动，进而形成周期性的振荡。

简单地说，过程 A 使 Br^- 浓度降低，过程 C 使 Br^- 浓度再生，亚溴酸 $HBrO_2$ 的生成与消失，即自催化现象集中在过程 B。宏观上看到的是 $[Ce^{4+}]$ 与 $[Ce^{3+}]$ 的变化，即黄色→无色→黄色→无色→…的周期性变化。

该体系的总反应：

$$2BrO_3^- + 3CH_2(COOH)_2 + 2H^+ \Longrightarrow 2BrCH(COOH)_2 + 3CO_2 \uparrow + 4H_2O \tag{8}$$

振荡的控制离子是 Br^-。

由上述可见，产生化学振荡需满足三个条件：

① 反应必须远离平衡态。化学振荡只有在远离平衡态，即具有很大的不可逆程度时才能发生。在封闭体系中振荡是衰减的，在敞开体系中，可以长期持续振荡。

② 反应历程中应包含自催化的步骤。产物之所以能加速反应，是因为自催化反应中，如过程 A 中的产物 $HBrO_2$ 同时又是反应物。

③ 体系必须有两个稳态存在，即具有双稳定性。

化学振荡体系的振荡现象可以通过多种方法观察到，如观察溶液颜色的变化、测定吸光度随时间的变化、测定电位随时间的变化等。

根据在 FKN 机理基础上建立的俄勒冈模型，推导可得振荡周期 t 与过程 C 的速率常数及有机化合物浓度成反比，比例常数还与其他步骤的速率常数有关。例如，测定不同温度下的振荡周期，并近似地忽略比例常数随温度的变化，则可应用式(9) 和式(10) 估算过程 C，即式(7) 的表观活化能 $E_诱$、$E_振$。

$$\ln \frac{1}{t_诱} = -\frac{E_诱}{RT} + I \tag{9}$$

$$\ln \frac{1}{t_振} = -\frac{E_振}{RT} + I' \tag{10}$$

随着反应的进行，有机化合物浓度逐渐减少，振荡周期将逐渐增大，并最终停止振荡，反应终止。

本实验采用电动势法测量反应过程中离子浓度的变化，以甘汞电极作为参比电极，用铂电极测定不同价位铈离子浓度的变化，用溴离子选择性电极测定溴离子浓度的变化。本实验通过测定离子选择性电极上的电位（U）随时间（t）变化的 U-t 曲线来观察 B-Z 反应的振荡现象，同时测定不同温度对振荡反应的影响。根据 U-t 曲线，得到诱导期（$t_{诱}$）和振荡周期（$t_{1振}$，$t_{2振}$，$\cdots$）。

三、仪器与药品

（1）仪器：SYC-15 超级恒温水浴、ZD-BZ 振荡实验装置（图 2）、联想电脑、213 型铂电极、双盐桥甘汞电极、磁子、100 mL 容量瓶等。

（2）药品：$0.45\ mol \cdot L^{-1}$ 丙二酸溶液、$0.25\ mol \cdot L^{-1}$ 溴酸钾溶液、$3.0\ mol \cdot L^{-1}$ 硫酸溶液、$0.004\ mol \cdot L^{-1}$ 硫酸铈铵溶液（含 $0.20\ mol \cdot L^{-1}$ 硫酸）等，所有试剂均为分析纯。

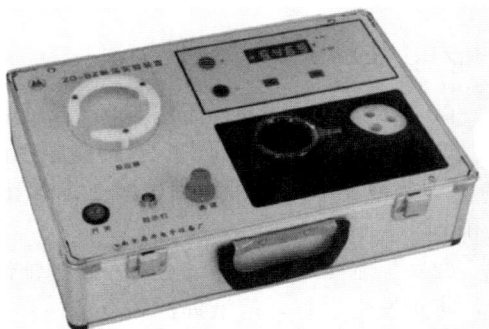

图 2　ZD-BZ 振荡实验装置

四、实验步骤

（1）先打开实验仪器，再打开计算机，启动程序，设置串行口、坐标系和采样时间。

（2）将红、黑两测试线按"红接正极""黑接负极"接入被测线压输入口。按图 3 连接好仪器，按照超级恒温水浴的使用方法，将温度控制在（25 ± 0.1）℃，待温度稳定后接通循环水。

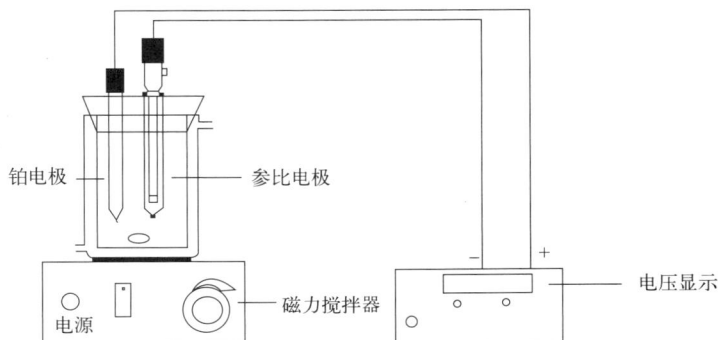

图 3　B-Z 振荡反应测试系统

（3）在反应器中加入丙二酸、硫酸、溴酸钾溶液各 10 mL。将磁子放入反应器，调节转速使之匀速转动。

（4）选择电压量程为 2 V（显示为"UL 2 V"），将测试线两端短接，按下"采零"键，清零后将红端接铂电极，黑端接双盐桥甘汞电极。

（5）恒温 5 min 后加入硝酸铈铵溶液，观察溶液的颜色变化，同时开始计时并记录相应的变化电势（点击"数据通讯"→"开始绘图"）。

（6）用上述方法将温度设置为 30 ℃、35 ℃、40 ℃、45 ℃、50 ℃，重复实验。

（7）丙二酸、硫酸、溴酸钾溶液各取 10 mL，混合均匀后停止搅拌，小心加入 10 mL

硫酸铈铵溶液，观察并记录现象。

五、数据记录与处理

（1）从 U-t 曲线中得到诱导期和第一、二振荡周期。

（2）根据 $t_诱$、$t_{1振}$、$t_{2振}$ 与 T 的数据，作 $\ln(1/t_诱)$-$1/T$ 和 $\ln(1/t_{1振})$-$1/T$ 图，由直线斜率求出表观活化能 $E_诱$、$E_振$。

（3）讨论实验步骤（7）观察到的现象，分析没有搅拌时形成空间图案的原因，分析搅拌所起的作用。

六、注意事项

（1）实验所用试剂均需用不含 Cl^- 的去离子水配制，而且参比电极不能直接使用甘汞电极，这是因为其中所含的 Cl^- 会抑制振荡的发生和持续。若用甘汞电极时要用 $1 \ mol \cdot L^{-1}$ H_2SO_4 溶液作液接。可使用硫酸亚汞参比电极，也可使用双盐桥甘汞电极。外面夹套中充饱和 KNO_3 溶液。

（2）配制 $4 \times 10^{-3} \ mol \cdot L^{-1}$ 硫酸铈铵溶液时，一定要在 $0.20 \ mol \cdot L^{-1}$ 硫酸介质中配制，防止发生水解，溶液浑浊。

七、思考题

（1）影响诱导期和振荡周期的主要因素有哪些？
（2）简述振荡反应过程。

八、课外拓展

1921 年，美国科学家 W·C·Bray 首次正式发现化学振荡反应。但之后很长时间内人们一直无法从热力学的角度来解释化学振荡反应产生的原因，造成化学振荡反应被人们冷落了很长时间。直到 20 世纪 50 年代末，经典 B-Z 反应被发现，之后，研究步伐大大加快，至今余热不减。如今，化学振荡反应已经成功应用于实际，如可测定作为催化剂的某些金属离子的浓度、通过葡萄糖对化学振荡反应影响的研究、检测糖尿病患者的尿液中的葡萄糖浓度。由此可见，科学的发展离不开科学家的坚持和努力。

Ⅳ 表面化学

实验 17 ▶▶

接触角的测定

一、实验目的

（1）了解接触角测定仪的结构与使用方法。

（2）测定纯水及表面活性剂溶液在石蜡表面的接触角。

（3）测定纯水在不同固体表面的接触角。

（4）了解亲水又疏水材料的合成，培养辩证思维。

二、实验原理

如图 1 所示，图中（a）、（b）、（c）、（d）分别表示组成不同的液体滴在固体表面时会出现的四种情形。其中（a）表示完全润湿，（b）表示部分润湿，（c）表示基本不润湿，（d）表示完全不润湿。

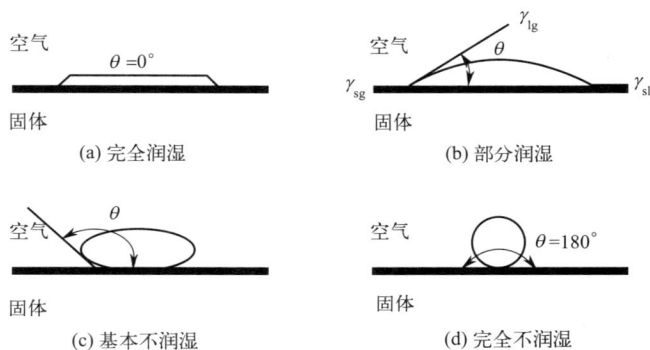

图 1　润湿与接触角

在气、液、固三相交界处的气-液界面和固-液界面之间的夹角称为接触角，以 θ 表示。当 $\theta=0°$ 时，表示完全润湿；当 $90°>\theta>0°$ 时，为部分润湿；当 $180°>\theta>90°$ 时，为基本不润湿；当 $\theta=180°$ 时，为完全不润湿。

现以图 1(b) 为例，平衡时，γ_{sg}、γ_{sl}、γ_{lg} 与 θ 的关系：

$$\gamma_{sg}-\gamma_{sl}=\gamma_{lg}\cos\theta \tag{1}$$

此式即为润湿方程，即杨氏（Young）方程，由式(1) 可得如式(2) 所示公式：

$$\left.\begin{array}{l} W_a=-\gamma_{lg}(\cos\theta+1) \\ W_i=-\gamma_{lg}\cos\theta \\ W_s=-\gamma_{lg}(\cos\theta-1) \end{array}\right\} \tag{2}$$

式中，W_a 为黏附功；W_i 为浸湿功；W_s 为铺展系数。

因此，测出液体的表面张力 γ_{lg} 以及接触角 θ，可求出黏附力 W_a、浸湿功 W_i 和铺展系数 W_s。

由式(2) 可知，接触角的大小可用来判断润湿的程度，关系如下：$\theta\leqslant180°$ 为沾湿，$\theta\leqslant90°$ 为浸湿，$\theta\leqslant0°$ 为铺展。

可通过液体在固体表面达到受力平衡时形成的接触角的大小来判断是否润湿。当 $\theta>90°$ 时，为润湿；$\theta<90°$ 时，则为不润湿；$\theta=0°$ 时，则为铺展。

用接触角测定仪测定接触角时，用微量注射器取一定量被测液体，滴在固体平面上，再通过光学反光系统及放大系统将液滴放大，然后用镜头内的测角器测定其接触角的大小。

三、仪器与药品

（1）仪器：接触角测定仪、涂蜡玻璃板、微量注射器、钢片、涤纶薄片、聚乙烯片等。
（2）药品：0.1%油酸钠溶液、固体石蜡等，所有试剂均为分析纯。

四、实验步骤

（1）调节水平仪，将仪器调节至水平位置。
（2）接通电源，开启仪器开关，选择滤色片，调节光栅，将光线调至适度。
（3）调节前后旋钮、升降旋钮、内平台升降旋钮，使成像板上有明显轮廓。
（4）将涂蜡玻璃板置于架板上。
（5）调节旋钮，在观测镜上找到架板和玻璃板的位置，并使成像板上的物像有清晰的水平线，使该线基本处于成像板的中心。
（6）用微量注射器滴一滴蒸馏水于玻璃板上，调节架板的位置，使玻璃板与水滴交界处物像轮廓清晰。
（7）调节活动刻度盘，使测角器的中心，即垂直线的交点与水滴物像的任意一边角定点重合，测角器的水平线与玻璃板的投影线相重合。
（8）固定测角器，用量角器的标尺测出测角器水平线的位置。
（9）转动测角器，使测角器的水平线同小液滴物像相切。
（10）调节镜头内测角器的标尺，测出液滴与平板相交处的切线，得出接触角的数值。
（11）继续测量该液滴物像另一端的接触角，按步骤（7）～（10）进行，测定每种样品应重复3次，并取其平均值。
（12）在同一块板上滴上配制好的表面活性剂溶液，按照上述步骤测其接触角的数值。
（13）将蒸馏水滴在不同材质的固体表面，按照上述步骤测其接触角的数值。

五、数据记录与处理

将实验结果记录于表1、表2中。

表 1　纯水和表面活性剂溶液在涂蜡玻璃板上的接触角

液体	接触角		
	左	右	平均
纯水			
0.1%油酸钠			

表 2　纯水在不同固体表面的接触角

固体表面	接触角		
	左	右	平均
石蜡玻璃板			
钢片			
涤纶薄片			
聚乙烯片			

六、注意事项

（1）取样量的多少会影响测定结果，一般测定前应选择较为合适的进样量；在测定过程中，应在进样量相同的情况下测定同种样品。

（2）对于含有表面活性剂溶液的样品，测定应尽可能快。

（3）若由于液滴放置的位置，使其在观测镜中的投影轮廓无法与底线同时调至清晰时，可以不管其他部分是否清晰。

（4）有关接触角测定仪的构造、部件名称以及光路图可参考该仪器的使用说明书。

七、思考题

（1）水中加入表面活性剂后会使水与石蜡界面的接触角变小，为什么？

（2）温度的变化以及进样量的大小如何影响接触角的大小？

（3）液体在固体表面的接触角与哪些因素有关？

八、课外拓展

接触角的大小决定着材料的亲水性和疏水性，2018 年 3 月，科研人员从大自然中的水稻叶子和猪笼草获得启发，开发出一种既能够快速收集空气中水分，又能使水分快速脱落便于收集的材料。一般的亲水表面容易吸收空气中的水蒸气和小水滴，但会形成一层液膜，阻碍水分的有效收集。开发出有效收集空气中水分并使其从表面快速脱落的材料，有望为缺水地区提供更多淡水资源。

研究人员采用一种被称为 PDMS 的亲水性液体润滑剂修饰固体表面，让固体表面具有亲水性质，能够快速收集空气中水分。由于液体润滑剂具有良好的流动性，可使液滴迅速滑落并被收集。研究人员还采用粗糙表面，加大其表面积以收集更多的水。测试结果证实，这种亲水粗糙表面能快速收集空气中的水分，并做到"滴水不沾"。这种材料与超疏水表面不同，不需要依赖空气来帮助水滴脱落，且其集水效率达到现有超疏水材料的 3 倍以上。这项技术可应用于各种固体材料表面，比如低成本的塑料和金属等，制成的高效集水材料有望用于海水淡化、冷凝换热和淡水收集等领域。

"亲水"和"疏水"本是相互矛盾的一对作用，但从科学发展的角度，应辩证地去看待，矛盾的双方既统一又对立，才能促进事物由低级向高级发展。

实验 18 ▶▶

BET 容量法测定固体比表面积

一、实验目的

（1）了解 BET 多分子层吸附理论及 BET 容量法测定固体比表面积的基本原理。

（2）学习 BET 物理吸附仪的工作原理并熟悉使用方法。

（3）通过纳米材料的学习，培养创新思维。

二、实验原理

吸附是指在相界面上的分子凝集，包括固体或液体表面对气体或其他溶质的吸附。有吸附作用的物质称为吸附剂，被吸附的物质为吸附质。根据吸附剂和吸附质之间作用力的不同，吸附可分为物理吸附和化学吸附。物理吸附是吸附剂和吸附质主要以分子间作用力（范德华力、氢键、静电作用）为主的吸附，可以发生单层或多层吸附，但吸附不稳定，易解吸；化学吸附时，吸附剂和吸附质发生电子转移，有新的化学键形成，仅能形成单层吸附，吸附较稳定，不易解吸。

固体的比表面积是指单位质量物料所具有的总面积，包括外表面和内表面，其数值与分散粒子的大小有关，是评价粉末及多孔性材料的重要物理参数，在工业领域与学术领域都有着广泛的应用。测定固体物质比表面积的方法主要包括溶液吸附法、BET 容量法、气相色谱法、电子显微术等，本实验采用 BET 容量法。

1916 年朗缪尔提出了建立在单分子层上的吸附理论。该理论指出吸附剂达到饱和吸附时，吸附质分子在吸附剂的内外表面形成完整的单分子吸附层。此时将所吸附的吸附质分子数乘以单个分子所占据的面积即得到吸附剂的表面积。但在实际物理吸附过程中，大多数都不是单分子层吸附。于是在 1938 年，于朗缪尔吸附理论的基础上，布龙瑙尔（Brunauer）、埃梅特（Emmett）和特勒（Teller）三人提出多分子层吸附理论，称为 BET 多分子层吸附理论。该理论有 4 个前提假设：

① 吸附剂表面是均匀的；

② 同一层的吸附质分子间无任何相互作用；

③ 吸附可以是多层的且第二层以上的吸附热等于吸附质的液化热；

④ 当吸附与解吸速率相等时，达到吸附平衡。

根据上述假设，可推导出 BET 吸附公式：

$$\frac{p}{V(p_s - p)} = \frac{1}{CV_m} - \frac{C-1}{CV_m} \times \frac{p}{p_s} \tag{1}$$

式中，p 为平衡压力，Pa；p_s 为达到吸附平衡时对应温度下吸附质的饱和蒸气压，Pa；V 为标准状况下达到吸附平衡时的吸附量，mL；V_m 为标准状况下以单分子层吸附达到饱和吸附时所需的吸附质体积，mL；C 为常数，与吸附热、液化热、温度相关。

该公式适用于相对压力 p/p_s 在 0.05～0.35 范围内的情况。若 $p/p_s < 0.05$，压力太小，仅能实现单分子层的物理吸附；当 $p/p_s > 0.35$，则毛细凝聚作用占主导，多分子层物理吸附结构被破坏。

通过实验可测得一系列 p 和 V，以式（1）中左侧 $\frac{p}{V(p_s - p)}$ 对右侧 p/p_s 作图得一条直线，斜率为 $(C-1)/CV_m$，截距为 $1/CV_m$，由此可计算出 V_m。此时吸附剂的比表面积（$m^2 \cdot g^{-1}$）可由式（2）计算：

$$S = 22414 \times \frac{V_m L \sigma}{m \times 22414 \text{ mL} \cdot \text{mol}^{-1}} \tag{2}$$

式中，L 为阿伏伽德罗常数，6.022×10^{23}，mol^{-1}；σ 为单个吸附质分子的截面积，m^2；m 为吸附剂的质量，g。本实验以氮气为吸附质，温度为 78 K 时，$\sigma = 16.2 \times 10^{-20} \text{ m}^2$，

将此代入上述公式得：

$$S = 4.36 \times \frac{V_m}{m} \tag{3}$$

以 BET 容量法测量固体的比表面积最好选择比表面积为 $100 \sim 1000$ m$^2 \cdot$ g^{-1} 的样品。在测试前需活化样品，除去其表面上已经吸附的气体分子，以保证测试结果的准确度。本实验选取微球硅胶作吸附剂，它需在 150 ℃下活化 1 h 以上，真空压力$<10^{-2}$ Pa。

三、仪器与药品

（1）仪器：全自动物理吸附仪等。

（2）药品：微球硅胶若干，高纯氮气、液氮、氦气等，所有试剂均为分析纯。

四、实验步骤

根据仪器操作手册开机调试好仪器。

（1）称量样品

取 1 支干净的样品管并准确称量其质量，称取 $0.2 \sim 0.3$ g 微球硅胶小心加入样品管，再次称重。

（2）活化样品

将装有微球硅胶的样品管连接到仪器的活化口进行活化，温度设置为 150 ℃，时间为 $1 \sim 2$ h。

（3）设置相关参数

参照操作手册设置好测量文件的相关参数，开始测量。

（4）校准样品质量

测量结束后取出样品管再次准确称重，进行样品质量校准，得到微球硅胶样品的准确质量 m。

（5）打印报告

选定本次测试的实验结果并打印。

五、数据记录与处理

根据测试得到的系列平衡压力 p 及对应的吸附量 V，绘制 $\dfrac{p}{V(p_s - p)}$ 对 p/p_s 的直线图，由直线的斜率和截距计算出 V_m，代入对应公式得到微球硅胶的比表面积。

六、注意事项

（1）称取的微球硅胶的量不应过多或过少。

（2）活化样品时必须达到对应的温度和时间。

七、思考题

（1）测试吸附量时如何判定已达到吸附平衡？

（2）实验中容易产生误差的环节有哪些？应怎样避免？

八、课外拓展

美国科学家通过对佛罗里达州的海龟产卵研究，发现了一个非常有趣的现象：大海龟一般要在佛罗里达州海边的沙滩上产卵，而小海龟则必须游到大西洋另一侧，在靠近英国的一个小岛附近的海域去寻找食物，维持生活，然后回到佛罗里达州海边的沙滩上产卵。海龟来回的路线不一样，但是，海龟却能准确无误地完成几万公里的迁移，为海龟导航的是什么？

研究发现，其实是海龟头部的有磁性的纳米微粒在起作用。纳米是现在最热门的话题，什么是纳米？

其实，纳米（nm）是一个长度单位，1 nm 等于 10^{-9} m，而纳米粒子的尺度一般定义为 1～100 nm，当微粒的尺寸进入纳米量级时，物质的性能也发生了翻天覆地的变化：

① 小尺寸效应。当超微粒子的尺寸达到纳米量级时，声、光、电、磁、热力学等特性都会出现新的尺寸效应。例如，光吸收显著增加并产生吸收峰的等离子共振频移；磁的有序态向磁的无序态转变；超导相向正常相转变；等等。

② 表面效应。纳米微粒的尺寸小，比表面积大，位于表面的原子所占比例也大，而且随着微粒直径的增大，表面原子数急剧增加，从而大大增加了纳米粒子的活性。例如，金属纳米粒子在空气中会燃烧，无机材料的纳米粒子暴露在大气中会吸附气体，并与气体进行反应。

③ 量子效应。随着半导体颗粒尺寸的减小，价带和导带之间的带隙有可能增大，发光的颜色也发生变化。例如，1994 年，美国加利福尼亚伯克利空间科学实验室就制备出了纳米 CdSe 颗粒，其颜色可以在红、绿、蓝之间变化。

目前，纳米材料（图 1）和纳米技术是研究的热点，也正处于研究的重大突破时期。例如，创造硅微型昆虫，用人造昆虫在温室传播花粉，杀死害虫；医生用纳米机器人疏通脑血栓、清洁心脏动脉脂肪的沉积物；制备的纳米陶瓷氟化钙和二氧化钛等，具有良好的韧性；等等。

图 1　纳米材料的扫描电子显微镜（SEM）图

实验 19 ▶▶
最大泡压法测定溶液的表面张力

一、实验目的

（1）了解最大泡压法测定溶液表面张力的原理。
（2）熟悉最大泡压法测定溶液表面张力的技术。
（3）测定不同浓度的正丁醇水溶液表面张力及溶液表面饱和吸附量。
（4）通过太空课堂故事，培养科技自信和家国情怀。

二、实验原理

溶液的表面存在一种使液面收缩的力，称为表面张力。液体内部分子对表面分子的引力大于气体分子对于表面层的引力，从而合力垂直指向液体内部，使得表面层分子有向内部运动的趋势，宏观上则表现为表面张力。当加入溶质形成溶液后，表面张力会发生变化，有的溶质使溶液的表面张力增大，此时溶质在溶液表面的浓度比在溶液内部的浓度低；有的溶质则导致表面张力降低，溶液表面的浓度比溶液内部高。这种溶质在溶液表面和内部浓度不同的现象称为溶液的表面吸附。在特定的温度和压力下，溶液表面对溶质的吸附量（Γ）、溶液的表面张力（γ）及浓度（c）之间符合吉布斯吸附方程：

$$\Gamma = -\frac{c}{RT}\left(\frac{\mathrm{d}\gamma}{\mathrm{d}c}\right)_T \tag{1}$$

式中，R 为摩尔气体常数；T 为热力学温度。当 $\left(\dfrac{\mathrm{d}\gamma}{\mathrm{d}c}\right)_T < 0$ 时，$\Gamma > 0$，为正吸附，此时溶质在溶液表面的浓度越高，溶液的表面张力越小，这类溶质称为表面活性物质；当 $\left(\dfrac{\mathrm{d}\gamma}{\mathrm{d}c}\right)_T > 0$ 时，$\Gamma < 0$，为负吸附，这类溶质则称为非表面活性物质。

表面活性物质通常具有一个非极性疏水基团和极性亲水基团。以水溶液表面为例，在水溶液的表层，极性基团指向水溶液内部，疏水基团则指向空气。同时，不同浓度的表面活性物质在溶液表面的排列方式也不同。如图 1 所示，当浓度很低时，溶质分子在液面和内部近似随机分布（a）；随着浓度的增大，分子开始在液面有序排列（b）；浓度进一步增大，溶液表面完全被溶质分子占据，形成饱和吸附层（c）。

在实验中，测出不同浓度（c）的表面活性物质的表面张力（γ），绘出 γ-c 曲线，如图 2(a) 所示。于该曲线上任取一点 a 作切线和平行于横坐标的直线分别与纵坐标交于 b、d。令 $b - d = Z$，则 $Z = -c\left(\dfrac{\mathrm{d}\gamma}{\mathrm{d}c}\right)_T$，代入式（1）得 $\Gamma = \dfrac{Z}{RT}$。在 γ-c 曲线上取一系列点可得对应的吸附量 Γ，再以 Γ 对浓度 c 作图可得 Γ-c 曲线，如图 2(b) 所示。

实验表明，吸附量 Γ 和浓度 c 的关系可用朗缪尔吸附方程来描述：

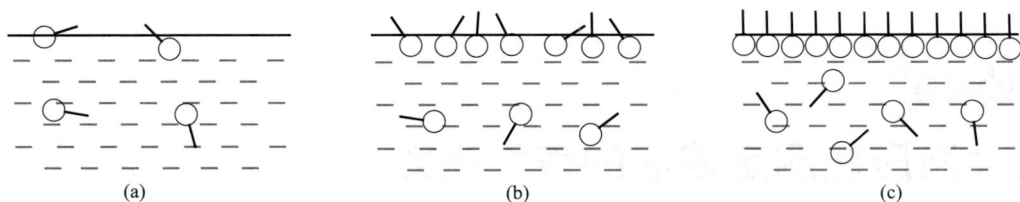

图 1　被吸附分子在溶液表面排列情况示意图

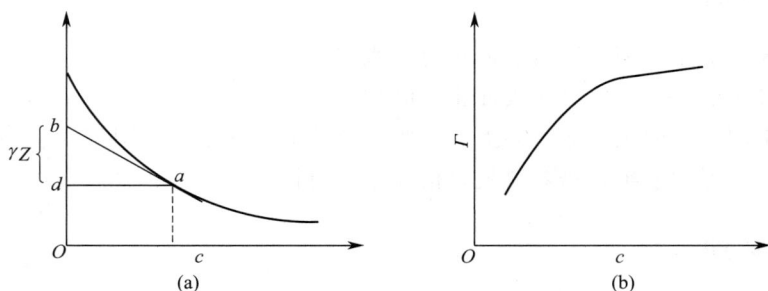

图 2　$\gamma\text{-}c$ 曲线和 $\Gamma\text{-}c$ 曲线

$$\Gamma = \Gamma_\infty bc / (1+bc) \tag{2}$$

式中，b 为经验常数；c 为达到吸附平衡时的浓度；Γ_∞ 为饱和吸附量。将该方程式变换后得：

$$\frac{c}{\Gamma} = \frac{1}{\Gamma_\infty}c + \frac{1}{b\Gamma_\infty} \tag{3}$$

同样以 $\dfrac{c}{\Gamma}$ 对 c 作图可得一直线，斜率为 $\dfrac{1}{\Gamma_\infty}$。

本实验采用最大泡压法测定溶液的表面张力。实验装置示意图见图 3，首先将毛细管的端面与液面相切，液面即沿毛细管上升。关闭活塞 B，打开活塞 A 使水流入锥形瓶中，此时锥形瓶内气压渐渐增大，逐渐将毛细管中液面压至管口形成气泡。气泡的体积逐渐增大时，其曲率半径逐渐变小。当气泡为半球形时，其半径等于毛细管半径 R，此时曲率半径最小，附加压力 Δp 最大。压差的最大值可从数字压差计直接得出。

$$\Delta p = p - p_0 = \frac{2\gamma}{R} \tag{4}$$

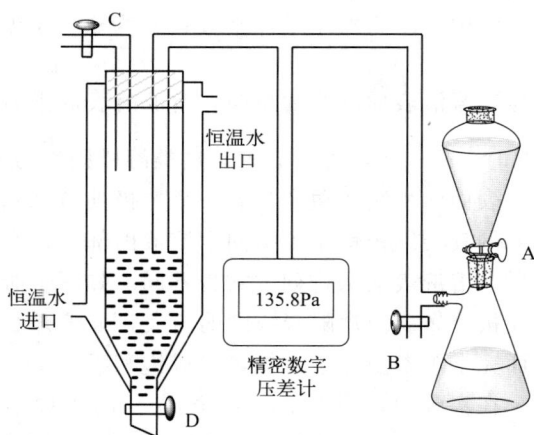

图 3　表面张力测定装置示意图

若无数字压差计可用 U 形压差计代替，实验过程中的最大压力差可表示如下：

$$\Delta p = \rho g \Delta h \tag{5}$$

式中，ρ 为 U 形压差计中液体的密度；g 为重力加速度。

代入式(4)，得：

$$\rho g \Delta h = \frac{2\gamma}{R} \tag{6}$$

则：

$$\gamma = \frac{R}{2}\rho g \Delta h = K \Delta h \tag{7}$$

对于固定的仪器和毛细管来说，K 是固定常数，可用表面张力已知的液体来标定。两种不同液体的表面张力为 γ_1 和 γ_2，测得的液柱高度差分别为 Δh_1 和 Δh_2，则：

$$\frac{\gamma_1}{\gamma_2} = \frac{\Delta h_1}{\Delta h_2} \tag{8}$$

知道其中一种液体的表面张力 γ_1 即可计算出另一种液体的表面张力 γ_2：

$$\gamma_2 = \frac{\gamma_1 \Delta h_2}{\Delta h_1} \tag{9}$$

若直接使用精密数字压差计，则：

$$\gamma_2 = \frac{\gamma_1 \Delta p_2}{\Delta p_1} \tag{10}$$

三、仪器与药品

(1) 仪器：表面张力测定装置、精密数字压差计（或 U 形压差计）、恒温槽等。

(2) 药品：正丁醇水溶液（0.01 mol·L^{-1}、0.02 mol·L^{-1}、0.05 mol·L^{-1}、0.1 mol·L^{-1}、0.2 mol·L^{-1}、0.5 mol·L^{-1}、1.0 mol·L^{-1}），所有试剂均为分析纯。

四、实验步骤

(1) 安装装置并检漏

按照示意图安装好测定装置。关闭活塞 B、C、D，在漏斗中装满水，打开活塞 A 放水至锥形瓶中，当压力差达到 500 Pa 或者 5 cm 高度差后关闭活塞 A，保持 5 min。若压力差变化说明体系漏气，仔细检查，排除漏气点。若体系压力差保持则打开活塞 C，备用。

(2) 在恒温水进口接上（25.0±0.1）℃的恒温水循环，然后加入适量的待测液体至液面刚好和毛细管口相切，恒温预热 10 min。

(3) 打开活塞 A 使水缓缓滴入锥形瓶中，体系压力开始增大。继续滴加时，毛细管口逐渐有气泡冒出，小心调节滴加速度使气泡逸出间隔为 5～10s，读出压差计的最大值 Δp。每隔 2 min 读一次，连续测量 3～4 次。

(4) 用同样的步骤测量不同浓度溶液的最大压差值。注意每次更换溶液时需用待测液洗涤测试管内壁及毛细管 2～3 次，洗涤过程中注意保护好毛细管下端口的平整。

五、数据记录与处理

(1) 将实验结果记录表 1 中。

表1 数据记录表

溶液浓度/(mol·L^{-1})	最大压差/Pa			
	1	2	3	平均值
0.01				
0.02				
0.05				
0.1				
0.2				
0.5				
1.0				

（2）利用 25 ℃时纯水的表面张力（0.07197 N·m^{-1}）计算出各浓度的正丁醇水溶液的 γ。

（3）在专用坐标纸上绘制出 γ-c 曲线（需使用曲线板绘制）。在光滑的曲线上平均取 6～7 个点，作切线求出 Z 值并计算 Γ 与 $\dfrac{c}{\Gamma}$。

（4）以 $\dfrac{c}{\Gamma}$ 对 c 作图得一直线，由直线的斜率求出 Γ_∞。

六、思考题

（1）本实验的实验要点有哪些？

（2）毛细管管口若不平整对实验有何影响？

（3）测定不同浓度溶液的表面张力时，测试顺序是由稀到浓还是由浓到稀？

七、课外拓展

　　水作为一种日常生活中最常见的液体，具有非常大的表面张力。如水龙头滴落的水珠总是倾向形成球形以获得最小的表面积；用玻璃杯装满水时，水面会高出玻璃杯口。2013 年 6 月 20 日神舟十号航天员王亚平在太空中为地面的中小学生带来了一场生动有趣的"太空课堂"，其中就有展示水的表面张力的环节：将一铁环浸没于水中，然后缓缓拿出，由于失重环境下表面张力占主导作用，水在铁环上形成一层水膜；继续向水膜中注水，同样由于表面张力，水膜逐渐变大成一个圆形水球。

　　当在水中加入表面活性剂时，水的表面张力变小，表层水分子向内收缩的力也变小。最直观的例子就是用泡泡水能吹出各种大小的泡泡，但无法用纯水吹出同样的气泡。

实验 20 ▶▶

黏度法测定高聚物的分子量

一、实验目的

（1）了解黏度法测定高聚物分子量的基本原理。

（2）掌握乌氏黏度计测定黏度的方法。

（3）掌握用 Origin 或 Excel 处理实验数据和计算聚乙二醇的黏均分子量的方法。

（4）了解乌氏黏度计的研究发明过程，培养科研创新思维。

二、实验原理

聚合物的分子量是一个统计的平均值。黏度法测定高聚物分子量适用的分子量范围为 $1\times10^{4}\sim1\times10^{7}$，方法类型属于相对法。

用黏度法求得的平均分子量称为黏均分子量。高聚物在稀溶液中的黏度，主要反映了液体在流动时存在着内摩擦，包括溶剂分子之间的内摩擦、高聚物分子之间的内摩擦，以及高分子与溶剂分子之间的内摩擦。其中因溶剂分子之间的内摩擦表现出来的黏度称为纯溶剂的黏度，记作 η_0；三者之总和表现为溶液的黏度 η。在同一温度下，其溶液黏度较溶剂黏度增加的分数，称为增比黏度，记作 η_{sp}，即：

$$\eta_{sp}=\frac{\eta-\eta_0}{\eta_0} \tag{1}$$

而溶液黏度与纯溶剂黏度的比值称为相对黏度，记作 η_r，即：

$$\eta_r=\frac{\eta}{\eta_0} \tag{2}$$

η_r 表示整个溶液的黏度行为，η_{sp} 则意味着已扣除了溶剂分子之间的内摩擦效应。两者有如下关系：

$$\eta_{sp}=\frac{\eta}{\eta_0}-1=\eta_r-1 \tag{3}$$

对于高分子溶液，增比黏度 η_{sp} 往往随溶液浓度 c 的增加而增加。为了便于比较，将单位浓度下所显示出的增比黏度，即 η_{sp}/c 称为比浓黏度；$\ln\eta_r/c$ 称为比浓对数黏度。η_r 和 η_{sp} 无纲量。在足够稀的溶液中有：

$$\eta_{sp}/c=[\eta]+k[\eta]^2c \tag{4}$$

$$(\ln\eta_r)/c=[\eta]+\beta[\eta]^2c \tag{5}$$

以 η_{sp}/c 及 $(\ln\eta_r)/c$ 对 c 作图得两条直线，这两条直线在纵坐标上交于一点（如图 1 所示），可求出特性黏度 $[\eta]$。

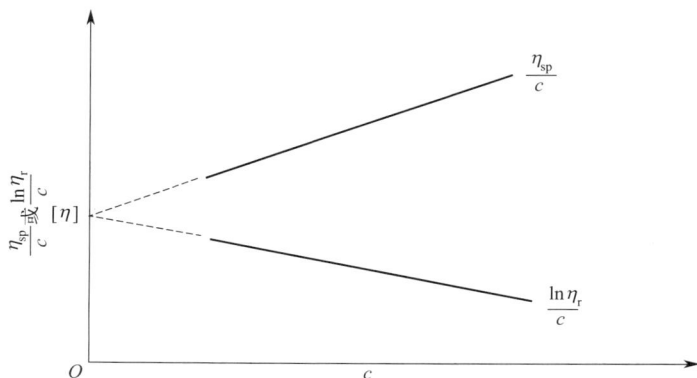

图 1　外推法求特性黏度 $[\eta]$

若温度和溶剂已确定，$[\eta]$ 的数值只与高聚物黏均分子量 M 有关，它们之间的半经验关系可用 Mark-Houwink 方程表示：

$$[\eta] = KM^{\alpha} \tag{6}$$

式中，K 为比例常数；α 是与分子形状有关的经验常数。它们都与温度、聚合物和溶剂性质有关，在一定的分子量范围内与分子量无关。聚乙二醇水溶液在 30 ℃的 K 为 12.5×10^{-3} mL·g^{-1}，α 为 0.78。

本实验采用毛细管黏度计测定高聚物的 $[\eta]$。

当液体在毛细管黏度计内因重力作用而流出时，流体流动可看作层流流动，其遵守泊肃叶方程，据此可进一步推导出下列关系：

$$\frac{\eta}{\rho} = \frac{\pi h g r^4 t}{8lV} - m\frac{V}{8\pi lt} \tag{7}$$

式中，ρ 为液体的密度，kg·m^{-3}；l 是毛细管长度，m；r 是毛细管半径，m；t 是流出时间，s；h 是流经毛细管液体的平均液柱高度，m；g 为重力加速度，m·s^{-2}；V 是流经毛细管的液体体积，m^3；m 是与仪器的几何形状有关的常数，在 $\frac{r}{l} \ll 1$ 时，可取 $m = 1$。

对某支指定的黏度计而言，式(4)可改写为如下形式：

$$\frac{\eta}{\rho} = At - \frac{B}{t} \tag{8}$$

式中 $B < 1$，当 $t > 100$ s 时，等式右边第二项可以忽略。设溶液的密度 ρ 与溶剂密度 ρ_0 近似相等。这样，通过测定溶液和溶剂的流出时间 t 和 t_0，就可求算 η_r：

$$\eta_r = \frac{\eta}{\eta_0} = \frac{t}{t_0} \tag{9}$$

三、仪器与药品

（1）仪器：恒温槽、乌氏黏度计（直径 0.55 cm）、移液管（10 mL、5 mL）、洗耳球、止水夹、橡胶管（2 根）等。

（2）药品：0.04 g·mL^{-1} 聚乙二醇、去离子水，所有试剂均为分析纯。

四、实验步骤

本实验用的乌氏黏度计（图 2），又叫气承悬柱式黏度计。它的最大优点是可以在黏度计里逐渐稀释溶液从而节约许多操作手续。

（1）实验前的准备工作

① 先用洗液将黏度计洗净，再用自来水、去离子水、无水乙醇分别冲洗几次，每次都要注意反复冲洗毛细管部分，洗好后烘干备用。

② 调节恒温槽温度至（30.0±0.1）℃，在黏度计的 C 管上套上橡胶管，然后将其垂直放入恒温槽，使水面完全浸没球 1。

（2）溶剂流出时间 t_0 的测定

用去离子水洗净黏度计，尤其要反复流洗黏度计的毛细管部分。

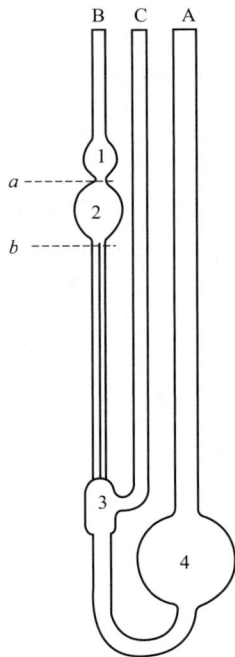

图 2　乌氏黏度计

然后由 A 管加入约 15 mL 去离子水。恒温 5 min，进行测定。测定方法如下：

将 C 管用夹子夹紧使之不通气，在 B 管用洗耳球将溶液从球 4 经球 3、毛细管、球 2 抽至球 1 的 2/3 处，解去夹子，让 C 管通大气，此时球 3 内的溶液即回入球 4，使毛细管以下的液体悬空，毛细管以上的液体下落。当液面流经 a 刻度时，立即按表开始计时，当液面降至 b 刻度时，再按表停止计时，测得 a、b 刻度之间的液体流经毛细管所需时间。重复这一操作至少 2 次，当 2 次数值相差不大于 0.2 s 时，取 2 次的平均值为 t_0。

（3）溶液流出时间的测定

用移液管吸取 6 mL 0.04 g·mL^{-1} 的聚乙二醇溶液，由 A 管注入黏度计中，在 B 管处用洗耳球将溶液吸至球 1，再吹下至球 3，反复 3 次，使溶液混合均匀，浓度记为 c_1，恒温 5 min，再进行测定。测定方法如下：

将 C 管用夹子夹紧使之不通气，在 B 管用洗耳球将溶液从球 4 经球 3、毛细管、球 2 抽至球 1 的 2/3 处，解去夹子，让 C 管通大气，此时球 3 内的溶液即回入球 4，使毛细管以下的液体悬空，毛细管以上的液体下落。当液面流经 a 刻度时，立即按表开始计时，当液面降至 b 刻度时，再按表停止计时，测得 a、b 刻度之间的液体流经毛细管所需时间。重复这一操作至少 2 次，当 2 次数值相差不大于 0.2 s 时，取 2 次的平均值为 t_1。

依次由 A 管用移液管加入 3 mL、3 mL、3 mL 去离子水，将溶液稀释，使溶液浓度分别为 c_2、c_3、c_4，用同法测定每份溶液流经毛细管的时间 t_2、t_3、t_4。应注意每次加入去离子水后，要充分混合均匀，并抽洗黏度计的球 1 和球 2，使黏度计内溶液各处的浓度相等。

实验完毕后，黏度计用去离子水或洗涤剂洗涤干净。

五、数据记录与处理

（1）数据记录

溶剂流出时间 t_0 和溶液流出时间 t 的测定数据记于表 1 中。

表 1　数据记录表

原始浓度：___0.04___ g·mL^{-1}；恒温温度：___30___ ℃

项目	第一次测量值	第二次测量值	平均值
t_0			
t_1			
t_2			
t_3			
t_4			

（2）数据处理

根据相关公式计算出 η_r、η_{sp}、η_{sp}/c、$\ln\eta_r$、$(\ln\eta_r)/c$ 的数值，并填入表 2 中。

表 2　数据处理表

项目	t_0	t_1	t_2	t_3	t_4
c					
η_r					
$\eta_{sp}=\eta_r-1$					
η_{sp}/c					
$\ln\eta_r$					
$(\ln\eta_r)/c$					

① 以 η_{sp}/c 及 $(\ln\eta_r)/c$ 对 c 作图，并外推到 $c \to 0$，由截距求出 $[\eta]$。

② 将求出的 $[\eta]$ 代入 $[\eta] = KM^\alpha$ 中，计算出所测高聚物试样的黏均分子量。

六、注意事项

（1）本实验溶液的稀释是直接在黏度计中进行的，因此每加入一次溶剂进行稀释时必须混合均匀，并抽洗球 1 和球 2。

（2）用洗耳球抽提液体时，要避免气泡进入毛细管以及球 1、2 内，若有气泡则要让液体流回球 4 后，重新抽提。

（3）实验过程中恒温槽的温度要恒定，溶液每次稀释且恒温后才能测定。

（4）测定时黏度计要垂直放置，实验过程中不要振动黏度计，否则，影响实验结果的准确性。

（5）高聚物在溶剂中溶解比较缓慢，在配制溶液时一定要完全溶解，否则将影响溶液的原始浓度而导致结果偏低。

（6）用洗耳球抽提溶液时一定不要将溶液吸到洗耳球内。

（7）对于黏度计，有时微量的灰尘、油污等会产生局部的堵塞现象，影响溶液在毛细管中的流速，从而导致较大的误差。因此，黏度计必须洁净，如毛细管壁上若挂有水珠，需用洗液浸泡（洗液经砂芯漏斗过滤除去微粒杂质）；高聚物溶液中若有絮状物，则不能将它直接移入黏度计中，应用干净且干燥的砂芯漏斗过滤后方可使用；检查洗耳球里面是否有污染物，不要让污染物堵塞毛细管。

七、思考题

（1）乌氏黏度计中的支管 C 的作用是什么？能否去除 C 管改为双管黏度计使用？为什么？

（2）黏度计毛细管的粗细对实验有什么影响？

（3）黏度法测定高聚物的分子量有何局限性？该法适用的聚合物的分子量范围大致是多少？

（4）列出影响本实验测定准确度的因素。

八、课外拓展

乌氏黏度计简单易用，是实验室中常用的黏度测量设备之一。乌氏黏度计有多种使用标准，包括国际标准化组织（ISO）和美国国家标准与技术研究院（NIST）等机构制订的标准。这些标准旨在确保在不同设备下进行的黏度测量结果具有可比性和准确性。下面是其中一些乌氏黏度计的相关国际标准：

① ISO 3104:1994。液体石油产品黏度的测定方法，规定了使用乌氏黏度计的测试程序，测定石油液体产品的黏度。

② ISO 3105:1994。黏度的测定-使用玻璃管乌氏黏度计对新鲜涂料的测定方法，这项标准规定了如何使用乌氏黏度计测量新鲜涂料的黏度。

③ ASTM D7945-21。天然气流体黏度的实验室测定方法，这个标准规定了使用乌氏黏度计测量天然气的流体动力学黏度的方法。

乌氏黏度计的标准化也为实验室之间的技术交流提供了方便，遵循国际公认的标准进行测量能够确保测量结果的一致性，可以使得实验室所得数据更具有可比性。

实验 21 ▸▸

溶胶的制备及 ζ 电势与电解质聚沉值的测定

一、实验目的

（1）掌握 $Fe(OH)_3$ 溶胶的制备及纯化方法。
（2）熟悉电泳的原理并测定 $Fe(OH)_3$ 溶胶的 ζ 电势。
（3）测定电解质的聚沉值。
（4）了解珍珠的形成，培养科研思维。

二、实验原理

（1）胶体的扩散双电层模型和 ζ 电势

胶体溶液是一种多相混合物，主要由 1～100 nm 粒度的胶粒（分散相）与溶剂介质（分散介质）组成。胶体溶液作为一种热力学不稳定体系，其稳定性受到溶剂类型及分子大小、酸碱性、静电力、温度等因素的影响。胶粒中心是由许多分子聚集而成的固体颗粒，称为胶核，其表面通常会附着一定量的带电离子而带电，由于静电力又会吸附一部分带相反电荷的离子（反离子），形成吸附层。在静电力或范德华力等作用下，胶核周围分散介质中剩余的反离子扩散并聚集到胶核附近，随着与吸附层外层界面的距离增大，反离子浓度逐步减小至零，从吸附层外界面到反离子浓度为零的区域称为扩散层。吸附层和扩散层共同构成了胶体的扩散双电层结构，如图 1 所示。

虽然胶粒带有一定量的电荷，但分散介质中带有等量的相反电荷，整个胶体分散体系表现为电中性。若对胶体溶液施加外加电场，带电胶粒将携带周围区域的扩散层向异性电极方向移动，带电胶粒与溶剂介质发生了相对运动，将在运动的分界面产生一个电势，称为 ζ 电势。ζ 电势是表征胶体溶液体系稳定性的重要物理参数，其

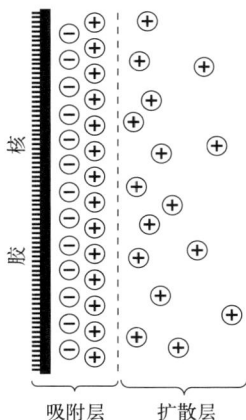
图 1 扩散双电层结构示意图

值越大，则胶体体系越稳定；ζ 电势越小，则胶体的稳定性越差，表现为易发生聚沉。ζ 电势的值受多种因素的影响，包括胶粒体积的大小、荷电量、浓度及分散介质、温度、pH 等。

（2）电泳法测定 ζ 电势

电泳是指在外加电场的作用下，带电胶粒向带相反电性的电极移动（具体移动方向取决于胶粒本身所带电荷），胶粒与分散介质发生相对运动的现象。电泳法分宏观法和微观法。

宏观法通过观察胶体溶液与另一种不含胶粒的导电液体的分界面在电场中的移动速率，适用于高分散的溶胶体系［如 $Fe(OH)_3$ 溶胶和 As_2S_3 溶胶］或浓度过高的溶胶体系。微观法则直接观察单一胶粒在电场中的移动速率，适用于颜色较浅或浓度较稀的溶胶体系。本实验选取 $Fe(OH)_3$ 溶胶，以宏观法测定其 ζ 电势。

测量 $Fe(OH)_3$ 溶胶的 ζ 电势，计算公式如下：

$$\zeta = \frac{\eta\mu}{\varepsilon E} \tag{1}$$

式中，η 为水的黏度，$Pa \cdot s$，不同温度下水的黏度请查阅附录 13；μ 为电泳速率，$m \cdot s^{-1}$，$\mu = h/t$，h 为 t 时间内胶体界面均匀移动的距离；ε 为分散介质的相对介电常数，$\varepsilon = \varepsilon_0\varepsilon_r$，$\varepsilon_0$ 为真空中的介电常数，$\varepsilon_0 = 8.854 \times 10^{-12}$ $F \cdot m^{-1}$，ε_r 为分散介质的相对介电常数，若介质为水则取 81.0；E 为单位长度上的电场强度，$E = U/L$，U 为所施加的电压，L 为两电极之间的距离。

（3）聚沉值

胶体溶液作为一种高度分散的热力学不稳定体系，具有高分散性，这使得其界面能较高，胶核易自发聚集导致沉聚。同时由于胶粒所带电荷之间的同性排斥、溶剂化作用及布朗运动等因素，溶胶体系在一定条件下又能相对稳定存在。在溶胶体系中加入适量电解质可以中和胶核所带电荷、减弱胶核之间的静电排斥作用、降低体系的 ζ 电势，促使胶核相互聚集产生聚沉。使一定量的溶胶产生明显聚沉所需电解质的最低浓度为该电解质的聚沉值。

三、仪器与药品

（1）仪器：电泳仪、电导率仪、电泳管、铂电极（2 支）、电炉、电吹风、移液管（1 mL，3 支；10 mL，2 支）、烧杯（1000 mL，2 个；500 mL，1 个）、试管（20 支）、250 mL 锥形瓶、20 mL 量筒、100 mL 容量瓶、胶头滴管（若干）、软铁丝等。

（2）药品：0.1 mol·L^{-1} KCl 溶液、蒸馏水、20%$FeCl_3$ 溶液、2.5 mol·L^{-1} KCl 溶液、0.1 mol·L^{-1} K_2CrO_4 溶液、0.01 mol·L^{-1} $K_3[Fe(CN)_6]$ 溶液、1%$AgNO_3$ 溶液、1%KSCN 溶液、5%火棉胶溶液，所有试剂均为分析纯。

四、实验步骤

（1）制备火棉胶半透膜

取一个干燥、洁净、内壁无破损的 250 mL 锥形瓶，在通风橱中向瓶内倒入 15 mL 5% 火棉胶溶液，缓慢转动锥形瓶，使火棉胶溶液在瓶体内壁形成一层均匀液膜，多余火棉胶溶液则小心倾倒至回收瓶。缓慢转动瓶体直至乙醚完全挥发（可用电吹风在瓶口吹冷风加速乙醚挥发），火棉胶薄膜以手指轻轻触碰无黏腻感为宜。将锥形瓶正放于通风橱，向火棉胶膜与瓶壁之间缓慢注入蒸馏水直至整膜脱离瓶壁，缓慢取出膜袋并向其中注满蒸馏水，检查膜袋是否有漏洞（若有漏洞需重新制作）。制作好的半透膜袋需置于蒸馏水中备用，防止膜袋变脆影响渗析能力。

（2）$Fe(OH)_3$ 溶胶的制备及纯化

取一个干净的 500 mL 烧杯并加入 200 mL 蒸馏水，加热沸腾 2 min。用量筒量取 20 mL

20% $FeCl_3$ 溶液，缓慢滴加至沸水中，不断搅拌。滴加完毕再保持沸腾 3 min，冷却至室温即得红棕色的 $Fe(OH)_3$ 溶胶。

取 500 mL 蒸馏水加至 1000 mL 的烧杯中，加热至 60～70 ℃ 备用。将已冷却的 $Fe(OH)_3$ 溶胶加入半透膜内，袋口用线扎紧并置于先前准备的烧杯中，确保袋内溶胶全部浸没于蒸馏水中。每 0.5 h 更换一次蒸馏水，每次更换前分别取渗析液 1 mL 于两支试管中，再分别滴加 1 滴 1% $AgNO_3$ 溶液和 1% KSCN 溶液来检测 Cl^- 和 Fe^{3+}，直至检测不出为止（约 4 或 5 次）。将纯化好的 $Fe(OH)_3$ 溶胶加入干净的 500 mL 烧杯中放置一段时间进行老化，备用。

（3）测定 $Fe(OH)_3$ 溶胶的 ζ 电势

① 制备辅助液。用电导率仪测定制备好的 $Fe(OH)_3$ 溶胶的电导率，再用 0.1 mol·L^{-1} 的 KCl 溶液和蒸馏水配制电导率相同的辅助液 50 mL 备用。

② 加溶胶。取洗净烘干的电泳 U 形管并固定好，将制备待用的 $Fe(OH)_3$ 溶胶经扩口缓慢加入 U 形管至其液面高度为 U 形管竖直部分的 1/2。

③ 加辅助液。用 2 根胶头滴管沿两边的 U 形管壁同时缓慢滴加等量的 KCl 辅助液直至液面距离管口约 2 cm。注意两边辅助液柱应高度相等且与胶体溶液的分界面清晰明显。

④ 放置电极。将 2 支干净的铂电极分别插入两边辅助液中（深度适中，电极底部切勿接触分界面），在分界面的初始位置做好标记。

⑤ 电泳。装置见图 2。接通直流稳压电源，调节输出电压为 50 V，开始计时，每隔 5 min 记录一次分界面的位移距离并标好刻度标记，整个电泳时间为 30～40 min，记录最终通电时间 t。注意观察分界面的移动方向及移动的高度 h，判断胶粒所带电荷的正负。用软铁丝从 U 形管中线量出两铂电极底部之间的距离 L，用温度计测出辅助液的温度 T。

⑥ 结束。切断电源，拆除实验装置。洗净各实验仪器，烘干备用。

（4）测定电解质的聚沉值

取 5 支洗净烘干的试管并标号。先用 10 mL 移液管吸取 10 mL

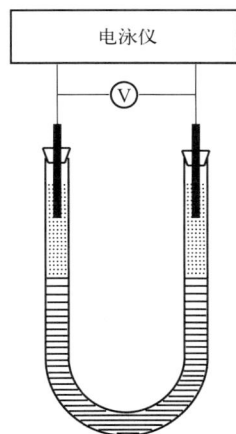

图 2　电泳装置示意图

2.5 mol·L^{-1} KCl 溶液至 1 号试管，其余 4 根试管分别加入 9 mL 蒸馏水。再用 1 mL 移液管吸取 1 号试管中的溶液至 2 号试管并摇匀。接着吸取 1 mL 2 号试管中的溶液至 3 号试管并摇匀。按照此操作直至最后一根试管时，吸取 1 mL 溶液于回收桶，此时 5 根试管内的电解质浓度依次相差 10 倍。将 5 根试管置于相同室温下，用移液管分别向每根试管中加入 1 mL $Fe(OH)_3$ 溶胶并摇匀静置，20 min 后观察试管内溶胶是否发生明显聚沉（溶液变浑浊），并记录发生聚沉的最小电解质浓度。按相同操作方法测定 0.1 mol·L^{-1} K_2CrO_4 溶液和 0.01 mol·L^{-1} $K_3[Fe(CN)_6]$ 溶液的聚沉值。

五、数据记录与处理

（1）将电泳实验数据记录于表 1 中。

表1　电泳实验数据记录表

通电时间 t/s	分界面移动距离 h/m

根据式（1）计算出胶粒的 ζ 电势。

（2）将聚沉实验数据记录于表2中。

表2　聚沉实验数据记录表

电解质	现象	聚沉值/(mol·L^{-1})	聚沉能力
KCl			
K_2CrO_4			
$K_3[Fe(CN)_6]$			

六、注意事项

（1）实验所用的所有玻璃仪器均应洗净且烘干。

（2）加辅助液至 U 形管时应缓慢，保证分界面的清晰完整。

七、思考题

（1）电泳时，带电胶粒移动速率受到哪些因素的影响？

（2）为何要求辅助液的电导率与溶胶电导率相同？

（3）如果所用仪器未洗净，残留的电解质对实验数据有何影响？

（4）在实际应用中，哪些情况下需使溶胶保持稳定状态？哪些情况下又需破坏溶胶使之聚沉？

八、课外拓展

根据分散介质的种类溶胶系统可分为三类：①以气体作为分散介质，称为气溶胶，如雾霭等；②以液体为分散介质，称为液溶胶，如本实验制作的 $Fe(OH)_3$ 溶胶；③以固体为分散介质，称为固溶胶，如珍珠、各种有色玻璃等。珍珠是在贝类的内分泌作用下而生成的各种形状的矿物，以圆形最为常见。珍珠的主要成分是碳酸钙和水，其中水以极细小的粒子（粒子直径 $10^{-9} \sim 10^{-7}$ m）形式分散于固体的碳酸钙中。

实验 22 ▶▶

电导法测定水溶性表面活性剂的临界胶束浓度

一、实验目的

（1）了解表面活性剂的特性与胶束形成的原理。

（2）掌握电导法测定十二烷基硫酸钠溶液的临界胶束浓度的原理和方法。

（3）掌握电导率仪的使用方法。

（4）培养对日常生活中表面活性剂物质性能的测定能力。

二、实验原理

表面活性剂含有固定的亲水亲油基团，其由于具有两亲性，倾向于吸附在溶液表面、两种不相混溶液体的界面、液体和固体的界面，能降低表面张力或者界面张力。表面活性剂通常分为阴离子型、阳离子型和非离子型。一般的表面活性剂都是水溶性的，广泛用于石油、纺织、农药、采矿、食品、民用洗涤等各个领域，可作为增溶剂、润湿剂、助悬剂、絮凝和反絮凝剂、起泡剂、消泡剂、抑菌剂、稳定剂等。

将表面活性剂加入水中，当浓度低时，其单体在空气-水界面上排列，降低表面张力；当表面活性剂浓度加大到一定程度时，体系中的表面活性剂单体饱和，开始自发聚集在一起形成胶束。表面活性剂分子缔合形成胶束的最低浓度即为临界胶束浓度（critical micelle concentration），简写为 CMC（图 1）。

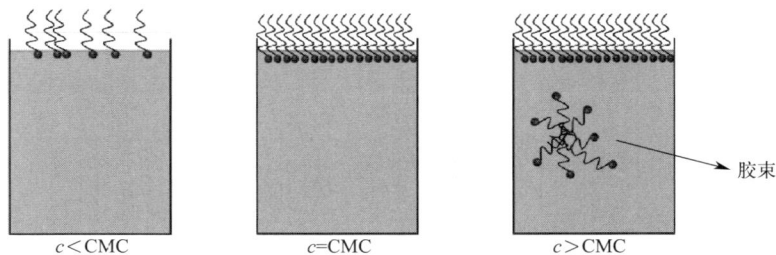

图 1 胶束的形成原因

当表面活性剂在溶液体系中形成胶束时，溶液体系的渗透压、界面张力、折射率、电导率、黏度等性质中的一种或多种会发生较为显著的改变。临界胶束浓度是表面活性剂重要的功能性相关指标之一，其测定具有重要意义。

CMC 的测定方法可分为两类：直接法和间接法。直接法是指通过表面活性剂自身的表面张力、电导率、光散射、荧光等变化测量 CMC；间接法是指向表面活性剂溶液中添加能够起到指示作用的物质，通过表面活性剂溶液中的添加物的形态性质、荧光强度、光谱形状、吸收波长、颜色变化等测定 CMC。

对于一般的电解质溶液，其导电能力由电导 G，即电阻的倒数（$1/R$）来衡量。若所用仪器的电导管电极面积为 A，电极间距为 l，则电解质溶液的电导可表示为如下形式：

$$G = \frac{1}{R} = \kappa \frac{A}{l} \tag{1}$$

式中，κ 为电导率，$S \cdot m^{-1}$，是指相距 1 m、截面积为 1 m^2 的两平行电极间放置 1 m^3 电解质溶液时所具有的电导；l/A 为电导管常数，是测量仪器的参数。

电解质溶液的导电能力与浓度有关，因此电导率 κ 和摩尔电导率 Λ_m 有下列关系：

$$\Lambda_m = \frac{\kappa}{c} \tag{2}$$

式中，Λ_m 为 1 mol 电解质溶液的导电能力，$S \cdot m^2 \cdot mol^{-1}$；$c$ 为电解质溶液的物质的量浓度，$mol \cdot m^{-3}$。

Λ_m 随电解质浓度而变，对强电解质的稀溶液：

$$\Lambda_m = \Lambda_m^\infty (1 - \beta \sqrt{c}) \tag{3}$$

式中，Λ_m^∞ 为无限稀释时的摩尔电导率，与电解质、溶剂、温度有关，在一定温度下，某表面活性剂溶液（例如十二烷基硫酸钠水溶液）的 Λ_m^∞ 为定值；β 为常数。式(3)表明在一定温度下，某表面活性剂溶液的摩尔电导率 Λ_m 与 $\sqrt{c}$ 呈线性关系。

对于离子型表面活性剂，当溶液浓度很稀时，电导的变化规律和强电解质一样，摩尔电导率 Λ_m 与 $\sqrt{c}$、电导率 κ 与 c 呈线性关系。但当溶液浓度达到临界胶束浓度时，随着胶束的生成，增加体系中表面活性剂浓度，单体的浓度不再变化，增加的是胶束的个数。由于对电导率贡献大的反离子固定于胶束的表面，它们对电导的贡献明显下降，因此溶液电导发生改变，摩尔电导率急剧下降，电导率随溶液浓度增大而增大的趋势将会变缓，这就是电导法测定表面活性剂 CMC 的依据。

因此，利用离子型表面活性剂水溶液的电导率随浓度的变化关系，作 $\kappa\text{-}c$ 曲线，由曲线的转折点即可求出 CMC 值。

三、仪器与药品

（1）仪器：DDS-307 型电导率仪、电导电极、100 mL 容量瓶（12 个）、500 mL 容量瓶、恒温水浴等。

（2）药品：十二烷基硫酸钠等，所有试剂均为分析纯。

四、实验步骤

（1）原始溶液的配制：将十二烷基硫酸钠在 80 ℃干燥 3 h，称取 7.5 g 左右，用去离子水准确配制成 500 mL 的原始溶液。

（2）待测溶液配制：分别量取 4 mL、8 mL、12 mL、14 mL、16 mL、18 mL、20 mL、24 mL、28 mL、32 mL、36 mL、40 mL 原始溶液，稀释至 100 mL，制成 12 种待测溶液，待测溶液浓度范围在 $2 \times 10^{-3} \sim 3 \times 10^{-2}$ mol·L^{-1} 之间。

（3）打开恒温槽，将待测溶液放入恒温槽，恒温至（25±0.1）℃。

（4）打开电导率仪，仪器预热 30 min。

（5）将温度补偿器旋钮对准 25 ℃，按下"校准"键，调节"校准"电位器，使数显值与所配用的电极的常数相同。实际测量时，温度补偿器旋钮调至实际温度值，仪器数显值即换算为 25 ℃时的电导率值。

（6）测量实验用水、待测溶液的电导率值。先测实验用水，再从低浓度到高浓度依次测定不同浓度表面活性剂溶液的电导率值。测量方法：将电极浸入待测溶液中，按下相应的量程键（应尽量选择读数接近满度值的量程，以减小误差，同时在改变量程时，要对仪器重新校准），仪器读数即为待测溶液的电导率值。每个溶液测量前必须恒温 10 min，每个溶液须测量 3 次，取平均值。注意每次测量前，电极都用待测溶液冲洗 2~3 次。

（7）测量完毕，关闭仪器，清洗电导池、电极和玻璃仪器，整理实验台面。

五、数据记录与处理

1. 数据记录

（1）将原始溶液配制实验的数据记录于表 1 中，并计算原始溶液的浓度。

表 1　原始溶液配制实验数据记录表

室温：＿＿＿＿＿＿＿＿；气压计读数：＿＿＿＿＿＿＿＿

溶液	容量瓶规格 /mL	称取十二烷基 硫酸钠质量/g	十二烷基硫酸钠 摩尔质量/(g·mol^{-1})	十二烷基硫酸钠 物质的量/mol	原始溶液浓度 /(mol·L^{-1})
原始溶液					

（2）将待测溶液的配制实验的数据记录于表 2 中，计算各个待测溶液的浓度。

表 2　待测溶液配制及电导率实验数据记录表

室温：＿＿＿＿＿＿＿＿；气压计读数：＿＿＿＿＿＿＿＿

编号	容量瓶规格 /mL	V(原始溶液) /mL	待测溶液浓度 /(mol·L^{-1})	待测溶液浓度 c /(mol·m^{-3})
1				
2				
3				
4				
5				
6				
7				
8				
9				
10				
11				
12				

（3）将电导率测定实验的数据列表记录（表 3），并算出每个待测溶液的平均电导率、摩尔电导率。

表 3　电导率测定实验数据记录表

室温：＿＿＿＿＿＿＿＿；气压计读数：＿＿＿＿＿＿＿＿

编号	c /(mol·m^{-3})	$\sqrt{c}$ /(mol$^{1/2}$·m$^{-3/2}$)	电导率 κ/(S·m^{-1}) 1 次测量	2 次测量	3 次测量	平均值	摩尔电导率 Λ_m /(S·m^2·mol^{-1})
0							
1							
2							
3							
4							
5							
6							
7							
8							
9							
10							
11							
12							

2. 数据处理

作 κ-c 图与 Λ_m-$\sqrt{c}$ 图，由曲线转折点确定临界胶束浓度 CMC 值。作图时应分别对图中转折点前后的数据进行线性拟合，找出两条直线，这两条直线的相交点所对应的浓度才是所求的临界胶束浓度。

六、注意事项

（1）配制溶液时须保证表面活性剂完全溶解。

（2）量取十二烷基硫酸钠溶液时，应防止振摇剧烈而产生大量气泡，影响测定。

（3）电解质溶液的电导率随温度的变化而改变，因此，在测量时应保持被测体系处于恒温条件下。

（4）使用前应清洗电导电极，清洗时两个铂片不能有机械摩擦，可用去离子水淋洗，然后将其竖直，用滤纸轻吸，将水吸净。不能用滤纸擦铂片。

（5）电极在使用前必须将水晾干，以保证溶液浓度的准确；使用过程中电极片必须完全浸入所测的溶液中；使用后，必须保持电极干燥。

（6）注意按由低到高的浓度顺序测量样品的电导率。

七、思考题

（1）试述电导法测定临界胶束浓度的原理。

（2）实验中影响临界胶束浓度的因素有哪些？

（3）如要知道所测得的临界胶束浓度是否正确，可用什么实验方法检验？

（4）能否用本实验方法测定非离子型表面活性剂的临界胶束浓度？为什么？如不能，可用何种方法测定？

八、课外拓展

表面活性剂的结构特征及发展趋势

表面活性剂分子是由非极性部分和极性部分组成的，即含有足够长的烃基的疏水性基团和亲水的极性基团，具有明显的两亲性质。表面活性剂的疏水基团一般是由长链的烃基构成，如直链烷基（$C_8 \sim C_{20}$）、支链烷基（$C_8 \sim C_{20}$）、烷基苯基（烷基碳原子数为 $8 \sim 16$）等。疏水基团的差别主要表现在碳氢链的结构变化上，差别较小，而亲水基团的种类则较多，所以表面活性剂的性质除与疏水基团的大小、形状有关外，主要还与亲水基团有关。新的功能型表面活性剂与附加的官能团的性质和位置有密切关系，对传统的表面活性剂分子结构的修饰会导致其结构形态有很大的变化。经济、多功能、性能稳定、高效的表面活性剂一直是表面活性剂工业追求的目标。表面活性剂的发展趋势：对现有大量使用的表面活性剂的生产工艺进行改造，进一步降低成本；进一步深入研究表面活性剂结构与性能的关系，开发具有特殊结构和功能的新型表面活性剂或开拓现有表面活性剂的应用领域。

V 结构化学

实验 23 ▶▶

偶极矩的测定

一、实验目的

（1）了解分子偶极矩的相关知识。

（2）掌握溶液法测定偶极矩的方法及原理。

（3）用溶液法测定乙酸乙酯的相对介电常数、密度和折射率，并计算其电偶极矩。

（4）通过德拜的故事，培养科学家的精神。

二、实验原理

（1）分子的偶极矩与极化度

分子由原子构成，原子则由带正电荷的原子核与带负电荷的电子组成。由于分子结构在空间上的不同，其正电荷中心与负电荷中心可能会重合，也可能不重合。当中心重合时，称为非极性分子；不重合则为极性分子。

1912 年，美国物理化学家德拜提出用偶极矩来表示分子极性的大小，其定义如下：

$$\mu = qr \tag{1}$$

式中，q 为正、负中心所带的电荷量；r 为正、负电荷中心之间的距离。偶极矩是一个矢量，具有方向性，规定其方向为正电荷中心指向负电荷中心，如图 1 所示。在分子结构中，原子间距大小在 10^{-10} m 数量级，带电量在 10^{-20} C 数量级，因此偶极矩 μ 的数量级

图 1 偶极矩示意图

在 10^{-30} C·m。测定分子的偶极矩不但可以了解其结构中电子云密度的分布及对称性等情况，还有助于几何异构体和立体空间结构的判断。

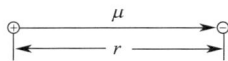

当无外加电场时，由于分子的热运动，极性分子的偶极矩指向各个方向的概率相等，整个系统的宏观偶极矩等于 0。若施以外加电场，在电场作用下分子偶极矩会趋向于电场方向排列，此时分子被极化，其极化程度用摩尔转向极化度 $P_{转向}$ 表示，公式如下：

$$P_{转向} = \frac{4\pi L \mu^2}{9kT} \tag{2}$$

式中，L 为阿伏伽德罗常数，6.022×10^{23} mol^{-1}；k 为玻尔兹曼常数，1.3806×10^{-23} J·K^{-1}；T 为热力学温度，K。

无论是极性分子还是非极性分子，在外加电场的作用下其电子云都会发生相对移动，分子的骨架也会轻微变形，称之为诱导极化或变形极化，用摩尔诱导极化度 $P_{诱导}$ 来度量。$P_{诱导}$ 由电子极化度 $P_{电子}$ 和原子极化度 $P_{原子}$ 组成，即 $P_{诱导} = P_{电子} + P_{原子}$，其大小与温度

无关，与外加电场强度成正比。

若外加电场为交变电场，其频率决定极性分子的极化情况。当极性分子处于交变电场（频率$< 10^{10}\,Hz$）或静电场时，所产生的摩尔极化度 P 是摩尔转向极化 $P_{转向}$ 和摩尔诱导极化 $P_{诱导}$ 的总和，即：

$$P = P_{转向} + P_{诱导} = P_{转向} + P_{电子} + P_{原子} \tag{3}$$

当交变电场频率处于 $10^{12} \sim 10^{14}\,Hz$ 时，电场的交变时间小于分子偶极矩的弛豫时间，导致极性分子的转向运动跟不上电场的变化，来不及沿电场方向排列，则 $P_{转向} = 0$。此时分子的摩尔极化度 P 等于摩尔诱导极化度 $P_{诱导}$，即：

$$P = P_{诱导} = P_{电子} + P_{原子} \tag{4}$$

当交变电场频率 $> 10^{15}\,Hz$ 时，极性分子的转向与骨架变形都跟不上电场的变化，则 $P_{转向} = 0$、$P_{原子} = 0$，此时分子的摩尔极化度 P 等于电子极化度 $P_{电子}$，即：

$$P = P_{电子} \tag{5}$$

综上所述，只需在 $< 10^{10}\,Hz$ 时测出极性分子的摩尔极化度 P，在 $> 10^{15}\,Hz$ 时测得电子极化度 $P_{电子}$，两者相减即得到极性分子的摩尔转向极化度 $P_{转向}$（$P_{原子}$ 的大小仅为 $P_{电子}$ 的 $5\% \sim 15\%$，且 $P_{转向}$ 比 $P_{电子}$ 大得多，故忽略 $P_{原子}$），代入式(2)中可计算出分子永久偶极矩 μ。

（2）极化度的测定

假定分子间无相互作用，根据克劳修斯-莫索提方程可推得极性分子的摩尔极化度 P 与介电常数 ε 之间的关系：

$$P = \frac{\varepsilon - 1}{\varepsilon + 2} \times \frac{M}{\rho} \tag{6}$$

式中，M 为被测物质的摩尔质量；ρ 为被测物质的密度；ε 为介电常数，可经实验测定。

上述关系仅适用于非低温下的气相体系，但是气相体系的介电常数和密度较难测量，某些物质甚至无法保持稳定的气相状态。为解决这些问题而提出了溶液法。溶液法的基本思想是在以非极性溶剂作溶剂的无限稀释的溶液中，溶质分子的状态与气相接近，此时溶质的摩尔极化度 $P_{质}^{\infty}$ 可用式(9)来计算。

稀溶液的相对介电常数 $\varepsilon_{溶}$、密度 $\rho_{溶}$ 和溶质摩尔分数 $x_{质}$ 之间的关系可近似用如下公式描述：

$$\varepsilon_{溶} = \varepsilon_{剂}(1 + \alpha x_{质}) \tag{7}$$

$$\rho_{溶} = \rho_{剂}(1 + \beta x_{质}) \tag{8}$$

根据稀溶液中相关物理量的加和性，推导出无限稀释溶液中溶质摩尔极化度的方程式：

$$P = P_{质}^{\infty} = \lim_{x_{质} \to \infty} P_{质} = \frac{3\alpha\varepsilon_{剂}}{(\varepsilon_{剂} + 2)^2} \times \frac{M_{剂}}{\rho_{剂}} + \frac{\varepsilon_{剂} - 1}{\varepsilon_{剂} + 2} \times \frac{M_{质} - \beta M_{剂}}{\rho_{剂}} \tag{9}$$

式中，$M_{质}$、$x_{质}$ 分别为溶质的摩尔质量、摩尔分数；$\varepsilon_{剂}$、$\rho_{剂}$、$M_{剂}$ 分别为溶剂的介电常数、密度、摩尔质量；α、β 是与 $\varepsilon_{溶}$-$x_{质}$ 和 $\rho_{溶}$-$x_{质}$ 直线斜率有关的常数。

光的电磁理论表明，在相同的高频电场下，透明物质的相对介电常数 ε 与折射率 $n_{溶}$ 的关系如下：

$$\varepsilon = n_{溶}^2 \tag{10}$$

用摩尔折射率 $R_{质}$ 表示 $> 10^{15}\,Hz$ 时测得的溶质的摩尔极化度 P，$P = P_{电子}$，则：

$$R_{质} = P_{电子} = \frac{n_{溶}^2 - 1}{n_{溶}^2 + 2} \times \frac{M}{\rho} \tag{11}$$

在稀溶液中溶液的折射率 $n_{溶}$、溶质的摩尔分数 $x_{质}$ 及溶剂的折射率 $n_{剂}$ 的关系如下：

$$n_{溶} = n_{剂}(1 + \gamma x_{质}) \tag{12}$$

推导可得：

$$P_{电子} = R_{质}^{\infty} = \lim_{x_{质} \to \infty} R_{质} = \frac{n_{剂}^2 - 1}{n_{剂}^2 + 2} \times \frac{M_{质} - \beta M_{剂}}{\rho_{剂}} + \frac{6 n_{剂}^2 M_{剂} \gamma}{(n_{剂}^2 + 2)^2 \rho_{剂}} \tag{13}$$

式中，γ 是与 $n_{溶}$-$x_{质}$ 直线有关的常数。

（3）偶极矩的计算

根据式（2）、式（3）、式（9）、式（13）可得：

$$P_{转向} = P_{质}^{\infty} - R_{质}^{\infty} = \frac{4\pi L \mu^2}{9kT} \tag{14}$$

则：

$$\mu = \sqrt{\frac{9kT}{4\pi L}(P_{质}^{\infty} - R_{质}^{\infty})} \tag{15}$$

式（15）将物质分子的微观性质偶极矩与其宏观性质介电常数、密度和折射率联系起来。分子的永久偶极矩 $\mu(C \cdot m)$ 可简化为如下形式：

$$\mu = 0.0427 \times 10^{-30} \sqrt{(P_{质}^{\infty} - R_{质}^{\infty})T} \tag{16}$$

若需要考虑 $P_{原子}$ 的影响，仅需修正 $R_{质}^{\infty}$ 部分即可。

溶液法测得的分子偶极矩与气相测得的真实数值存在一定的偏差。导致该偏差的原因是极性的溶质与非极性的溶剂分子之间的相互作用，称为"溶剂化效应"。

测定偶极矩的方法还有很多，比如温度法、分子束法、分子光谱法及斯塔克法等，可以自行查阅相关文献学习。

（4）介电常数的测定

介电常数，也叫电容率或相对电容常数，是物质介质的一种电学性质。本实验中介电常数通过测定电容再计算而得。

在电容器两极板间填充某种电解质，电容器的电容量会增大。若保持极板上的电荷量不变，则极板间的电势差必定会减小。产生此现象的原因是电解质在电场中被极化，形成一个反向电场，抵消部分的外加电场。假设两极板在真空状态下的电容量为 C_0，填充电解质后的电容量为 C，则介电常数 ε 为 C 与 C_0 的比值：

$$\varepsilon = \frac{C}{C_0} \tag{17}$$

测量电容的方法有谐振法、拍频法和电桥法。前两者为常用方法，抗干扰性好，测量结果精度高，但仪器设备价格昂贵，因此本实验采用电桥法测定电容。

电容仪测量的值 C_x 包括了样品的电容 $C_{样}$ 和整个测试系统的分布电容 C_d，即：

$$C_x = C_{样} + C_d \tag{18}$$

式中，$C_{样}$ 随着介质而改变，而 C_d 则对某一固定仪器为定值，称为仪器的本底值。在计算中必须先将 C_d 扣除，避免引进误差。

测定 C_d 的方法如下：

某一已知物质的介电常数为 $\varepsilon_{已}$，测得其电容为 $C_{标测}$：

$$C_{标测}=C_{标}+C_d \tag{19}$$

再测量空电容池的电容：

$$C_{空测}=C_{空}+C_d \tag{20}$$

$C_{标}$ 和 $C_{空}$ 为标准物质和空气的实际电容。近似认为 $C_{空} \approx C_0$，则式(19)−式(20)：

$$C_{标测}-C_{空测}=C_{标}-C_0 \tag{21}$$

由于：

$$\varepsilon_{已}=\frac{C_{标}}{C_0} \tag{22}$$

则 $C_{标}=\varepsilon_{已} C_0$，代入式(21) 中得：

$$C_0=\frac{C_{标测}-C_{空测}}{\varepsilon_{已}-1} \tag{23}$$

$$C_d=C_{空测}-C_0=C_{空测}-\frac{C_{标测}-C_{空测}}{\varepsilon_{已}-1} \tag{24}$$

本实验以环己烷为标准物质，测定其电容 C_0 和 C_d。其介电常数 $\varepsilon_{环}$ 与温度 $t(℃)$ 的关系如下：

$$\varepsilon_{环}/(C \cdot m)=2.052-1.55\times10^{-3}(t/℃)$$

三、仪器与药品

(1) 仪器：小电容仪、电容池、恒温槽、阿贝折射仪、容量瓶（5 个 25 mL）、5 mL 移液管、10 mL 烧杯、干燥器、电吹风、电子天平等。

(2) 药品：环己烷、乙酸乙酯，所有试剂均为分析纯。

四、实验步骤

(1) 配制溶液

取 5 个干燥洗净的 25 mL 容量瓶，分别编号并称取空瓶重量，做好记录。在 2～5 号容量瓶中分别加入 0.5 mL、1.0 mL、1.5 mL、2.0 mL 乙酸乙酯并称重。再向 5 个容量瓶中加入正己烷至刻度线，称重。操作应尽快完成，防止溶剂和溶质的挥发及吸潮等影响实验结果。最后将容量瓶置于干燥器中保存备用。

(2) 测定各溶液的折射率

在 (25±0.1)℃ 条件下用阿贝折射仪测量各配制溶液的折射率。使用前应仔细阅读操作手册，每个浓度的溶液测定 2 次，每次读取 3 个数据，最后取平均值。

(3) 测定介电常数

接通小电容仪的电源，预热 10 min。用专用配套的数据线将电容仪上的"电容池"接口与电容池上的"Ⅱ"接口连接，另一端暂时不连接。

等待显示数据稳定后，按下重置校正按钮将仪器归零。检查电容池是否洁净干燥（若不洁净干燥可用乙醚或丙酮清洗数次，用电吹风吹干），再将数据线未连接端口插上电容池的"Ⅰ"插口，数显稳定后的数据即为 $C_{空测}$。

拔掉电容池的"Ⅰ"插口数据线，打开电容池盖子，准确吸取 1 mL 环己烷注入电容池中，等待数显稳定，按下重置校正按钮，数显为零。将拔下的数据线另一端插入电容池的"Ⅰ"插口，等待数值稳定，此时数值便为环己烷的测试电容值。用滴管吸出电容池中的环己烷，重新装样并再次测量，取 2 次测量结果的平均值即为 $C_{标测}$。

测试完毕后，再次用吸管吸出电容池中的液体，并用吹风机吹干使池内液体完全挥发，直至数显数据与 $C_{空测}$ 误差小于 0.05 pF，再继续加样测量。将测得数据 $C_{空测}$ 和 $C_{标测}$ 代入式(23)、式(24) 即可计算出 C_0 和 C_d。

按照同样的步骤测量不同浓度的乙酸乙酯溶液。重复测试过程中必须完全吹干溶液，不得残留样品，须保证 2 次测量误差值＜0.05 pF。所得电容读数平均值减去 C_d 即为对应溶液的电容值 $C_{溶}$。实验过程中加样操作必须迅速，防止溶液挥发。

五、数据记录与处理

（1）计算环己烷及各种溶液的密度、摩尔分数（表1）。

表 1　密度和摩尔分数的测定

项目		1	2	3	4	5
质量/g	空瓶					
	瓶＋酯					
	瓶＋溶液					
	酯					
	环己烷					
	溶液					
密度 $\rho/(\text{g}\cdot\text{mL}^{-1})$						
摩尔分数 $x_{质}$						

注：$M_{环己烷}=84.16\ \text{g}\cdot\text{mol}^{-1}$，$M_{乙酸乙酯}=88.11\ \text{g}\cdot\text{mol}^{-1}$。

（2）测定环己烷及各种溶液的折射率（表2）。

表 2　折射率的测定

折射率	1	2	3	4	5
$n_{第一次}$					
$n_{第二次}$					
$n_{均}$					

（3）计算 C_0 和 C_d 以及各溶液的介电常数 ε（表3）。

表 3　介电常数的测定

$C_{空测}$：_____ pF

项目		1	2	3	4	5
$C_{测}/\text{pF}$	第一次					
	第二次					
ε						

由表 3 求出 $C_0=$_____ pF，$C_d=$_____ pF。

（4）作 $\varepsilon_{溶}$-$x_{质}$ 图，计算直线斜率并求得 α；作 $\rho_{溶}$-$x_{质}$ 图，计算直线斜率并求得 β；作 $n_{溶}$-$x_{质}$ 图，计算直线斜率并求得 γ。

（5）将 $\rho_{剂}$、$\varepsilon_{剂}$、α、β 代入式(9) 求得 $P_{质}^{\infty}$，将 $\rho_{剂}$、$n_{剂}$、β、γ 代入式(13) 求得 $R_{质}^{\infty}$。

（6）将 $P_{质}^{\infty}$、$R_{质}^{\infty}$ 代入式(16) 计算乙酸乙酯的永久偶极矩 μ。

六、注意事项

（1）实验中所用试剂皆易挥发，涉及溶液的操作应迅速，以减小误差。

（2）测定折射率时，应匀速滴加样品，滴管不能触及棱镜。

（3）本实验溶液中应不含有水分，所配制溶液的器具需干燥；溶液应透明。

七、思考题

（1）本实验的误差来源有哪些？如何改进？

（2）准确测定溶质摩尔极化度时，为什么要外推至无限稀释？

八、课外拓展

彼得·约瑟夫·威廉·德拜（Peter Joseph William Debye，1884 年 3 月 24 日—1966 年 11 月 2 日），物理化学家。1901 年德拜进入德国亚琛工业大学学习电气工程并于 1905 年获得学位；毕业后在慕尼黑大学转专业学习物理，在 1908 年获得博士学位。1935 年，德拜成为威廉皇帝科学研究所（后命名为马克思·普朗克研究所）所长。1939 年纳粹政府命令德拜加入德国籍，他果断拒绝并回到荷兰。1940 年，德拜来到美国并任教于康奈尔大学直至退休。1910 年，德拜就开始研究光在各种介质中的传播问题，并探讨了各种效应，得出了相应的结论。这些问题的研究为光学研究的发展，以及为激光技术的研究开辟新的应用领域打下了一定的基础，甚至为汉塞尔的光导纤维设想开拓了思路。德拜的第一个重要的研究是对偶极矩的理论处理。人们为了纪念德拜，把偶极矩的单位称为"德拜"。由于在偶极矩方面的研究成就，德拜获得了 1936 年的诺贝尔化学奖。

实验 24 ▶▶

磁化率的测定

一、实验目的

（1）了解物质磁化率和分子磁矩的相关知识。

（2）掌握古埃法测定物质磁化率的原理和技术。

（3）测定物质的磁化率，计算未成对电子数并判断配位类型。

（4）通过卡末林·昂内斯发现超导体的故事，培养创新思维。

二、实验原理

（1）磁化率和分子磁矩

在外加磁场 H 的作用下，物质会被磁化，产生附加磁场 H'，此时物质内部的磁感应强

度 B 如下：

$$B = H + H' = H + 4\pi\varepsilon H \tag{1}$$

式中，ε 称为物质的体积磁化率，是一个无量纲物理量，用来描述单位体积物质的磁化能力。在实际应用中常使用摩尔磁化率，其定义如下：

$$\chi_M = \frac{\varepsilon}{\rho} M \tag{2}$$

式中，M 为物质的摩尔质量；ρ 为物质的密度，$kg \cdot m^{-3}$。在外界磁场下物质的磁化分为三种情况：

① $\chi_M > 0$，这类物质称为顺磁性物质。组成这类物质的分子、离子或原子中有未成对的电子，存在固有磁矩 $\mu(m)$，使其在外磁场中总趋向于顺着磁场方向排列，增大物质内部的磁场强度。

② $\chi_M < 0$，这类物质称为反（抗）磁性物质。此类物质的结构中的电子均已自旋配对，电子的轨道运动在外磁场作用下感应出"分子电流"，同时产生一个与外磁场方向相反的感应磁场。感应磁场的强度与外磁场强度成正比，物质结构中含电子数目越多，电子离域运动范围越大，其反磁化率就越大。大部分的物质都具有反磁性，在顺磁性物质中其被顺磁性所掩盖（$\chi_{顺}$ 比 $\chi_{反}$ 大 1～3 个数量级），因此在不需要高精度的计算中可以忽略反磁化率。

③ 还有少数物质的 χ_M 与外磁场强度有关。某些物质的 χ_M 随着外磁场强度增大而急剧增加，且伴有剩磁现象，称为铁磁性物质，如铁、镍、钴等。

对于顺磁性物质，摩尔磁化率 $\chi_M \approx \chi_{顺}$，摩尔磁化率 χ_M 与磁矩 μ_m 的关系可由朗之万方程描述：

$$\chi_M \approx \chi_{顺} = \frac{L\mu_0\mu_m^2}{3kT} \tag{3}$$

式中，L 为阿伏伽德罗常数，$6.022 \times 10^{23}\ mol^{-1}$；$k$ 为玻尔兹曼常数，1.3806×10^{-23} $J \cdot K^{-1}$；μ_0 为真空磁导率，$4\pi \times 10^{-7}\ N \cdot A^{-2}$；$T$ 为热力学温度，K。

式（3）将物质的宏观性质与微观结构联系起来，可通过实验测定磁化率来计算物质分子的永久磁矩 μ_m。μ_m 与分子内未成对电子数 n 的关系如下：

$$\mu_m = \mu_B \sqrt{n(n+2)} \tag{4}$$

式中，μ_B 为玻尔磁子，是电子固有磁矩的自然单位，$9.274 \times 10^{-24}\ J \cdot T^{-1}$。

求得 n 值后即可进一步判断配位化合物的配键类型。比如，测得 $K_4[Fe(CN)_6]$ 的 $\mu_m = 0$，则 $n = 0$，因此在 $K_4[Fe(CN)_6]$ 中 Fe^{2+} 的 $3d^6$ 电子的排布方式如图1（a）所示，而不是图1（b）。其中两个空 3d 轨道与一个 4s 轨道、三个 4p 轨道形成 6 个杂化轨道，接受六个 CN^- 的孤对电子，形成共价配位键。

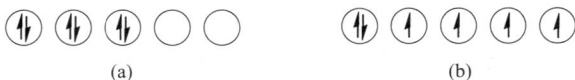

图1　Fe^{2+} 的外层 $3d^6$ 电子排布图

通过测定磁化率可以计算配位化合物中的未成对电子数，这对研究金属配位化学、自由基或顺磁分子的电子结构有重要作用。

（2）古埃法测定磁化率的原理

本实验用古埃法测定物质的摩尔磁化率 χ_M，其原理示意图如图 2 所示。

在一个底部面积为 A 的圆柱形样品管中装入高度为 h、质量为 m 的待测样品，将其放入非均匀磁场中。样品管底部位于磁铁中心线上，此处的磁场强度最大，为 H。样品最上端处的磁场强度 H_0 近乎为零。样品管内样品受到的力 F 可用式（5）描述：

$$F = \frac{1}{2}\varepsilon A(H^2 - H_0^2) \tag{5}$$

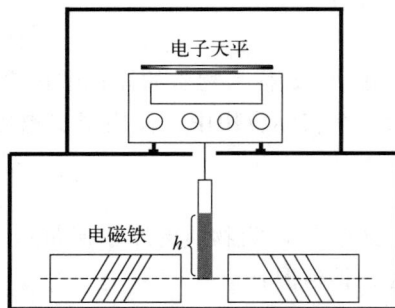

图 2　古埃法的原理示意图

式中，$(H^2 - H_0^2)$ 可直接用高斯计测量后计算，也可用已知标准样品标定，标定时并不需要计算出具体的值，可得：

$$\frac{-2F_{标}}{\varepsilon_{标}} = A(H^2 - H_0^2) = \frac{-2F_{样}}{\varepsilon_{样}} \tag{6}$$

变换后可得：

$$\varepsilon_{样} = \varepsilon_{标}\frac{F_{样}}{F_{标}} \tag{7}$$

F 也可通过测量样品在有磁场和无磁场时的质量来测出，即：

$$F = (\Delta m_{样} - \Delta m_{空})g \tag{8}$$

式中，$\Delta m_{样}$ 为加样品后在有磁场和无磁场的质量差；$\Delta m_{空}$ 为空样品管在有磁场和无磁场的质量差；g 为重力加速度。

将式（8）代入式（7）可得：

$$\varepsilon_{样} = \varepsilon_{标}\frac{\Delta m_{样} - \Delta m_{空}}{\Delta m_{标} - \Delta m_{空}} \tag{9}$$

式中，$\Delta m_{标}$ 为加标定样品后在有磁场和无磁场时的质量差。待测样品的摩尔磁化率 $\chi_{M_{样}}$ 如下：

$$\chi_{M_{样}} = \frac{\varepsilon_{样}}{\rho_{样}}M_{样} = \frac{\varepsilon_{样}\,VM_{样}}{m_{样}} = \chi_{标}\,m_{标}\frac{\Delta m_{样} - \Delta m_{空}}{\Delta m_{标} - \Delta m_{空}} \times \frac{M_{样}}{m_{样}} \tag{10}$$

式中，$m_{样}$ 为待测样品在无磁场时的质量；$m_{标}$ 为待标定样品在无磁场时的质量；V 为待测样品的体积；$\chi_{标}$ 为标定样品的比磁化率。本实验采用莫尔盐作为标定样品。

三、仪器与药品

（1）仪器：古埃型磁天平（磁极、励磁电流、电子天平等）、高斯计、玻璃样品管、研钵等。

（2）药品：莫尔盐、七水硫酸亚铁、五水硫酸铜、$K_4[Fe(CN)_6]$，所有试剂均为分析纯。

四、实验步骤

（1）磁场强度分布测定

按操作手册启动磁天平，在不同的特定励磁电流下分别用高斯计测量不同高度处（可间隔 1 cm）的磁场强度，直至离磁场中心线 20 cm 处。每次测量重复 3 次，取平均值。

（2）用莫尔盐标定磁场强度

取 1 支干净的样品管，在天平的悬钩上挂好，调整高度使样品管底部刚好在磁铁中心线上并与两边磁铁位置的距离相等。准确称量空样品管的质量 $m_空$。接通励磁电流电源，分别称量在电流为 2.0 A、4.0 A、6.0 A 时的空样品管质量。再将电流调至 7.0 A，然后依次减小至 6.0 A、4.0 A、2.0 A、0.0 A 并称取对应的空样品管质量。此时可求出空样品管在各电流下的 $\Delta m_空$（重复 1 次，取平均值）。

取下样品管，加入莫尔盐粉末，装填过程中不断轻轻敲击管底部使莫尔盐填实均匀，装填高度在 12 cm 左右，准确测量装填高度 h 并悬挂在天平挂钩上。在励磁电流分别为 0.0 A、2.0 A、4.0 A、6.0 A 时测量莫尔盐的质量。再将电流调至 7.0 A 保持一段时间。依次调小电流至 6.0 A、4.0 A、2.0 A、0.0 A 并测量莫尔盐的质量（重复 1 次，取平均值）。

上述电流采取从小到大再从大到小的方法是为了抵消实验过程中磁场的剩磁现象，减少实验误差。

（3）样品摩尔磁化率的测定

倒出样品管中的莫尔盐，并用脱脂棉将管内壁擦拭干净，然后装入 $FeSO_4 \cdot 7H_2O$、$CuSO_4 \cdot 5H_2O$、$K_4[Fe(CN)_6]$ 等样品，按照上述步骤进行测量（重复 1 次，取平均值）。

五、数据记录与处理

（1）将实验数据记录于表 1 中。

表 1 数据记录表

室温_____℃；悬丝空重_____g

项目	质量 m/g								
	0.0A	2.0A	4.0A	6.0A	7.0A	6.0A	4.0A	2.0A	0.0A
空管					—				
莫尔盐					—				
$FeSO_4 \cdot 7H_2O$					—				
$CuSO_4 \cdot 5H_2O$					—				
$K_4[Fe(CN)_6]$					—				

（2）绘制励磁电流为 2.0 A、4.0 A、6.0 A 时的磁场强度随距磁场中心线高度变化的曲线。

（3）计算各样品在不同条件下的摩尔磁化率 χ_M。

（4）估算各样品在不同条件下的未成对电子数 n，并与文献值对比。

六、注意事项

（1）磁天平比较敏感，测量过程中尽量远离磁性物质。

（2）微量的铁磁性物质对测量结果影响很大，处理样品时要特别注意防止杂质沾染。

七、思考题

（1）为什么样品的装载高度在 12 cm 左右？

（2）不同励磁电流下测得的样品摩尔磁化率是否相同？

（3）样品管底部若不在磁铁中心线处对实验结果有何影响？

八、课外拓展

在外部磁场的作用下，大部分物质都会被磁化，但是有一类物质例外，即超导体。1911年2月，卡末林·昂内斯利用液氦将汞线温度降低至 4.2 K 附近，并在两端施加电压；当温度进一步低于 4.2 K 时，汞的电阻突然消失，表现出超导状态。卡末林也因此获得 1913 年诺贝尔奖。超导体具有三大基本特性：完全导电性、完全抗磁性、磁通量量子化。其中完全抗磁性是指将临界温度下的超导体置于外磁场时，磁场会使超导体表面中出现超导电流，此电流在超导体内部形成感应磁场，恰好和外磁场大小相等、方向相反，两磁场相互抵消，使超导体内部的磁感应强度为零，表现出完全抗磁性，磁化率为零。该特性可应用于超导磁悬浮列车（图 3）和全超导托卡马克核聚变实验装置（图 4）。

图 3　超导磁悬浮列车

图 4　全超导托卡马克核聚变实验装置

实验 25 ▶▶

X 射线粉末法分析晶体结构

一、实验目的

（1）了解晶体的相关知识。

（2）掌握 X 射线粉末法分析晶体结构的方法及原理。

（3）通过德国物理学家伦琴的故事，培养科研思维。

二、实验原理

（1）晶体与晶面指数

晶体是一种内部结构排列严格规律的固体，结构中的分子、原子或离子呈周期性、对称性排布。在理想晶体的结构中，呈周期性排列的最小几何单元称为晶胞。晶胞可完整反映晶体内部分子、原子或离子在三维空间上的分布。

在具体的研究中，可从两个维度来描述晶胞：一是晶胞的大小和形状，由晶胞边长（a、b、c）和晶面角（α、β、γ）决定，如图1所示；二是晶胞内部各粒子的空间坐标，由原子坐标参数（x、y、z）确定。根据晶体宏观外形或宏观物理性质中呈现的特征对称元素，可划分为立方、六方、三方、四方、正交、单斜、三斜等7个晶系。

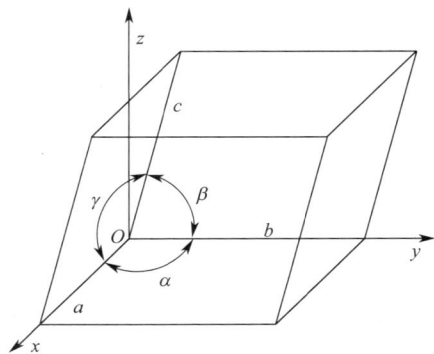

图1 晶胞各参数

目前常用空间点阵来表示晶体的三维结构，其中每个点代表晶体结构中最基本单元晶胞。如图2所示，可将晶体看作由许多相同的平面网按照距离 d_1 平面排列组成，也可看成其他平面按照 d_2、d_3、d_4、d_5 等距离排列而成。因此在空间点阵中，可从各个方向将其划分为多组平行的点阵平面。在不同的晶体结构中，晶胞大小、对称性、具体组成成分及其在晶胞中所处的相对位置都不同，每种晶体都具有其特有的一系列 d 值。如同人类特有的指纹图谱，d 值也可用来特异性地表征对应的晶体。

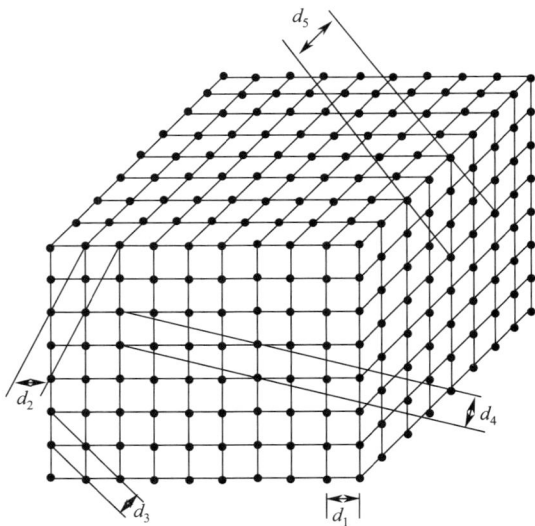

图2 空间点阵划分为平面点阵面示意图

1839年，英国物理学家米勒（William Hallowes Miller）根据晶面和点阵平面特点提出用如下方法对其进行标记：选定一组平移矢量（a，b，c），将点阵划分为最简单且合理的格子，以其方向标定坐标轴 x_1、y_1、z_1。假设晶面在三个坐标轴上的截距分别为 r、s、t，将截距的倒数比化简为互质的整数比，即 $1/r : 1/s : 1/t = h : k : l$，$(h, k, l)$ 即为该晶面的指标，称为晶面指数或米勒指数（图 3）。晶体中晶面指数过高的，其晶面间距及组成晶面的点阵密度则都过小。实际应用中晶面指数通常为 0、1、2 等数值，超过 5 的基本上罕见。

（2）布拉格方程

用于晶体结构分析的 X 射线的波长在 0.05～0.25 nm 之间，与晶面间距在相同的数量级。当照射到晶体上的 X 射线的波长与晶面间距相近时，一些光子与电子发生非弹性碰撞，产生较长波长的非相干散射；若光子作用于原子上束缚紧密的电子，则能量不发生损失，散射波的波长不发生改变且在一定角度产生衍射效应，此时晶体可看作 X 射线的天然衍射光栅。如图 4 所示，波长为 λ 的 X 射线照射到间距为 d 的晶面上产生衍射，入射角为 θ，其间的关系可用布拉格方程表示：

$$2d_{(h,k,l)} \sin\theta = n\lambda \tag{1}$$

式中，n 为衍射级次。若要衍射发生叠加而增强，则需入射角 θ 正好令光程差 $AB + BC$ 是波长的整数倍。在晶体结构分析中，布拉格方程可简化如下：

$$2d \sin\theta = \lambda \tag{2}$$

式（2）中将 n 包含在晶面间距 d 中且都令衍射为一级衍射，以此简化和统一计算。

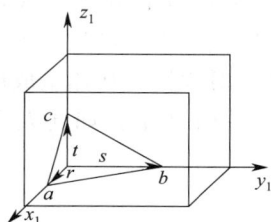

图 3　晶面指数表示方法

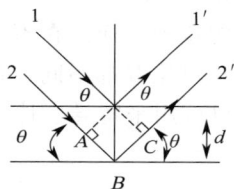

图 4　相邻晶面光程差及布拉格衍射示意图

（3）衍射指标化

粉末的衍射图可以确定相应晶体的晶面指数，同时可进一步确定晶体所属的晶系。以立方晶系的指标化方法为例做简单介绍。

在立方晶的晶胞中，三条边的长度相等，夹角互为 90°，由几何计算可知晶面间距 d 与晶胞边长 a 之间的关系满足：

$$d = \frac{a}{\sqrt{h^2 + k^2 + l^2}} \tag{3}$$

代入式（2）中，得：

$$h^2 + k^2 + l^2 = \frac{4a^2}{\lambda^2} \sin^2\theta \tag{4}$$

对于固定的 X 射线管及样品，$\dfrac{4a^2}{\lambda^2}$ 是常数，h、k、l 均为整数，所以 $\sin^2\theta$ 也可以化为一系列整数比。立方晶的指标如表 1 所示。

表 1　立方晶系的指标

$h^2+k^2+l^2$	简单立方	体心立方	面心立方	$h^2+k^2+l^2$	简单立方	体心立方	面心立方
1	100	—	—	11	311	—	311
2	110	110(1)	—	12	222	222(6)	222
3	111	—	111	13	320	—	—
4	200	200(2)	200	14	321	321(7)	—
5	210	—	—	15	—	—	—
6	211	211(3)	—	16	400	400(8)	400
7	—	—	—	17	322,410	—	—
8	220	220(4)	220	18	330.411	411(9)	—
9	300	—	—	19	331	—	311
10	310	310(4)	—	…	…	…	…

若在误差范围内不能整数互质序列，则该结晶物质可能属于其他晶系。

（4）具体原理

将呈细粉末的样品装在样品槽中，样品中的晶体为完全无规则排列，晶面在各个方向的取向概率均等，总有一定数量的晶面方向正好可以发生衍射。在实验时，固定样品槽，使 X 射线管绕测角仪中心轴转动。若 X 射线管转动角度 θ，则检测器绕测角仪转动角度 2θ 来保证入射角和反射角相等。

三、仪器与药品

（1）仪器：X 射线衍射仪、Cu 靶 X 射线管、玛瑙研钵等。

（2）药品：α-石英粉（二级，过 325 目筛）、金属镍粉（过 325 目筛）、氯化钠晶体（AR，过 200 目筛），所有试剂均为分析纯。

四、实验步骤

（1）制样、装样

用玛瑙研钵将各样品研磨并过筛，将所得粉末试样小心装入样品槽中压实，备用。压制过程中切勿使粉末来回横向移动，防止粉末中小晶体取向偏差的形成。

（2）测试

按照仪器操作手册开机调试好仪器，测试并记录相关数据。

五、数据记录与处理

（1）将实验结果记录于表 2 中。

表 2　实验数据记录及处理

序号	强度 I	2θ	θ	$\sin\theta$	$\sin^2\theta$	$h_2+k_2+l_2$	hkl	a	d/n
1									
2									
3									
4									
5									
6									
7									
8									
9									

（2）根据表 2 中的 h、k、l、$h_2 + k_2 + l_2$ 等数据，判断晶体的晶系；根据 d/n 检索 PDF 卡并与所测得的 X 射线图谱对比，核定晶系和结构参数。

六、注意事项

（1）在准备样品时，必须确保其纯度足够高，以避免杂质的影响。

（2）粉末样品的量一般要求在 1～2 g 左右。

（3）一般在对样品分析前，应尽可能详细地了解样品的来源、化学成分、工艺状况，仔细观察其外形、颜色等性质，为其物相分析的检索工作提供线索。

（4）尽可能地根据样品的各种性能，在许可的条件下将其分离成单一物相后进行衍射分析。

七、思考题

（1）布拉格方程中的衍射级数 n 与晶面距离 d 并未被限制，但是所测得的图谱中衍射线数量非常有限，原因是什么？

（2）能否用其他射线代替 X 射线？为什么？

八、课外拓展

1895 年 11 月 8 日，德国物理学家伦琴教授在研究阴极射线时，意外发现了 X 射线。他发现这种射线与阴极射线完全不同，可以穿透千页纸张、2～3 cm 的米板、15 mm 的铝板，但无法穿透 1.5 mm 的铅板。他还发现该射线可以穿透人体，由于人体各组织吸收 X 射线的程度不同，经显影处理后可以得到层次分明的人体组织的 X 射线图像。世界上第一张 X 射线的照片就是他夫人的手骨相片（图 5），预示着可以借助 X 射线观察骨骼等组织，为开创医学影像技术奠定了基础，他也因此获得 1901 年的诺贝尔物理学奖。

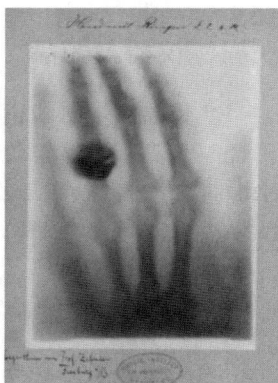

图 5　世界上第一张
X 射线照片

实验 26 ▶▶

苯酚及苯甲酸红外光谱的测定及谱图解析

一、实验目的

（1）掌握红外光谱分析法的基本原理及傅里叶红外光谱仪的操作方法。

（2）了解基本且常用的 KBr 压片制样技术在红外光谱测定中的应用。

（3）通过苯酚及苯甲酸红外光谱的谱图解析，了解由红外光谱鉴定未知物的一般过程。

（4）了解傅里叶红外光谱仪的发展史，培养科研攻坚精神。

二、实验原理

红外光谱法又称"红外分光光度法"，简称"IR法"，是分子吸收光谱的一种。它利用物质对红外光区的电磁辐射的选择性吸收来对各种吸收红外光的化合物进行结构分析及定性和定量分析。被测物质的分子在红外线照射下，只吸收与其分子振动、转动频率相一致的红外光谱。对红外光谱进行剖析，可对物质进行定性分析。化合物分子中存在着许多原子团，各原子团被激发后，都会产生特征振动，其振动频率也必然反映在红外吸收光谱上。据此可鉴定化合物中的各种原子团，也可进行定量分析。

（1）红外光谱的产生条件

① 辐射应具有能满足物质产生振动跃迁所需的能量，即：

$$\Delta E_{分子} = \Delta E_{振动} + \Delta E_{转动}$$
$$= h(v_{振动} + v_{转动})$$
$$= hc/(\lambda_{振动} + \lambda_{转动})$$

② 辐射与物质之间有相互耦合作用，产生偶极矩的变化（没有偶极矩变化的振动跃迁，无红外活性；没有偶极矩变化但是有极化度变化的振动跃迁，有拉曼活性）。

（2）应用范围

红外光谱对样品的适用性相当广泛，固态、液态或气态样品都能用该方法进行分析，无机、有机、高分子化合物也都可用其检测。

① 红外光谱分析可用于研究分子的结构和化学键，也可以作为表征和鉴别化合物的方法。

② 红外光谱具有高度特征性，可以采用与标准化合物的红外光谱对比的方法来做分析鉴定。

③ 红外光谱利用化学键的特征频率来鉴别化合物的类型，并可用于定量测定。

④ 红外吸收峰的位置与强度反映了分子结构上的特点，可以用来鉴别未知物的结构组成或确定其化学基团；而吸收谱带的吸收强度与化学基团的含量有关，可用于进行定量分析和纯度鉴定。

（3）定性分析

利用红外光谱法鉴定物质通常采用传统的比较法，即与标准物质对照和查阅标准谱图的方法，但是该方法对于样品的要求较高并且依赖于谱图库的大小。如果在谱图库中无法检索到一致的谱图，则可以用人工解谱的方法进行分析，这就需要研究人员有大量的红外知识及经验积累。大多数化合物的红外谱图是复杂的，即便是有经验的专家，也不能保证从一张孤立的红外谱图上得到全部分子的结构信息，如果需要确定分子结构信息，就要借助其他的分析测试手段，如核磁、质谱、紫外光谱等。尽管如此，红外光谱法仍是提供官能团信息最方便快捷的方法。

（4）定量分析

定量分析的依据是朗伯-比尔定律：$Kbc = \lg(I_0/I)$ 或 $A = Kbc$。如果有标准样品，并且标准样品的吸收峰与其他成分的吸收峰重叠少时，可以采用标准曲线法以及解联立方程的办法进行单组分、多组分定量。对于两组分体系，可采用比例法。

三、仪器与药品

（1）仪器：769YP-15A 粉末压片机及配套压片模具、玛瑙研钵、VERTEX 70 傅里叶变换红外光谱仪（FTIR）（图 1 为傅里叶变换红外光谱仪的仪器部件组成）等。

（2）药品：未知物样品、KBr（光谱纯）、无水乙醇（分析纯）等。

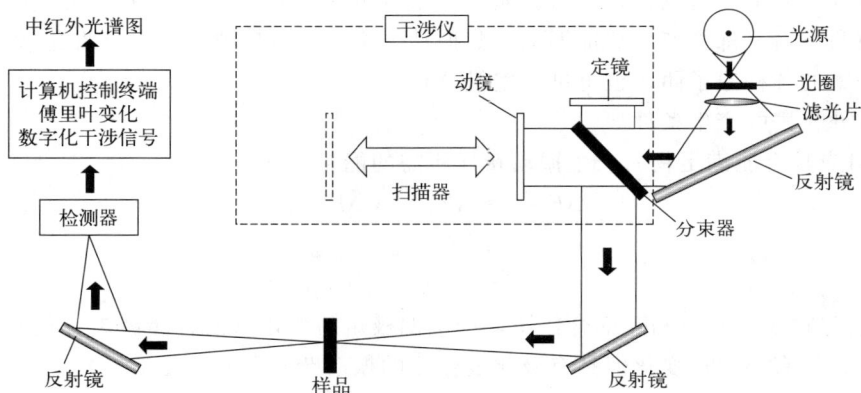

图 1　傅里叶变换红外光谱仪的仪器部件组成

四、实验步骤

（1）软件参数设置：

① 打开红外光谱仪电源开关，待仪器稳定 30 min 以上，方可测定。

② 打开电脑，打开 OPUS7.0 软件；在 Collect 菜单下的 "Experiment Set-up" 中设置实验参数。

③ 实验参数设置：分辨率为 4 cm^{-1}，扫描次数为 4 次，扫描范围为 4000～400 cm^{-1}。

（2）压片法制备样品：

① 用无水乙醇洗涤压片所用器具，然后在红外灯下烤干，此后各步骤都在红外灯下完成。

② 取约 1.5 mg 样品，按 1∶100 的比例加入溴化钾，研磨混合物成粉末状。研磨后的粒度应与中红外波长相当（2.5～25 μm）且粒度均匀。

③ 取适量样品和溴化钾的混合物倒入模具中。

④ 将压模器整体放入压机上，锁上油压开关，推动摇杆，将压力压到 10～15 MPa 下保持 3 min，打开油压开关，取出压模器，小心取出样品（均匀透明即可），将压后的薄膜片放入磁性样品架。

（3）进行背景测量。

（4）进行样品测量。

（5）保存数据。

（6）重复步骤（1）～步骤（5）进行测量（每次样品测量前都要进行背景测量），整理仪器，完成实验。

五、数据记录与处理

实验数据处理示例如下：

（1）固体苯酚的结构分析（图 2）

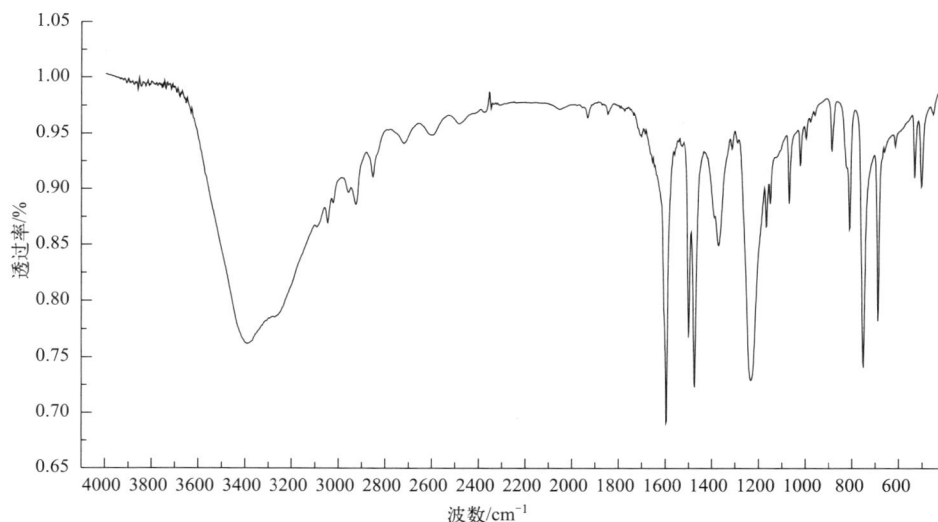

图 2　固体苯酚的红外光谱图

图谱分析：

① 波数在 3650～3200 cm^{-1} 之间出现强宽峰，说明有酚羟基；

② 波数在 1600 cm^{-1}、1510 cm^{-1}、1499 cm^{-1} 处的强吸收谱带为苯环骨架的伸缩振动，是苯环的特征吸收谱带；

③ 波数在 1380 cm^{-1} 处的中等强度吸收谱带为苯环 C—H 的面内弯曲振动；

④ 波数在 1225 cm^{-1} 处的强吸收谱带为酚类 C—O 的伸缩振动；

⑤ 波数在 1930～1760 cm^{-1} 处的多个弱吸收峰，以及 830 cm^{-1}、750 cm^{-1}、700 cm^{-1} 处的三个中等强度吸收峰，是苯环单取代的特征吸收峰。

（2）固体苯甲酸的结构分析（图 3）

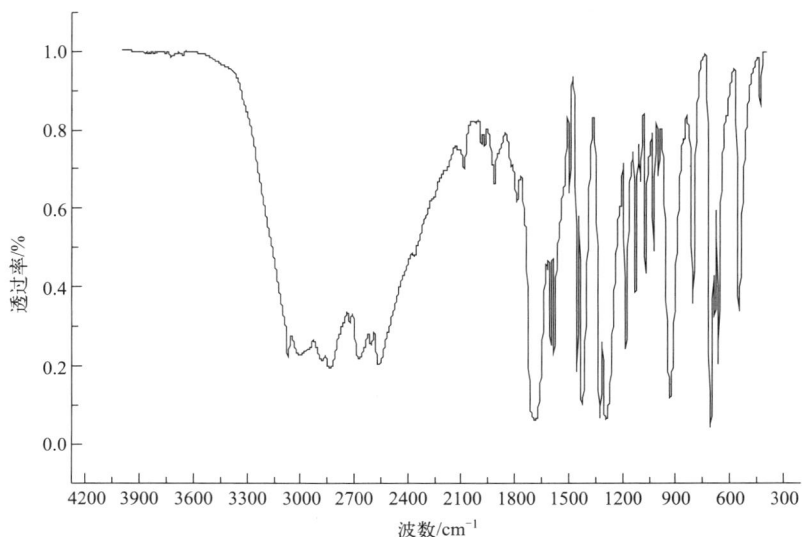

图 3　固体苯甲酸的红外吸收光谱

图谱分析：

① 波数在 $3250 \sim 2500 \ cm^{-1}$ 处有中等强度的吸收带，谱带宽，峰形不尖锐。由于羧酸在固体样品中通常以二聚体形式存在，所以存在分子间氢键，该区域内宽、散谱带为二聚体羧基中 O—H 伸缩振动的特征谱带；

② 波数在 $1770 \ cm^{-1}$ 处的强吸收峰为 C═O 的伸缩振动吸收峰；

③ 波数在 $1650 \sim 1510 \ cm^{-1}$ 处的中等强度吸收峰为苯环骨架的伸缩振动峰；

④ 波数在 $1921 \ cm^{-1}$、$1796 \ cm^{-1}$、$910 \ cm^{-1}$、$720 \ cm^{-1}$ 处的吸收峰为苯环单取代的特征吸收峰。

六、注意事项

（1）操作前应检查傅里叶变换红外光谱仪是否正常运行，以及是否需要校正或调试等。

（2）红外光谱测试中可以测液体样品但是不能含水。

（3）样品纯度应尽量高，否则目标峰周围有较多杂峰或强吸收峰，可能分辨不出。

（4）存放红外光谱仪的房间应干燥恒温。

七、思考题

（1）用 FTIR 测试样品的红外光谱时为什么要先测试背景？

（2）压片为什么采用 KBr 作为稀释剂？

八、课外拓展

傅里叶变换红外光谱仪（Fourier transform infrared spectrometer，简写 FTIR），简称傅里叶红外光谱仪。它不同于色散型的红外光谱仪的分光原理，是基于对干涉后的红外光进行傅里叶变换而开发出的一种红外光谱仪。仪器主要由红外光源、光栅、干涉仪（分束器、动镜、定镜）、样品室、检测器以及各种红外反射镜、激光器、控制电路板和电源等组成，可以对样品进行定性和定量分析，广泛应用于医药化工、材料、地矿、石油、鉴别、煤炭、环保、海关、宝石鉴定、刑侦鉴定等领域。

第三章
拓展实验

实验 27 ▸▸
TiO_2 纳米粒子的制备及光催化性能研究

一、实验目的

（1）了解纳米粒子的性质及制备方法。

（2）掌握纳米级 TiO_2 的制备及光催化应用。

（3）培养实验动手能力及学科交叉知识的应用能力。

二、实验原理

纳米粒子最早是在 20 世纪 80 年代中期被制备出来的，主要是指尺寸在 $1\sim100$ nm 之间的粒子。其特殊的尺寸赋予了纳米粒子特殊的性质，如量子尺寸效应、量子隧道效应、表面效应及小尺寸效应等。纳米粒子在医药、分析检测、环境监测、光催化、食品等领域都具有广泛的应用前景。

二氧化钛（TiO_2），又称为钛白粉，具有无毒、无味和热稳定性好的特点。其中，纳米级 TiO_2 的比表面积为普通 TiO_2 的数倍且在 $200\sim400$ nm 之间无紫外-可见吸收，因此，纳米级 TiO_2 在光催化、光降解、光敏性催化剂及光电子器件等方面具有广泛的应用前景，成为国内外研究的热点。

目前，纳米 TiO_2 的制备方法主要有物理方法和化学方法，物理方法制备的纳米级 TiO_2 分散性好、粒径均匀、纯度高，但设备昂贵复杂，需要专业技术人员，实验室难以合成。因此，实验室中主要采用气相法和液相法等化学方法合成纳米级 TiO_2，较常用的方法包括微乳液法、水热法、沉淀法和溶胶-凝胶法等。

（1）$TiCl_4$ 水解机理

本实验以廉价的无机钛盐 $TiCl_4$ 为前驱体，采用反应简单、条件易控制的水解法制备纳米级 TiO_2。由于 Ti^{4+} 的电荷与半径之比相对较大，极化能力极强，水溶液中很易发生水解。具体化学反应方程式如下：

$$TiCl_4 + 2H_2O = TiO_2 + 4HCl \tag{1}$$

制备过程中，$TiCl_4$ 和 H_2O 的配比、温度、搅拌速度、溶液 pH 值及不同煅烧温度对

合成的 TiO_2 的结构和性质都有影响。由于反应(1)整体为放热反应，反应得到的 TiO_2 胶体将会凝聚在一起，影响 TiO_2 的尺寸。因此，采用冰水浴法降低反应体系的温度进而控制 $TiCl_4$ 的水解过程。具体反应方程如下：

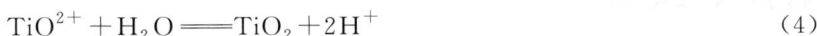

$$TiCl_4 + H_2O \Longrightarrow TiOH^{3+} + H^+ + 4Cl^- \tag{2}$$

$$TiOH^{3+} \Longrightarrow TiO^{2+} + H^+ \tag{3}$$

$$TiO^{2+} + H_2O \Longrightarrow TiO_2 + 2H^+ \tag{4}$$

其中，反应(3)和(4)为吸热反应。

(2)TiO_2 光催化原理

根据能带理论，如图1所示，纳米级 TiO_2 半导体的能带结构主要是由充满电子的价带（valence band，VB）和空的导带（conduction band，CB）组成。VB 与 CB 之间的不连续区域称为带隙（带隙能量用 E_g 表示）。TiO_2（锐钛矿）的带隙能量 $E_g = 3.2$ eV，大约相当于 387 nm 光子的能量。当用小于 387 nm 的紫外光照射 TiO_2 时，TiO_2 的价带电子受到能量激发从价带激发到导带形成光生电子（e^-），同时在价带产生带正电荷的空穴（h^+）。

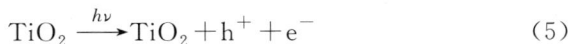

$$TiO_2 \xrightarrow{h\nu} TiO_2 + h^+ + e^- \tag{5}$$

TiO_2 产生的光生电子和空穴遇到吸附物质时会发生氧化还原反应。空穴可以看作是氧化剂，电子可以看作是还原剂。一般情况下，光催化氧化反应主要是直接或间接利用空穴的氧化能力。带正电荷的空穴可以与 TiO_2 表面吸附的 H_2O 或 OH^- 反应生成羟基自由基（OH·），OH· 具有强氧化性，能够无选择性氧化多种有机物并最终降解为 CO_2、H_2O 等无害物质。TiO_2 产生的光生电子具有强的还原性，能够还原去除水体中的金属阳离子。

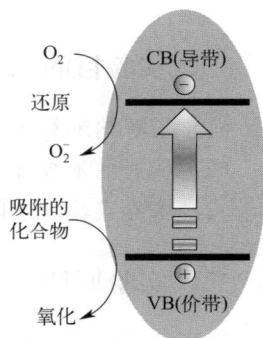

图 1 TiO_2 光催化原理示意图

三、仪器与药品

(1)仪器：磁力搅拌器、烘箱、控温马弗炉、低速离心机、分光光度计、烧杯、离心试管、容量瓶、移液管等。

(2)药品：四氯化钛（$TiCl_4$）、罗丹明 B、盐酸、硝酸、无水乙醇、去离子水等，所有试剂均为分析纯。

四、实验步骤

(1)TiO_2 纳米粒子的制备

以无机钛盐 $TiCl_4$ 为前驱体制备 TiO_2 纳米粒子。冰水浴中，将一定量的 $TiCl_4$ 固体缓慢加入去离子水中，不断搅拌的条件下，滴加浓硫酸，控制温度至 0 ℃ 以下，浓硫酸与 $TiCl_4$ 的物质的量之比为 1:20，$TiCl_4$ 的浓度为 1 $mol \cdot L^{-1}$。浓硫酸滴加完毕后，升温至 90 ℃，水解并陈化 10 h 后滴加氨水调节 pH 至 6 左右。随后，在 5000 $r \cdot min^{-1}$ 下离心 2~3 min，去离子水洗涤 4~5 次，100 ℃ 真空干燥 4~5 h 后得 TiO_2 纳米粒子。

(2)TiO_2 光催化活性的测试与表征

在紫外灯照射下，以上述方法合成的纳米级 TiO_2 为光催化剂，通过降解水中的罗丹明 B 染料，评估本实验中合成的 TiO_2 的光催化性能。

① 罗丹明 B 标准曲线的绘制。分别配制 1 mg·L^{-1}、2 mg·L^{-1}、4 mg·L^{-1}、6 mg·L^{-1}、8 mg·L^{-1}、10 mg·L^{-1}、12 mg·L^{-1} 和 15 mg·L^{-1} 的罗丹明 B 标准溶液，然后逐个在 λ_{max}=554 nm 下测标准溶液的吸光度，并绘制罗丹明 B 标准曲线。

② TiO$_2$ 光催化活性测试。磁力搅拌下，将 0.50 g TiO$_2$ 纳米粒子加入到光催化反应器中，反应器中含有 300 mL 20 mg·L^{-1} 的罗丹明 B 水溶液，关闭箱门，不开光源，暗反应 30 min，使染料分子与 TiO$_2$ 表面的吸-脱附达到平衡；随后接通冷凝水，打开紫外灯，测试罗丹明 B 水溶液浓度随反应时间的变化情况。具体操作如下：反应开始后，分别在 0 min、5 min、10 min、15 min、20 min、25 min、30 min、35 min、40 min、45 min、50 min、55 min 和 60 min 取出 5 mL 溶液（注意：取样时先关光源再开箱门，取样品后先关箱门后开光源），于 5000 r·min^{-1} 下离心 2～3 min，取上清液，在 λ_{max}=554 nm 下测溶液的吸光度（注：罗丹明 B 的最大吸收波长为 554 nm）。根据罗丹明 B 标准曲线，计算各个时间段所取溶液中罗丹明 B 的实际浓度。

（3）TiO$_2$ 结构的表征

通过 X 射线衍射（XRD）研究 TiO$_2$ 的物相。通过谢乐（Scherrer）公式估算本次实验中合成的 TiO$_2$ 的粒径大小，具体公式如下：

$$D = \frac{K\lambda}{B\cos\theta}$$

式中，θ 为衍射角；λ 为 X 射线波长（铜靶发射的波长 λ=0.15405 nm）；K 为与谱峰宽化度有关的常数，一般为 0.89；B 为 TiO$_2$ 纳米粒子引起的衍射峰的半峰宽。

五、数据记录与处理

（1）罗丹明 B 标准曲线的绘制（表 1）

表 1　罗丹明 B 水溶液的浓度与吸光度

浓度/(mg·L^{-1})	
吸光度	

（2）TiO$_2$ 光催化活性测试

① 将各个时间段所取溶液测得的吸光度填入表 2，根据标准曲线计算其浓度。

表 2　实验数据记录表

项目	不同反应时间的吸光度												
	0 min	5 min	10 min	15 min	20 min	25 min	30 min	35 min	40 min	45 min	50 min	55 min	60 min
吸光度													
浓度/(mol·L^{-1})													

② 根据不同时间内罗丹明 B 水溶液浓度随反应时间的变化（表 2），以罗丹明 B 浓度为纵坐标，时间 t 为横坐标作图，并分析其反应动力学特征（反应级数、反应速率常数等）。

（3）TiO$_2$ 结构的表征

绘出 TiO$_2$ 纳米粒子的 XRD 图谱，分析其物相并计算其粒度。

六、注意事项

（1）材料中加入 TiO$_2$ 后，应磁力搅拌吸附至少 20 min；开灯前一定要提前通循环水

（制冷）并打开风扇，以免反应装置炸裂。

（2）紫外灯对人眼和身体有强烈的刺激和危害，实验中注意避免长时间直接照射。

七、思考题

（1）合成 TiO_2 纳米粒子过程中如何控制水解反应过程？

（2）TiO_2 光催化机理是什么？

（3）影响 TiO_2 纳米粒子的晶型和尺寸的原因可能是什么？

八、课外拓展

中国光催化之父——付贤智

付贤智院士在光催化领域做出了卓越的贡献，推动了我国光催化研究的快速发展，使光催化成为中国化学学科里最为活跃的研究领域之一。

付贤智，中国工程院院士，现任福州大学校长、教授、博士生导师。付贤智在光催化领域的突出贡献在于他成功地将光催化技术应用于环保、建材、军工、电力等多个领域。他带领团队成功研制出了我国第一台光催化空气净化器，并实现了光催化技术的产业化。此外，他还将光催化技术应用于废水治理、建筑材料等领域，研发出了多项具有国际领先水平的技术和产品，被誉为"中国光催化之父"。

此外，付贤智还创建了福州大学光催化研究所，这是我国在光催化高新技术领域的唯一研究所。他的工作不仅在学术界产生了深远影响，也为我国在光催化技术的应用和推广作出了巨大贡献。

实验 28 ▶▶

染料敏化太阳能电池的制备及组装

一、实验目的

（1）了解染料敏化太阳能电池的发展及应用。

（2）掌握染料敏化太阳能电池的制备及组装方法。

（3）通过杨希川教授研发太阳能电池的故事，培养科研攻坚的毅力。

二、实验原理

伴随着能源危机及化石燃料带来的越来越严重的环境污染问题，人们日益重视能源消耗的可持续性发展。太阳能作为一种清洁、环境友好及可再生的新能源，具有取之不尽、用之不竭的特点。因此，如何正确使用太阳能资源日益受到重视。目前，太阳能电池是最常用的一种能够把太阳能直接转化成电能的装置，从最早的硅系太阳能电池，再到多元化合物薄膜太阳能电池、纳米晶太阳能电池及目前使用最广泛的有机太阳能电池，太阳能电池产业蓬勃发展，已经成为世界各国新一轮经济和科技发展的重大战略之一。特别是 1991 年，瑞士的科学家 Grätzel 等首次利用纳米级二氧化钛为染料载体，成功制作了染料敏化太阳能电池（dye-sensitized solar cell，简称 DSC），该染料敏化太阳能电池的光电转化效率被提高至 7.1%，继而被全世界科学家关注。

染料敏化太阳能电池的结构可以看作是一种"三明治"结构，主要由导电玻璃、染料敏化剂、TiO_2 半导体纳米晶薄膜、电解质和铂电极等几个部分组成（图 1），其中吸附了染料的半导体纳米晶薄膜又称为光阳极，铂电极又称为对电极。

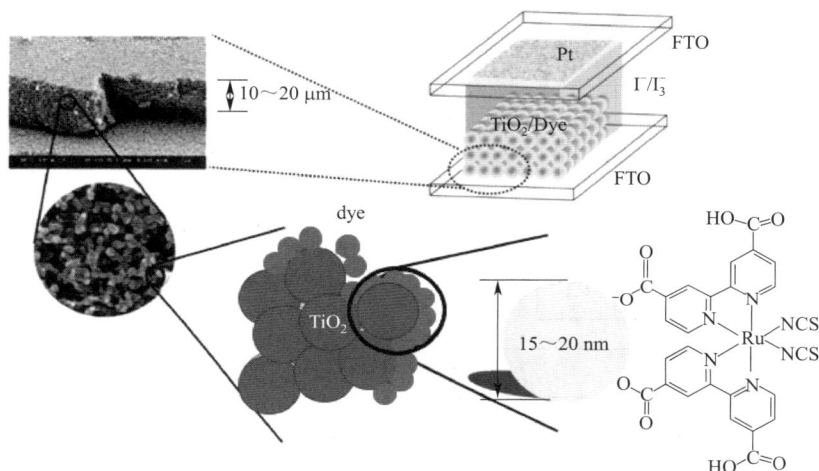

图 1　DSC 组成与结构示意图

① 敏化剂。敏化剂多分为联吡啶钌配合物、有机染料和窄带隙半导体等三类。敏化剂的作用主要是吸收太阳光，将基态电子激发到高能态，然后转移到外电路。敏化剂是决定电池转换效率的重要因素之一。

② 电解质。电解质在染料敏化太阳能电池中主要起着传输电子和再生染料的作用。因此，电解质首先要有与染料相匹配的氧化还原能级，其次，电解质中离子运输要快。目前，最常用的电解液是将 I^-/I_3^- 溶解在有机溶剂中。

③ 对电极。对电极主要为载有铂的导电玻璃和碳材料，用于还原 I_3^-。

④ 光阳极。光阳极为吸附了染料的半导体纳米晶薄膜，主要有 TiO_2、ZnO、SnO_2 等，是制作染料敏化太阳能电池的关键。

图 2 简单展示了染料敏化太阳能电池的工作原理。在光电流产生过程中，电子主要经历以下过程：

① 染料敏化剂（D）受到太阳光激发，将基态电子激发到高能的激发态（D^*），即：

$$D \xrightarrow{h\nu} D^*$$

② 电子转移到半导体的导带（CB）：

$$D^* \longrightarrow D^+ + e^- (CB)$$

③ 电解液中 I^- 能够还原氧化态染料，使染料再生：

$$3I^- + 2D^+ \longrightarrow I_3^- + 2D$$

④ 导带中的电子与氧化态染料也能复合，使染料再生：

$$D^+ + e^- (CB) \longrightarrow D$$

⑤ 半导体导带中的电子由纳米晶传输到导电玻璃基板（BC）后，进而可以转移到外电路中：

$$e^- (CB) \longrightarrow e^- (BC)$$

⑥ 纳米晶膜中传输的电子与进入 TiO_2 膜孔中的 I_3^- 复合：

$$I_3^- + 2e^- (CB) \longrightarrow 3I^-$$

⑦ I_3^- 扩散到对电极上，电子再生：

$$I_3^- + 2e^- (CE) \longrightarrow 3I^-$$

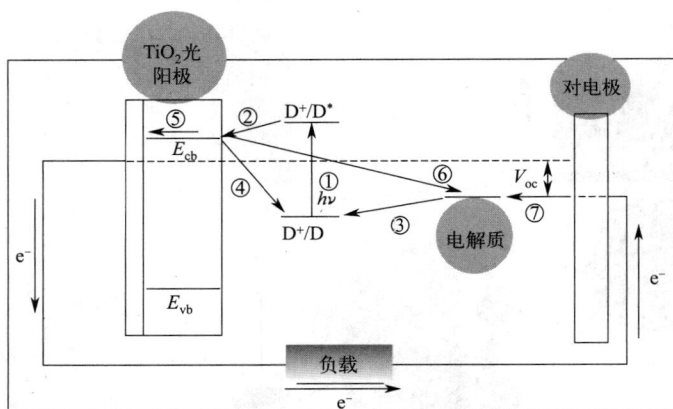

图 2　染料敏化太阳电池工作原理示意图

本实验采用电池的输出光电流-电压关系曲线，即 I-U 曲线表征染料敏化太阳能电池性能的好坏。从图 3 中可以得出评价染料敏化太阳能电池性能的主要指标，如开路光电压 U_{oc}（电路处于开路时的光电压，此时，电池的输出电流为零）、短路光电流 I_{sc}（电路处于短路时的光电流，它等于光子转换成电子-空穴对的绝对数量，此时，电池输出的电压为零）、最大功率 P_{max}、填充因子 FF［电池具有最大输出功率（P_{max}）时的电流（I_{opt}）和电压（U_{opt}）的乘积与短路光电流和开路光电压的乘积的比值称为填充因子，实际上，填充因子在 I-U 曲线上是两个长方形面积之比］和光电转换效率 η［电池的最大输出功率与输入光的功率（P_{in}）的比值称为光电能量转化效率］等参

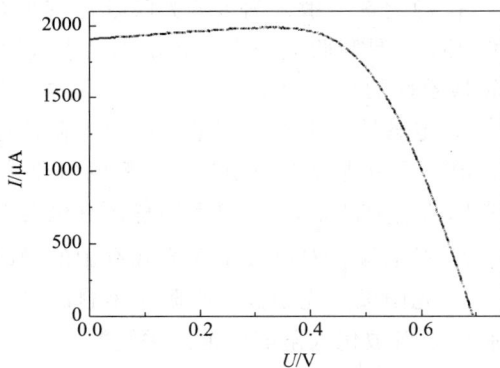

图 3　I-U 的关系曲线

数，其中 U_{oc}、I_{sc}、P_{max} 和 η 等参数之间的关系如下：

$$P_{max} = I_{MPP} U_{MPP}$$

$$FF = \frac{P_{max}}{I_{sc} U_{oc}} = \frac{I_{MPP} U_{MPP}}{I_{sc} U_{oc}}$$

$$\eta = \frac{P_{max}}{I_a}$$

式中，I_a 为入射光强度；I_{MPP} 和 U_{MPP} 分别为电池在最大功率时的电流和电压。

三、仪器与药品

（1）仪器：CHI660E 电化学工作站（上海辰华仪器公司，中国）、光电测试仪、研钵、微量注射器、玻璃刀、导电玻璃、酒精棉等。

（2）药品：联吡啶钌的配合物染料、异丙嗪、氯铂酸、乙酰丙酮、纳米二氧化钛、0.05 mol·L^{-1} I$_2$ 和 0.1 mol·L^{-1} LiI 的混合液，所有试剂均为分析纯。

四、实验步骤

（1）染料敏化太阳能电池的制作

① 切割导电玻璃。将导电玻璃切割成长 3 cm、宽 2 cm 的形状，清洗干净并确认导电面后备用。

② TiO$_2$ 工作电极的制作。取 1 g 纳米级 TiO$_2$ 置于研钵中，认真研磨成粉末，滴加约 10～15 滴乙酰丙酮，均匀混合制成胶体，随后，将该胶体均匀涂抹到切割好的导电玻璃的导电面，室温晾干后置于马弗炉中 450 ℃烧结 30 min，制得 TiO$_2$ 电极。

③ 染料敏化电极制备。将 1 g 联吡啶钌的配合物染料加入 10 mL 的无水乙醇中，磁力搅拌 30 min 后得均一透明的溶液。然后将上述制得的 TiO$_2$ 电极置于联吡啶钌的配合物染料溶液中浸泡 3～4 h，取出，蒸馏水清洗，室温晾干，即得染料敏化的 TiO$_2$ 电极。

④ 对电极的制作。将氯铂酸均匀滴在导电玻璃的导电面，再在 400 ℃下烧结 30 min。

⑤ 电解液的配制。电解液为 0.05 mol·L^{-1} I$_2$ 和 0.1 mol·L^{-1} LiI 的异丙嗪溶液。

⑥ 染料敏化太阳能电池的组装。采用"三明治"式结构组装染料敏化太阳能电池，具体组装步骤如下：将染料敏化的 TiO$_2$ 电极和对电极用胶带缠起来，在两个电极之间缓慢滴加电解液直到光阳极与对电极接触面充满电解液。

（2）染料敏化电极性能测定与评价

① 线路的连接。电解液移至电解池中，组装三电极体系，将相应电极夹到不同颜色的电极夹上，即白色夹子连接参比电极、红色夹子连接对电极、绿色夹子连接染料敏化的 TiO$_2$ 电极，黑色夹子悬空，不使用。光源对准染料敏化的 TiO$_2$ 电极一面，调节光源与电池距离，使电池上的入射光强度为 100 mW，保持距离不变，进行测定。

② 循环伏安法测定。设置扫描速率为 25 mV·s^{-1}，电压范围为 -0.8～0 V，得到循环伏安图。根据公式计算电池的最大功率、填充因子和光电转换效率等，进而评价本实验制备的染料敏化电池的性能。

五、数据记录与处理

通过循环伏安法绘制电池的输出光电流-电压关系曲线图，并根据图谱计算出表 1 中染料敏化太阳能电池性能的主要指标。

表 1 染料敏化太阳能电池性能的主要指标

工作电极	I_{sc}/(mA·cm^{-2})	U_{oc}/V	FF	η/%
染料敏化的 TiO$_2$ 电极				

六、注意事项

（1）导电玻璃的导电面应确定正确，并清洗干净，否则将直接会影响实验结果。

（2）不同颜色电极夹不能夹错电极，同时避免电极夹相互接触和接触溶液造成仪器短路。

七、思考题

（1）影响染料敏化太阳能电池光电转化效率的主要因素有哪些？

（2）三电极体系中对电极的作用是什么？

（3）敏化剂在染料敏化太阳能电池中的作用主要有哪些？

（4）比较其他太阳能电池，染料敏化太阳能电池具有哪些优点和缺点？

八、课外拓展

填补空白！大连理工大学"硬核"教授：聚焦"太阳能"电池，取得重大突破。

想国家之所想、急国家之所急、研国家之所需，一直都是我国科技工作者矢志不渝的工作方向。大连理工大学杨希川教授主导项目研发，填补国内空白，钻研新兴领域，实现了重大突破，他将染料敏化太阳能电池的实验室光电转换效率提升至 13.6%。这一转换效率，无论是在国内，还是在国际上，都处于遥遥领先的水平。此外，杨希川教授还带领团队做出了 400 mm×400 mm 的单板太阳能电池，至今已稳定运行了十余年，为太阳能电池大规模的工业化生产奠定了坚实的基础。

实验 29 ▶▶

硫酸链霉素药物有效期的测定

一、实验目的

（1）了解药物水解反应的特征，并理解药物有效期的含义和意义。

（2）通过硫酸链霉素水解反应速率常数的测定，进而掌握药物有效期测定的方法和步骤。

（3）通过链霉素发现的故事，培养吃苦耐劳、科研攻坚的精神。

二、实验原理

药物的有效期是指药物在一定的条件下还可以保持其治疗作用的时间。本实验通过比色分析方法求出硫酸链霉素水解反应的反应速率常数。

链霉素主要是由灰色链霉菌（放线菌属）产生的抗生素。硫酸链霉素分子式为 $(C_{21}H_{39}N_7O_{12})_2 \cdot 3H_2SO_4$。链霉素临床上主要用于治疗各种结核病等。

硫酸链霉素一般在 pH 值为 4.0～4.5 时稳定，但是在过碱性条件下容易发生水解而失效，如碱性条件下，硫酸链霉素可以水解生成麦芽酚（α-甲基-β-羟基-γ-吡喃酮），具体反应如下：

$$(C_{21}H_{39}N_7O_{12})_2 \cdot 3H_2SO_4 + H_2O \longrightarrow \text{麦芽酚} + \text{其他降解物}$$

该反应可视为假一级反应，其反应动力学方程服从式（1）：

$$\lg(c_0 - c_x) = -kt/2.303 + \lg c_0 \tag{1}$$

式中，c_0 为硫酸链霉素水溶液的初始浓度；t 为时间，min；c_x 为 t 时间硫酸链霉素水解掉的浓度；k 为链霉素水解反应的反应速率常数。

以 $\lg(c_0 - c_x)$ 为纵坐标，时间 t 为横坐标作图，由所得直线的斜率可求出硫酸链霉素的反应速率常数 k。

硫酸链霉素在碱性条件下水解得到麦芽酚，麦芽酚在酸性条件下与三价铁离子作用生成稳定的紫红色螯合物，可通过比色分析的方法测定。由于硫酸链霉素初始浓度 c_0 与全部水解后产生的麦芽酚的浓度成正比，且与硫酸链霉素全部水解测得的吸光度 E_∞ 也成正比，即 $c_0 \propto E_\infty$，因此在任意时刻 t，硫酸链霉菌素水解掉的浓度 c_x 应与该时刻测得的吸光度 E_t 成正比，即 $c_x \propto E_t$，将上述关系代入式（1）中得：

$$\lg(E_\infty - E_t) = -kt/2.303 + \lg E_\infty \tag{2}$$

以 $\lg(E_\infty - E_t)$ 为纵坐标，时间 t 为横坐标作图，由所得直线的斜率可求出硫酸链霉素水解反应的反应速率常数 k。药物的有效期一般是指药物分解掉原含量的 10% 时所需要的时间 $t_{0.9}$，与 k 有如下关系：

$$t_{0.9} = \ln(100/90)/k = 0.105/k \tag{3}$$

三、仪器与药品

（1）仪器：分光光度计、超级恒温槽、100 mL 磨口锥形瓶（2 个）、50 mL 磨口锥形瓶（11 个）、20 mL 移液管、5 mL 吸量管（3 支）、50 mL 量筒、1 mL 吸量管、电热炉、秒表等。

（2）药品：0.4% 硫酸链霉素溶液、2.0 mol·L^{-1} 氢氧化钠溶液、20 g·L^{-1} 铁试剂、2 mol·L^{-1} 硫酸，所有试剂均为分析纯。

四、实验步骤

（1）将超级恒温槽的温度设置为（40±0.2）℃。

（2）将 10 个 50 mL 磨口锥形瓶依次编号。用移液管向锥形瓶中加入 20 mL 铁试剂（20 g·L^{-1}），然后滴加 5 滴 2 mol·L^{-1} 硫酸。

（3）量筒量取 50 mL 0.4% 硫酸链霉素溶液置于 100 mL 的磨口锥形瓶中，然后将该锥形瓶置于（40±0.2）℃的恒温槽中，恒温 5 min，吸量管量取 0.5 mL 氢氧化钠溶液（2.0 mol·L^{-1}），迅速加入硫酸链霉素溶液中，当氢氧化钠溶液加入至一半时，打开秒表，记录时间。每隔 5 min，用移液管分别移取上述反应液 5 mL 于编好号的锥形瓶中，摇匀后呈现紫红色，放置 5 min，在 520 nm 波长下用分光光度计测定吸光度 E_t。

（4）将剩余的硫酸链霉素反应液放入沸水浴中加热煮沸 10 min。移取 2.5 mL 硫酸链霉素反应液置于 50 mL 磨口锥形瓶中，加入 2.5 mL 蒸馏水，再加入 20 mL 铁试剂（20 g·L^{-1}）和 5 滴 2 mol·L^{-1} 硫酸，摇匀至紫红色，测其吸光度，此值乘 2 即为硫酸链霉素全部水解时的吸光度 E_∞。

（5）调节恒温槽温度，升温至（50±0.2）℃，按上述操作过程，每隔 5 min 取样分析测试，记录实验数据。

五、数据记录与处理

将数据记录在表 1、表 2 中，并进行处理。

表 1　40 ℃时硫酸链霉素的吸光度

$T = (40 \pm 0.2)$℃；$E_\infty = $ ____（完全水解：浅黄色澄清溶液，有麦芽香味）

项目	吸光度									
	5 min	10 min	15 min	20 min	25 min	30 min	35 min	40 min	45 min	50 min
E_t										
$E_\infty - E_t$										
$\lg(E_\infty - E_t)$										

表 2　50 ℃时硫酸链霉素的吸光度

$T = (50 \pm 0.2)$℃；$E_\infty = $ ____（完全水解：浅黄色澄清溶液，有麦芽香味）

项目	吸光度									
	5 min	10 min	15 min	20 min	25 min	30 min	35 min	40 min	45 min	50 min
E_t										
$E_\infty - E_t$										
$\lg(E_\infty - E_t)$										

六、注意事项

（1）硫酸链霉素在酸性或中性条件下非常稳定，基本不会发生水解，因此，本实验通过加入 2 mol·L^{-1} NaOH 溶液和恒温水浴加热的方式提供非常态条件，进而测定药物的有效期。

（2）链霉素水解过程中，每隔 5 min 准确取一次样，取样时时间必须准确并及时，一旦成功取出链霉素水解产物后，应迅速加入铁试剂，此时链霉素溶液由碱性迅速变成酸性，因硫酸链霉素在酸性条件下不会发生水解，故水解停止，不会影响后续实验。

（3）不同温度下硫酸链霉素完全水解的吸光度是一致的，因此，在 40 ℃、50 ℃条件下只需进行一次完全水解即可。

七、思考题

（1）50 mL 的磨口锥形瓶在使用前为什么要干燥？
（2）取样分析时，为什么要先加入铁试剂和硫酸，再对反应液进行测试分析？

八、课外拓展

链霉素是怎么被发现的？链霉素的发现与土壤有极大的关系。1924 年，美国科学家瓦克斯曼接受了结核病协会提出的一个新的科研任务——研究进入土壤中的结核菌到哪里去了。通过大量研究，瓦克斯曼发现，一小块土壤往往有几千种细菌存在，须把它们一个一个分离培养，取其分泌物后又须在病原菌或其他细菌中进行杀菌效能检查。直到 1942 年，瓦克斯曼终于通过土壤，成功地培养出了一种新的药物，也就是后面被正式命名为"链霉素"

的药物。该药物对治疗结核病有特效。20 世纪初，链霉素被宣布作为不治之症结核病的特效药。为表彰瓦克斯曼的特殊贡献，1952 年，瓦克斯曼被授予诺贝尔生理学或医学奖。

附录：实验数据处理示例

（1）（40±0.2）℃时硫酸链霉素药物有效期的计算（表 3）

表 3　（40±0.2）℃时硫酸链霉素的吸光度

$T = (40 \pm 0.2)$℃；$E_\infty = $____（完全水解：浅黄色澄清溶液，有麦芽香味）

项目	吸光度									
	5 min	10 min	15 min	20 min	25 min	30 min	35 min	40 min	45 min	50 min
E_t	0.008	0.017	0.27	0.038	0.43	0.052	0.62	0.073	0.80	0.085
$E_\infty - E_t$	0.363	0.359	0.342	0.338	0.330	0.324	0.310	0.303	0.298	0.291
$\lg(E_\infty - E_t)$	−0.432	−0.445	−0.460	−0.471	−0.480	−0.489	−0.502	−0.519	−0.521	−0.536

以 $\lg(E_\infty - E_t)$ 为纵坐标，时间 t 为横坐标作图，得到如图 1 所示速率图。

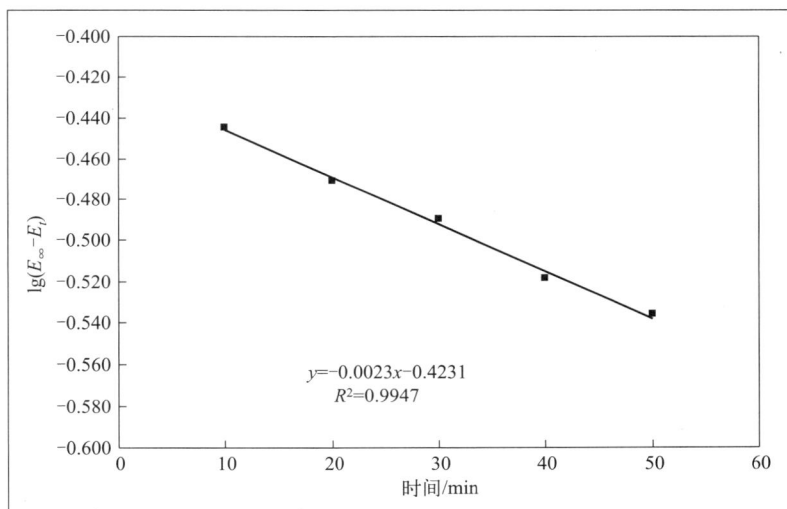

图 1　（40±0.2）℃时硫酸链霉素水解速率图

由式(2) 及图 1 可知，$-k/2.303$ 即为直线的斜率，则 $-k/2.303 = -0.0023$，所以 $k = 0.005297$；根据式(3)，$t_{0.9} = \ln(100/90)/k = 0.105/k = 19.8$ min。因此，在（40±0.2）℃条件下，硫酸链霉素的反应速率常数 $k = 0.005297$，硫酸链霉素药物的有效期为 19.8 min。

（2）（50±0.2）℃时硫酸霉素药物有效期的计算（表 4）

表 4　（50±0.2）℃时硫酸链霉素的吸光度

$T = (50 \pm 0.2)$℃；$E_\infty = $____（完全水解：浅黄色澄清溶液，有麦芽香味）

项目	吸光度									
	5 min	10 min	15 min	20 min	25 min	30 min	35 min	40 min	45 min	50 min
E_t	0.054	0.101	0.143	0.173	0.203	0.223	0.247	0.272	0.297	0.312
$E_\infty - E_t$	0.322	0.275	0.233	0.203	0.173	0.154	0.121	0.101	0.082	0.058
$\lg(E_\infty - E_t)$	−0.492	−0.561	−0.633	−0.693	−0.762	−0.843	−0.933	−1.012	−1.112	−1.212

以 $\lg(E_\infty - E_t)$ 为纵坐标，时间 t 为横坐标作图，得到如图 2 所示速率图。

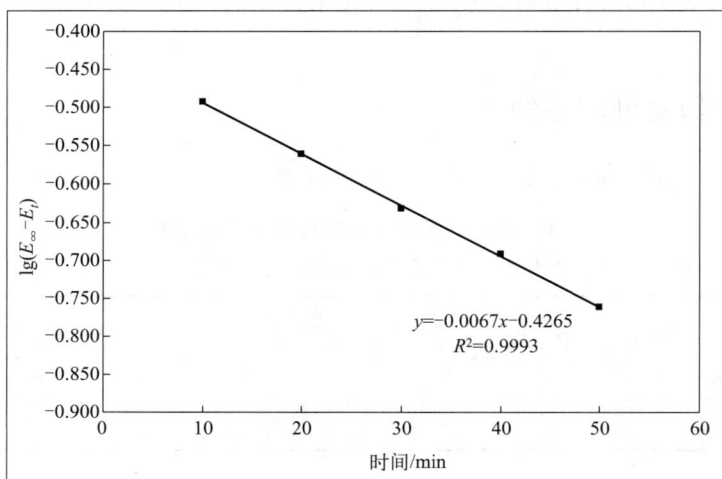

图 2 （50±0.2）℃时硫酸链霉素水解速率图

由式(2) 及图 2 可知，$-k/2.303$ 即为直线的斜率，则 $-k/2.303 = -0.0067$，所以 $k = 0.01543$；根据式(3)，$t_{0.9} = \ln(100/90)/k = 0.105/k = 6.8$ min。因此在 （50±0.2）℃条件下，硫酸链霉素的反应速率常数 $k = 0.01543$，药物的有效期为 6.8 min。

反应速率常数与温度的关系符合 Arrhenius 经验式，即：

$$k = A e^{-E_a/RT} \tag{4}$$

以 $\ln k$ 为纵坐标，$1/T$ 为横坐标作图，得到 $\ln k$-$1/T$ 曲线图 （图 3）。

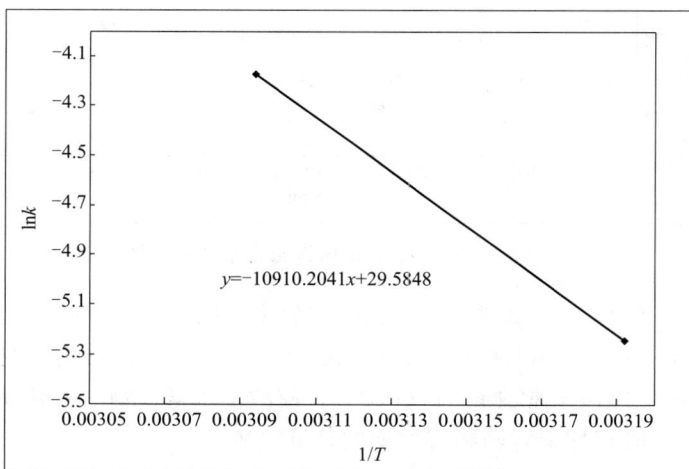

图 3 $\ln k$-$1/T$ 曲线图

根据式(4)，$-E_a/R$ 等于斜率，即 $-E_a/R = -10910.2041$，可求得 $E_a = 90.707$ kJ·mol^{-1}。

通过式(4) 还可求得硫酸链霉素在 25 ℃时的反应速率常数 $k = 9.044 \times 10^{-4}$，然后根据式(3)，在 25 ℃下链霉素药物的有效期 $t_{0.9} = \ln(100/90)/k = 0.105/k = 116.1$ min。因此在 25 ℃下，硫酸链霉素的反应速率常数 $k = 9.044 \times 10^{-4}$，药物有效期为 116.1 min。

实验 30 ▶▶

循环伏安法测定电极反应参数

一、实验目的

（1）了解并掌握循环伏安法测定电极反应参数的原理、方法和特点。

（2）学习 CHI660E 电化学工作站的参数设置及使用。

（3）通过科学家汉弗里·戴维的故事，培养吃苦耐劳的精神。

二、实验原理

循环伏安法是在待测电极表面施加一个可以线性变化、循环扫描的电压，即当电压从起始电压扫描至设定的终止电压后再反向扫描至起始电压，电压与时间构成等腰三角形状。电极在电解过程中电流与电压（电位）的关系曲线即为循环伏安曲线。

循环伏安法是一种研究电化学活性物质的电化学分析方法，在电分析化学、无机化学、分析化学、生物化学等研究领域具有广泛的应用。循环伏安法能在相对较宽的电位范围内快速观察到电活性物质的氧化还原行为，如反应过程的可逆性判断、反应机理研究和电极有效比表面积计算等。

如图 1 所示，在正向扫描过程中，如果待测溶液中存在氧化态物质 O，则电极表面将发生还原反应：

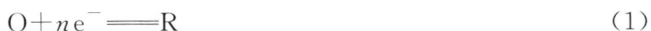

$$O+ne^- \!=\!=\! R \tag{1}$$

在反向扫描过程中，如果待测溶液中存在还原态物质 R，则电极表面将发生氧化反应：

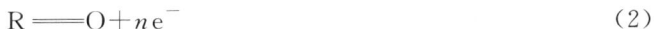

$$R \!=\!=\! O+ne^- \tag{2}$$

通过一个完整的三角波扫描过程，完成一个完整的还原与氧化过程，得出如图 2 所示的循环伏安曲线。

图 2 的循环伏安曲线分别对应两个峰电流（阴极峰值电流 i_{pc} 和阳极峰值电流 i_{pa}）和两个峰电位（阴极峰值电位 E_{pc} 和阳极峰值电位 E_{pa}）。

（1）可逆过程

① 阴、阳极峰电位的差值存在如下关系：

$$\Delta E=E_{pa}-E_{pc}=59 \text{ mV}/n \tag{3}$$

由式（3）可知，峰电位与扫描速率无关。

② 峰电流 i_p 与扫描速率的关系式可由 Randles-Šavčik 方程表示：

$$i_p=2.69\times105n^{3/2}AD^{1/2}v^{1/2}c \tag{4}$$

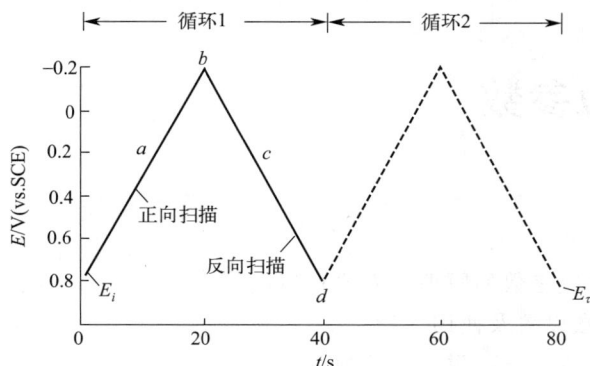

图 1 循环伏安法扫描电压与时间关系图

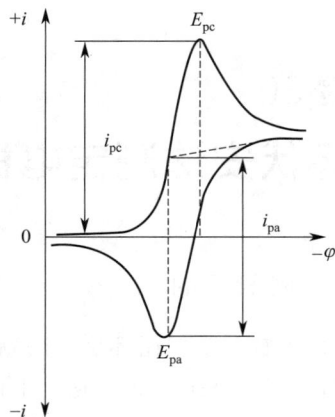

图 2 循环伏安曲线

式中，i_p 为峰电流，A；n 为反应过程中的转移电子数；A 为电极的有效比表面积，cm^2；D 为扩散系数，$cm^2 \cdot s^{-1}$；v 为扫描速率，$V \cdot s^{-1}$；c 为反应物浓度，$mol \cdot L^{-1}$。

③ 阳极峰电流 i_{pa} 与阴极峰电流 i_{pc} 绝对值的比值为 1，与扫描速率无关：

$$\left| \frac{i_{pa}}{i_{pc}} \right| \approx 1 \tag{5}$$

对于一个简单的电极反应过程，式（3）和式（5）是判别电极反应是否可逆的重要依据。标准电极电势如下：

$$E^{\ominus} = \frac{E_{pa} + E_{pc}}{2} \tag{6}$$

所以对于可逆过程（图 3 曲线 A），循环伏安法也是一个测量标准电极电位的方法。

（2）准可逆过程（部分可逆过程）

对于准可逆过程，如图 3 中 B 曲线所示，阴、阳极峰电位的差值 $\Delta E_p > 59 mV/n$，峰电位随扫描速率的增加而发生变化，且阴极峰电位变负、阳极峰电位变正。此外，根据电极反应性质的不同，i_{pa}/i_{pc} 可大于 1、等于 1 或小于 1，但均与扫描速率的平方根成正比，因为峰电流仍由扩散速率控制。

（3）不可逆过程

对于不可逆过程，如图 3 中 C 曲线所示，反向扫描时没有峰，但峰电流仍与扫描速率的平方根成正比，峰电流随扫描速率的变化而变化。

三、仪器与药品

（1）仪器：CHI660E 型电化学工作站、玻碳电极（GCE）、铂丝电极、银/氯化银电极等。本实验装置简图如图 4 所示。

（2）药品：5.0×10^{-3} $mol \cdot L^{-1}$ 铁氰化钾标准溶液、1.0 $mol \cdot L^{-1}$ 氯化钾溶液、无水乙醇、微米级氧化铝粉，所有试剂均为分析纯。

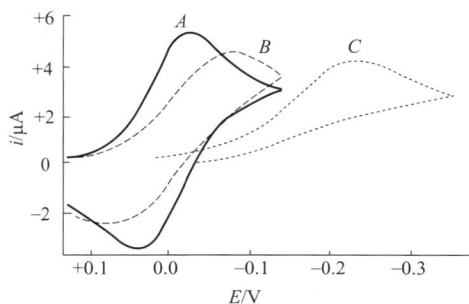

图 3　不同体系的循环伏安曲线图

A—可逆过程；*B*—准可逆过程；*C*—不可逆过程

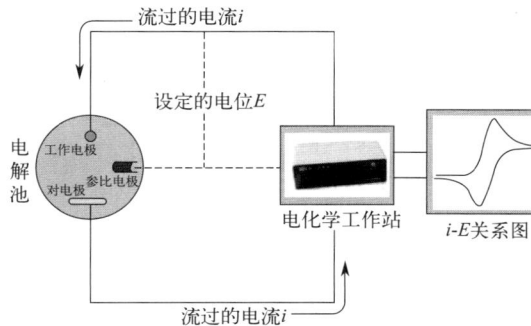

图 4　实验装置简图

四、实验步骤

（1）铁氰化钾标准溶液的配制

移液管分别移取 0.0 mL、0.2 mL、0.4 mL、0.6 mL、0.8 mL、1.0 mL、1.2 mL、1.4 mL、1.6 mL、1.8 mL 和 2.0 mL 的 5.0×10^{-3} mol·L^{-1} 铁氰化钾标准溶液于 10 mL 的容量瓶中，加入 1.0 mL 氯化钾溶液（1.0 mol·L^{-1}），加蒸馏水定容，备用。

（2）电极预处理

① 用蒸馏水清洗参比电极和铂丝对电极，滤纸擦干，备用。

② 将工作电极（玻碳电极）依次用 0.3 μm 和 0.05 μm 的氧化铝粉悬浊液抛光成镜面，然后分别用无水乙醇和蒸馏水超声洗涤 2~3 次，室温晾干，备用。

（3）电化学实验

① 打开 CHI660E 电化学工作站开关和电脑的电源。双击 CHI660E 工作图标，打开电化学工作测量窗口。

② 移取 3 mL 铁氰化钾标准溶液至电解池中，组装三电极体系，按照图 5 方式将相应电极夹到不同颜色的电极夹上，白色夹子对应参比电极、红色夹子对应铂电极、绿色夹子对应工作电极。图中未体现的黑色夹子则悬空，不使用。

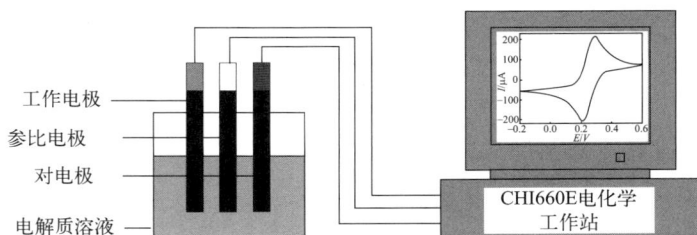

图 5　电极的组装

③ 参数设置。双击 图标，如图 6（a）所示，在 Electrochemical Techniques 菜单中选择 Cyclic Voltammetry 方法；单击 OK 按钮，在 Cyclic Voltammetry parameters 中设置参

数，参数设置如图 6（b）所示。

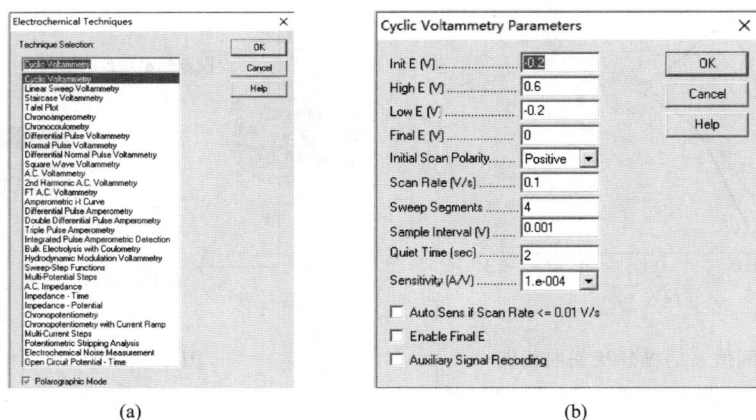

(a)   (b)

图 6　参数设置示意图

参数设置完成后，点击 ▶ 按钮开始扫描，测定完成后，点击 ■ 按钮结束，命名存储。完成一系列铁氰化钾标准溶液的循环伏安图的测定。

（4）不同扫描速率下 $K_3Fe(CN)_6$ 溶液的循环伏安图的测定

电解池中加入 3 mL 1.0×10^{-3} mol·L^{-1} $K_3Fe(CN)_6$、1.0 mol·L^{-1} KNO_3 溶液，同上组装三电极体系，按照步骤（3）③参数设置方法设置参数，只改变扫描速率为 10 mV·s^{-1}、20 mV·s^{-1}、30 mV·s^{-1}、40 mV·s^{-1}、50 mV·s^{-1}、60 mV·s^{-1}、70 mV·s^{-1}、80 mV·s^{-1}、90 mV·s^{-1}、100 mV·s^{-1}、110 mV·s^{-1}、120 mV·s^{-1}、130 mV·s^{-1}、140 mV·s^{-1}、150 mV·s^{-1}、160 mV·s^{-1}、170 mV·s^{-1}、180 mV·s^{-1}、190 mV·s^{-1} 和 200 mV·s^{-1}。分别记录 $+0.60 \sim -0.20$ V 之间的循环伏安图。

五、数据记录与处理

（1）相同扫描速率下，以 i_{pa} 或 i_{pc} 对铁氰化钾标准溶液的浓度作图并拟合，说明两者之间的关系。

表 1　铁氰化钾标准溶液的浓度对电化学参数的影响

项目	1	2	3	4	5	6	7	8	9	10
$c/(mmol \cdot L^{-1})$										
E_{pc}/V										
E_{pa}/V										
$i_{pc}/\mu A$										
$i_{pa}/\mu A$										
$\Delta E_p/mV$										
i_{pc}/i_{pa}										

由表 1 数据可见，$\Delta E_p \approx$ _____ mV；$i_{pc}/i_{pa} =$ _____。

所以，所研究的铁氰化钾体系为 _____。

以 i_{pa}（μA）或 i_{pc}（μA）为纵坐标，铁氰化钾标准溶液的浓度（mmol·L^{-1}）为纵坐

标作图，由图可知，峰电流 i_p 与铁氰化钾标准溶液的浓度呈现_____关系。

（2）相同铁氰化钾浓度下，绘制 i_{pa} 或 i_{pc} 与相应 $v^{1/2}$（v 为扫描速率）的关系曲线并拟合，说明两者之间的关系。

表 2　扫描速率对电化学参数的影响

项目	1	2	3	4	5	6	7	8	9	10	11	12	13	14	15	16	17	18	19	20
$c/(\text{mmol} \cdot \text{L}^{-1})$																				
$v/(\text{V} \cdot \text{s}^{-1})$																				
$v/(\text{mV} \cdot \text{s}^{-1})$																				
$v^{1/2}/(\text{mV}^{1/2} \cdot \text{s}^{-1/2})$																				
E_{pc}/V																				
E_{pa}/V																				
$i_{pc}/\mu\text{A}$																				
$i_{pa}/\mu\text{A}$																				
$\Delta E_p/\text{mV}$																				

由表 2 的数据可见，随着扫描速率的增加，阴极峰峰电位 $E_{pc}=$_____；阳极峰峰电位 $E_{pa}=$_____；$\Delta E_p=$_____。

以 i_{pa}（μA）或 i_{pc}（μA）为纵坐标，$v^{1/2}$（$\text{mV}^{1/2} \cdot \text{s}^{-1/2}$）为横坐标作图，由图可知，峰电流 i_p 与扫描速率的平方根呈_____，所以本实验所研究的铁氰化钾体系是受_____的过程。

六、注意事项

（1）玻碳电极表面应抛光并清洗干净，否则将直接会影响实验结果。

（2）不同扫描速率下 $K_3\text{Fe}(\text{CN})_6$ 溶液的循环伏安扫描应该在静止的条件下进行，严禁搅拌溶液。

（3）不同颜色电极夹不能夹错电极，同时避免电极夹相互接触和接触溶液造成仪器短路。

七、思考题

（1）如何判断电极反应过程的可逆性？

（2）铁氰化钾的循环伏安曲线图的特点是什么？说明其可能的反应机理。

八、课外拓展

电和化学的结合给我们的生活带来了巨大的变化，这是伏特所没有想到的。电学和化学的结合是由英国的科学家汉弗里·戴维首先提出来的。戴维是一个化学家，不仅精通电学，还对伏特电池入迷。思想锐利的戴维无时无刻不在思考，既然化学能产生电，那么电能不能产生化学反应呢？最早思考这个问题的是英国科学家尼科尔逊和卡里斯尔，他们发现，当往水里通电流的时候，能见到气泡产生，但并未深入研究。为了进一步研究，戴维建造了一个有 250 多块金属板的电池组来进行电解水的研究。戴维实际上发明了电解的方法，利用电解，他发现了新的金属钾，在钾发现的一个星期后，他又从苏打溶液中电解出了金属钠，发现了钠元素。正是因为戴维孜孜不倦地研究，才有了我们现在工业的发展。

实验 31 ▶▶

镧系电致化学发光体的合成及其发光性质的表征

一、实验目的

（1）了解水热法合成配合物的方法。
（2）掌握电致化学发光仪器的参数设置及使用。
（3）培养绘图能力及综合实验能力。

二、实验原理

电致化学发光（electrogenerated che-miluminescence，ECL）分析技术是电化学技术的一个分支，是目前分析化学领域中一种简单、快速、灵敏的分析检测方法。电极表面发光材料（发光体）经过氧化还原反应和电子传递，形成发光激发态，由激发态返回到基态时产生发光现象。电化学发光检测是近几年发展迅速的一种新型检测方法，可用于临床检验分析及医药、病毒、免疫等科学实验。

电致化学发光的基本反应历程：当在工作电极表面施加一定的扫描电压后，发光体会发生电化学反应并产生化学发光的中间体，当中间体-中间体之间或中间体-溶液中其他物质（如共反应试剂）之间通过电子得失产生的不稳定激发态物质从激发态跃迁返回至基态时，就会产生发光现象。发光体不同，其具体的电致化学发光反应历程不同，反应机理也不同。电致化学发光的机理一般可以概括为三类：湮灭电致化学发光反应机理、共反应试剂电致化学发光反应机理和热电子诱导电致化学发光反应机理。

本次实验主要探究的是共反应试剂电致化学发光反应机理，如以镧系配合物（Eu-COP）为电致化学发光体、$K_2S_2O_8$ 为共反应试剂，具体的电致化学发光机理如图 1 所示。

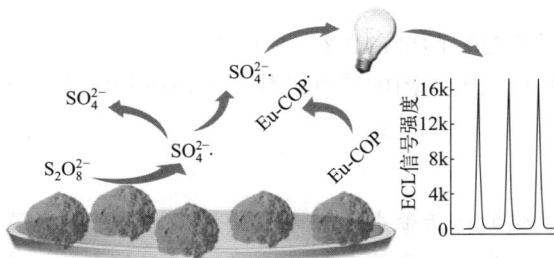

图 1   Eu-COP-$K_2S_2O_8$ 体系的发光机理

三、仪器与药品

仪器：MPI-EⅡ型全光谱电致化学发光检测仪（西安瑞迈仪器有限责任公司，中国）、CHI660E 电化学工作站（上海辰华仪器公司，中国）、三电极系统［玻碳电极（GCE，直径 4.0 mm）为工作电极，铂丝为对电极，Ag/AgCl 为参比电极］等。

药品：过硫酸钾（$K_2S_2O_8$，98%）、均三苯甲酸（BTC，98%）、$Eu(NO_3)_3 \cdot 6H_2O$（99.0%），由中国北京 J&k 化工有限公司提供；$0.1\ mol \cdot L^{-1}$ 的磷酸盐缓冲溶液（PBS，pH=7.0，以 Na_2HPO_4 和 KH_2PO_4 为原料且含 $0.1\ mol \cdot L^{-1}$ KCl）、壳聚糖（0.5%）等，所有试剂均为分析纯。

四、实验步骤

1. 材料合成及修饰电极制备

（1）镧系配合物的合成

先将 1 mmol 的 $Eu(NO_3)_3$ 和 1 mmol 的均三苯甲酸加入 30 mL 乙醇-水溶液（体积比为 1：1）中，在室温下剧烈搅拌。然后将反应混合物在 90 ℃下搅拌回流 2 h，出现大量白色沉淀，即为镧系配合物 Eu-COP。将白色沉淀离心，用蒸馏水和无水乙醇分别洗涤 2~3 次，干燥后备用。

（2）修饰电极的制作

将工作电极裸玻碳电极用 0.3 μm α-Al_2O_3 抛光后用乙醇和蒸馏水分别超声清洗，室温晾干，获得干净镜面。将 4.0 mg Eu-COP 与 2 mL 壳聚糖（0.5%，CS）于离心管中混合均匀，得 Eu-COP/壳聚糖复合物（Eu-COP/CS）。取 10 μL Eu-COP/CS 滴涂于 GCE 表面，室温阴凉处晾干后备用，记为 Eu-COP/CS/GCE。

2. 电致化学发光分析

（1）电致化学发光分析检测条件

ECL 检测底液为含有 $0.1\ mol \cdot L^{-1}$ $K_2S_2O_8$ 共反应试剂的 $0.1\ mol \cdot L^{-1}$ PBS 缓冲液（pH=7.0）。电压扫描范围为 0.00~2.00 V，扫描速率为 100 mV·s^{-1}，光电倍增管为 800 V，放大倍数为 3。

（2）电致化学发光分析检测步骤

① 打开 MPI-E Ⅱ型全光谱电致化学发光检测仪开关和电脑的电源。双击 MPI-E Ⅱ工作图标 ，打开测量窗口。

② 移取 3 mL 含有 $0.1\ mol \cdot L^{-1}$ $K_2S_2O_8$ 共反应试剂的 $0.1\ mol \cdot L^{-1}$ PBS 缓冲溶液（pH=7.0）至电解池中，组装三电极体系，按照图 2 所示方式将相应电极夹到不同颜色的电极夹上，即白色夹子对应参比电极；红色夹子对应铂电极；绿色夹子对应工作电极。图中未见的黑色夹子则悬空，不使用。

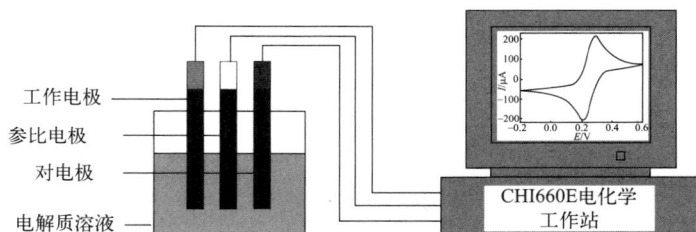

图 2　电极的组装

③ 参数设置:

a. 循环伏安参数设置。如图 3，单击 MPI-EⅡ的工作界面中的**S.方法**图标，在电化学方法中选择循环伏安法（CV），按照图 4 设定循环伏安法参数。

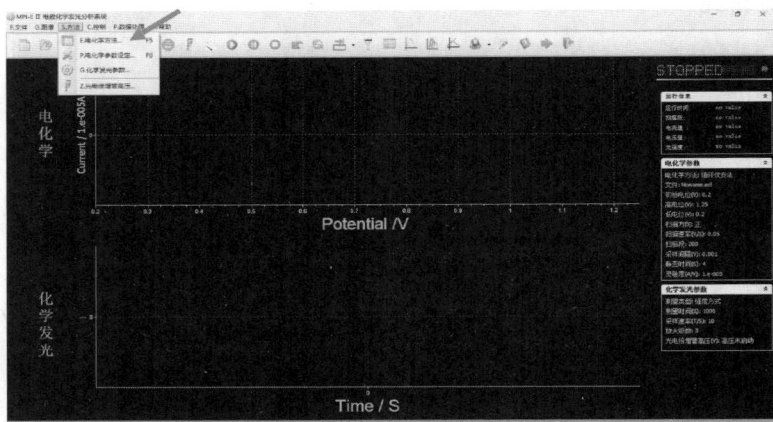

图 3 MPI-EⅡ的工作界面

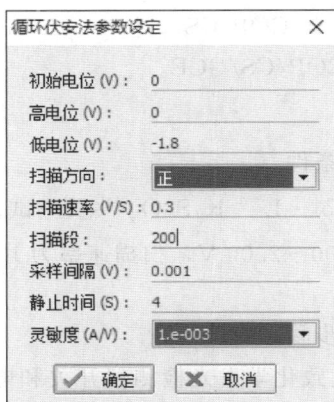

图 4 循环伏安参数设置

b. 发光参数设置。如图 5，点击**S.方法**图标，在电化学方法中选择化学发光参数设定选项，具体参数设置如图 6 所示。

c. 光电倍增管设置。单击 $\frac{4}{5}$ 图标，设置光电倍增管的高压为 800 V（图 7）。

参数设置完成后，点击 ▶ 按钮开始扫描，测试完成后，点击 ■ 按钮结束，命名存储，完成修饰电极的测试。测试结果如图 8 所示，图形上方为循环伏安表征，下方为 ECL 表征。

3. Eu-COP 发光机理的探讨

① 以裸玻碳电极为工作电极，组装三电极体系，在 0.1 mol·L^{-1} PBS 缓冲溶液（pH=7.0，不存在共反应试剂 S$_2$O$_8^{2-}$）中测试裸玻碳电极的电化学和 ECL 行为。

② 以 Eu-COP/CS/GCE 为工作电极，组装三电极体系，在 0.1 mol·L^{-1} PBS 缓冲溶液（pH=7.0，不存在共反应试剂 S$_2$O$_8^{2-}$）中测试 Eu-COP/CS/GCE 电极的电化学和 ECL 行为。

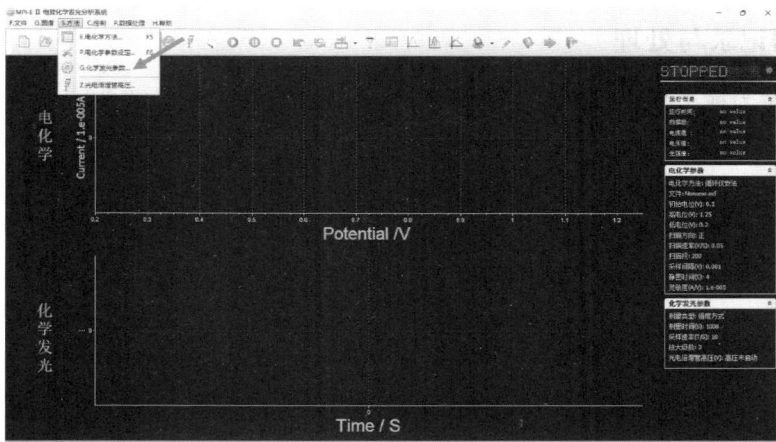

图 5 MPI-E II 的工作界面

图 6 发光参数设置

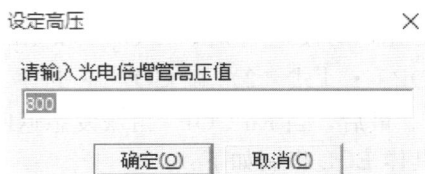

图 7 光电倍增管设置

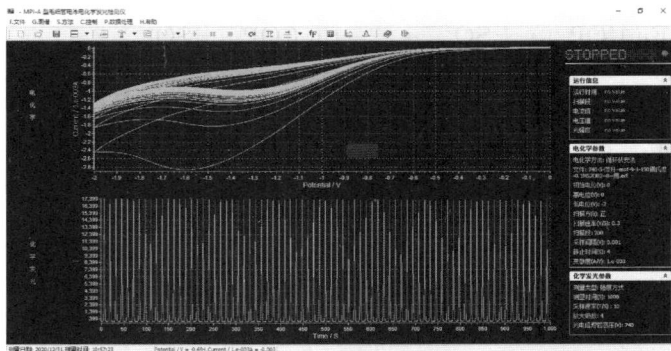

图 8 修饰电极的测试示意图

③ 以裸玻碳电极为工作电极，组装三电极体系，在含有 $0.1 \ mol \cdot L^{-1}$ $S_2O_8^{2-}$ 共反应试剂的 $0.1 \ mol \cdot L^{-1}$ PBS 缓冲溶液（pH=7.0）中测试裸玻碳电极的电化学和 ECL 行为。

④ 以 Eu-COP/CS/GCE 为工作电极，组装三电极体系，在含有 $0.1 \ mol \cdot L^{-1}$ $S_2O_8^{2-}$ 共反应试剂的 $0.1 \ mol \cdot L^{-1}$ PBS 缓冲溶液（pH=7.0）中测试 Eu-COP/CS/GCE 电极的电化学和 ECL 行为。

五、数据记录与处理

分别以电位为横坐标，ECL 发光强度为左纵坐标，电流为右纵坐标，绘制图形，通过图形分析，探究发光材料的发光机理。相关示例如图 9、图 10 所示，可作参考。

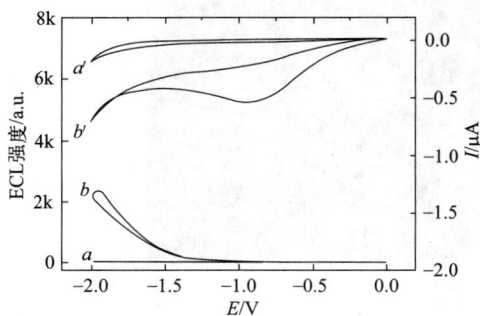

图 9　裸玻碳电极在不存在（a，a'）和
存在（b，b'）0.1 mol·L^{-1}
S$_2$O$_8^{2-}$（0.1 mol·L^{-1}
PBS，pH＝7.4）时的电化学和 ECL 表征

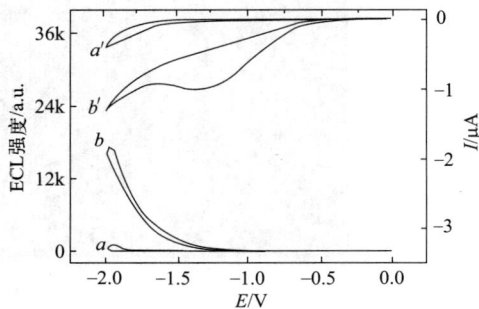

图 10　Eu-COP/CS/GCE 在不存在（a，a'）和
存在（b，b'）0.1 mol·L^{-1}
S$_2$O$_8^{2-}$（0.1 mol·L^{-1}
PBS，pH＝7.4）时的电化学和 ECL 表征

Eu-COP/CS-S$_2$O$_8^{2-}$ 系统的 ECL 发光机理推测如下：

首先，阴极电位时，S$_2$O$_8^{2-}$ 和 Eu-COP 分别被电还原生成 SO$_4^{2-}$·［式（1）］和 Eu-COP$^-$·［式（2）］。SO$_4^{2-}$·进一步与 Eu-COP$^-$·反应生成激发态 Eu-COP*［式（3）］。最后，当 Eu-COP* 由激发态返回基态 Eu-COP 时，立即产生 ECL 信号［式（4）］。具体 ECL 机制如下：

$$S_2O_8^{2-} + e^- \longrightarrow SO_4^{2-}\cdot + SO_4^{2-} \tag{1}$$

$$Eu\text{-}COP + e^- \longrightarrow Eu\text{-}COP^-\cdot \tag{2}$$

$$Eu\text{-}COP^-\cdot + SO_4^{2-}\cdot \longrightarrow Eu\text{-}COP^* + SO_4^{2-} \tag{3}$$

$$Eu\text{-}COP^* \longrightarrow Eu\text{-}COP + h\nu \tag{4}$$

六、注意事项

（1）玻碳电极表面必须抛光且清洗干净，否则将直接影响实验结果。
（2）Eu-COP/CS 滴涂到电极的表面后，应在室温下晾干。
（3）不同颜色的电极夹不能夹错电极，同时避免电极夹相互接触和接触溶液造成仪器短路。

七、思考题

（1）如何抛光并清洗电极？
（2）电致化学发光的原理是什么？

八、课外拓展

1799 年 Volta 将锌与铜片叠起来，中间用浸有硫酸的毛呢隔开，构成世界上第一个化学电源——电堆。1800 年 Nichoson 在利用伏特电堆电解水溶液时，发现两个电极上全部有气体析出，此为电解水的首次尝试。以上使得电化学进入了起步的阶段。1834 年 Faraday 提出了著名的 Faraday 定律，此时，科学家可以定量研究电化学现象，电化学理论得到了进一步的发展。1889 年 Nernst 又提出了著名的 Nernst 方程。但在 1910 年以后的一段时间内，电化学科学的发展有些停滞不前。直到 1956 年，Rudolph A. Marcus 提出电子转移的 Marcus 理论，电化学有了新的发展与突破，如利用原位电化学光谱学技术（包括原位电化学紫外-可见光谱、原位电化学拉曼光谱、原位电化学红外光谱）解决电极表面化学组分的确定问题。同时此理论又促进了电化学在相关交叉学科的应用，如光电化学、能源电化学、材料电化学、纳米材料电化学、环境电化学和腐蚀电化学等。

附 录

附录 1 • 国际单位制（SI）

物理量	单位名称	单位符号
长度	米（meter）	m
质量	千克（kilogram）	kg
时间	秒（second）	s
电流	安[培]（Ampare）	A
热力学温度	开[尔文]（Kelvin）	K
物质的量	摩[尔]（mole）	mol
发光强度	坎[德拉]（candela）	cd

附录 2 • 国际单位制的导出单位

物理量	单位名称	单位符号	中文符号	用国际单位制表示的关系式
频率	赫[兹]	Hz	赫	s^{-1}
力	牛[顿]	N	牛	$kg \cdot m \cdot s^{-2}$
压力	帕[斯卡]	Pa	帕	$kg \cdot m^{-1} \cdot s^{-2}$
能、功、热	焦[耳]	J	焦	$kg \cdot m^{2} \cdot s^{-2}$
功率、辐射通量	瓦[特]	W	瓦	$kg \cdot m^{2} \cdot s^{-3}$
电量、电荷	库[仑]	C	库	$A \cdot s$
电位、电压、电动势	伏[特]	V	伏	$kg \cdot m^{2} \cdot A^{-1} \cdot s^{-3}$
电容	法[拉]	F	法	$kg^{-1} \cdot m^{-2} \cdot A^{2} \cdot s^{4}$
电阻	欧[姆]	Ω	欧	$kg \cdot m^{2} \cdot A^{-2} \cdot s^{-3}$
电导	西[门子]	S	西	$kg^{-1} \cdot m^{-2} \cdot A^{2} \cdot s^{3}$
磁通量	韦[伯]	Wb	韦	$kg \cdot m^{2} \cdot A^{-1} \cdot s^{-2}$
磁感应强度	特[斯拉]	T	特	$kg \cdot A^{-1} \cdot s^{-2}$
电感	亨[利]	H	亨	$kg \cdot m^{2} \cdot A^{-2} \cdot s^{-2}$
光通量	流[明]	lm	流	$cd \cdot sr$
[光]照度	勒[克斯]	lx	勒	$cd \cdot sr \cdot m^{-2}$
黏度	帕[斯卡]秒	Pa · s	帕·秒	$kg \cdot m^{-1} \cdot s^{-1}$
表面张力	牛[顿]每米	$N \cdot m^{-1}$	牛/米	$kg \cdot s^{-2}$
熵	焦[耳]每开	$J \cdot K^{-1}$	焦/开	$kg \cdot m^{2} \cdot s^{-2} \cdot K^{-1}$
比热容	焦[耳]每千克每开	$J/(kg \cdot K)$	焦/（千克·开）	$m^{2} \cdot s^{-2} \cdot K^{-1}$
电场强度	伏[特]每米	$V \cdot m^{-1}$	伏/米	$kg \cdot m \cdot A^{-1} \cdot s^{-3}$
密度	千克每立方米	$kg \cdot m^{-3}$	千克/米^3	$kg \cdot m^{-3}$

附录 3·常用物理化学常数

常数	符号	数值	单位
真空中的光速	c_0	2.99792458×10^{8}	$m\cdot s^{-1}$
真空磁导率	μ_0	12.566371×10^{-7}	$H\cdot m^{-1}$
真空介电常数(真空电容率)	ε_0	$8.85418782(7)\times10^{-12}$	$F\cdot m^{-1}$
元电荷	e	$1.60217733(49)\times10^{-19}$	C
精细结构常数	α	$7.29735308(33)\times10^{-3}$	—
普朗克常数	h	$6.6260755(40)\times10^{-34}$	$J\cdot s$
阿伏伽德罗常数	L	$6.0221367(36)\times10^{23}$	mol^{-1}
电子的静止质量	m_e	$9.1093897(54)\times10^{-31}$	kg
质子的静止质量	m_p	$1.6726231(10)\times10^{-27}$	kg
中子的静止质量	m_n	$1.6749286(10)\times10^{-27}$	kg
法拉第常数	F	$9.6485309(29)\times10^{4}$	$C\cdot mol^{-1}$
里德堡常数	R_∞	$1.0973731534(13)\times10^{7}$	m^{-1}
玻尔半径	$\alpha_0=\alpha/4\pi R_\infty$	$5.29177249(24)\times10^{-11}$	m
玻尔磁子	$\mu_B=eh/2m_e$	$9.2740154(31)\times10^{-24}$	$J\cdot T^{-1}$
核磁子	$\mu_N=eh/2m_pc$	$5.0507866(17)\times10^{-27}$	$J\cdot T^{-1}$
摩尔气体常数	R	$8.314510(70)$	$J\cdot K^{-1}\cdot mol^{-1}$
玻尔兹曼常数	$k=R/L$	$1.380658(12)\times10^{-23}$	$J\cdot K^{-1}$
万有引力常数	G	6.6720×10^{-11}	$N\cdot m^2\cdot kg^{-2}$
重力加速度	g	9.80665	$m\cdot s^{-2}$
电子荷质比	e/m	1.7588047×10^{11}	$C\cdot kg^{-1}$
原子质量单位	u	1.6605655×10^{-27}	kg

注：括号中数字是标准偏差。

附录 4·能量单位换算表

能量单位	J	cal	eV
1J	1	0.239006	6.241461×10^{18}
1cal	4.184	1	2.611425×10^{19}
1eV	1.60218×10^{-19}	3.82932×10^{-20}	1

附录 5·压力单位换算表

压力的单位	帕斯卡 （Pa）	工程大气压 （$kgf\cdot cm^{-2}$）	毫米水柱 （mmH_2O）	标准大气压 （atm）	毫米汞柱 （mmHg）
帕斯卡(Pa)	1	1.019161×10^{-5}	0.102	9.86923×10^{-6}	7.5006×10^{-3}
工程大气压($kgf\cdot cm^2$)	9.80665×10^{4}	1	10^{4}	0.9678241	735.559
毫米水柱(mmH_2O)	9.807	0.0001	1	0.9678×10^{-4}	0.0736
标准大气压(atm)	1.01325×10^{5}	1.033	10332	1	760
毫米汞柱(mmHg)	133.3224	1.35951×10^{-3}	13.6	1.3157895×10^{-3}	1

注：$1Pa=1N\cdot m^{-2}$；1 工程大气压 $=1kgf\cdot cm^2$；$1mmHg=1\ Torr=1.3332\times10^2 Pa$；标准大气压即物理大气压，$1atm=10^5 N\cdot m^{-2}$。

附录 6 · 蔗糖水解反应速率常数

HCl 浓度/	$10^3 k/\text{min}^{-1}$		
$(\text{mol} \cdot \text{dm}^{-3})$	298.2K	308.2K	318.2K
0.0502	0.4169	1.738	6.213
0.2512	2.255	9.35	35.86
0.4137	4.043	17.00	60.62
0.9000	11.16	46.76	148.8
1.214	17.455	75.97	—

附录 7 · 某些溶剂的凝固点降低常数

溶剂	凝固点 $t_f/℃$	$K_f/(℃ \cdot \text{kg} \cdot \text{mol}^{-1})$
醋酸($C_2H_4O_2$)	16.66	3.9
四氯化碳(CCl_4)	−22.95	29.8
1,4-二噁烷($C_4H_8O_2$)	11.8	4.63
1,4-二溴代苯($C_6H_4Br_2$)	87.3	12.5
苯(C_6H_6)	5.533	5.12
环己烷(C_6H_{12})	6.54	20.0
萘($C_{10}H_8$)	80.290	6.94
樟脑($C_{10}H_{16}O$)	178.75	37.7
水(H_2O)	0	1.86

附录 8 · 标准电极电势及其温度系数

电极反应	$\varphi^{\ominus}/\text{V}(25℃)$	$\dfrac{\mathrm{d}\varphi^{\ominus}}{\mathrm{d}T}/(\text{mV} \cdot \text{K}^{-1})$
$Ag^+ + e^- = Ag$	+0.7991	−1.000
$AgCl + e^- = Ag + Cl^-$	+0.2224	−0.658
$AgI + e^- = Ag + I^-$	−0.151	−0.248
$Ag(NH_3)_2^+ + e^- = Ag + 2NH_3$	+0.373	−0.460
$Cl_2 + 2e^- = 2Cl^-$	+1.3595	−1.260
$2HClO + 2H^+ + 2e^- = Cl_2(g) + 2H_2O$	+1.63	−0.14
$Cr_2O_7^{2-} + 14H^+ + 6e^- = 2Cr^{3+} + 7H_2O$	+1.33	−1.263
$HCrO_4^- + 7H^+ + 3e^- = Cr^{3+} + 4H_2O$	+1.2	—
$Cu^+ + e^- = Cu$	+0.521	−0.058
$Cu^{2+} + 2e^- = Cu$	+0.337	+0.008
$Cu^{2+} + e^- = Cu^+$	+0.153	+0.073
$Fe(OH)_2 + 2e^- = Fe + 2OH^-$	−0.877	−1.06
$Fe^{3+} + e^- = Fe^{2+}$	+0.771	+1.188
$Fe(OH)_3 + e^- = Fe(OH)_2 + OH^-$	−0.56	−0.96
$2H^+ + 2e^- = H_2(g)$	0.0000	0
$2H^+ + 2e^- = H_2(aq,sat)$	+0.0004	+0.033
$Hg_2^{2+} + 2e^- = 2Hg$	+0.792	—
$Hg_2Cl_2 + 2e^- = 2Hg + 2Cl^-$	+0.2676	−0.317
$HgS + 2e^- = Hg + S^{2-}$	−0.69	−0.79

电极反应	$\varphi^{\ominus}/V(25℃)$	$\dfrac{\mathrm{d}\varphi^{\ominus}}{\mathrm{d}T}/(\mathrm{mV}\cdot\mathrm{K}^{-1})$
$HgI_4^{2-}+2e^-\!\!=\!\!=\!\!Hg+4I^-$	-0.038	$+0.04$
$Li^++e^-\!\!=\!\!=\!\!Li$	-3.045	-0.534
$Na^++e^-\!\!=\!\!=\!\!Na$	-2.714	-0.772
$Ni^{2+}+2e^-\!\!=\!\!=\!\!Ni$	-0.250	$+0.06$
$O_2+2H^++2e^-\!\!=\!\!=\!\!H_2O_2$	$+0.682$	-1.033
$O_2+4H^++4e^-\!\!=\!\!=\!\!2H_2O$	$+1.229$	-0.846
$O_2+2H_2O+4e^-\!\!=\!\!=\!\!4OH^-$	$+0.401$	-1.680
$H_2O_2+2H^++2e^-\!\!=\!\!=\!\!2H_2O$	$+1.77$	-0.658
$2H_2O+2e^-\!\!=\!\!=\!\!H_2+2OH^-$	-0.8281	-0.8342
$Pb^{2+}+2e^-\!\!=\!\!=\!\!Pb$	-0.126	-0.451
$PbO_2+H_2O+2e^-\!\!=\!\!=\!\!PbO(红)+2OH^-$	$+0.248$	-1.194
$PbO_2+SO_4^{2-}+4H^++2e^-\!\!=\!\!=\!\!PbSO_4+2H_2O$	$+1.685$	-0.326
$S+2H^++2e^-\!\!=\!\!=\!\!H_2S$	$+0.141$	-0.209
$Sn^{2+}+2e^-\!\!=\!\!=\!\!Sn(白)$	-0.136	-0.282
$Sn^{4+}+2e^-\!\!=\!\!=\!\!Sn^{2+}$	$+0.15$	—
$Zn^{2+}+2e^-\!\!=\!\!=\!\!Zn$	-0.7628	$+0.091$
$Zn(OH)_2+2e^-\!\!=\!\!=\!\!Zn+2OH^-$	-1.245	-1.002

附录 9·常用参比电极的电极电势及其温度系数

名称	体系	E/V[①]	$\dfrac{\mathrm{d}E}{\mathrm{d}T}/(\mathrm{mV}\cdot\mathrm{K}^{-1})$
氢电极	$Pt,H_2\mid H^+(a_H{}^+=1)$	0.0000	—
饱和甘汞电极	$Hg,Hg_2Cl_2\mid$饱和 KCl	0.2415	-0.761
标准甘汞电极	$Hg,Hg_2Cl_2\mid 1\mathrm{mol}\cdot 2^{-1}KCl$	0.2800	-0.275
$0.1\mathrm{mol}\cdot\mathrm{dm}^{-3}$ 甘汞电极	$Hg,Hg_2Cl_2\mid 0.1\mathrm{mol}\cdot 2^{-1}KCl$	0.3337	-0.875
银-氯化银电极	$Ag,AgCl\mid 0.1\mathrm{mol}\cdot 2^{-1}KCl$	0.290	-0.3
氧化汞电极	$Hg,HgO\mid 0.1\mathrm{mol}\cdot 2^{-1}KOH$	0.165	—
硫酸亚汞电极	$Hg,Hg_2SO_4\mid 1\mathrm{mol}\cdot 2^{-1}Hg_2SO_4$	0.6758	—
硫酸铜电极	$Cu\mid$饱和 $CuSO_4$	0.316	0.7

① 25℃；相对于标准氢电极（NHE）。

附录 10·25℃时电解质水溶液的摩尔电导率

单位：$10^{-4}\mathrm{S}\cdot\mathrm{m}^2\cdot\mathrm{mol}^{-1}$

化合物	Λ_m							
	无限稀释	0.0005 $\mathrm{mol}\cdot\mathrm{L}^{-1}$	0.001 $\mathrm{mol}\cdot\mathrm{L}^{-1}$	0.005 $\mathrm{mol}\cdot\mathrm{L}^{-1}$	0.01 $\mathrm{mol}\cdot\mathrm{L}^{-1}$	0.02 $\mathrm{mol}\cdot\mathrm{L}^{-1}$	0.05 $\mathrm{mol}\cdot\mathrm{L}^{-1}$	0.1 $\mathrm{mol}\cdot\mathrm{L}^{-1}$
$AgNO_3$	133.29	131.29	130.45	127.14	124.70	121.35	115.18	109.09
$\frac{1}{2}BaCl_2$	139.91	135.89	134.27	127.96	123.88	119.03	111.42	105.14
HCl	425.95	422.53	421.15	415.59	411.80	407.04	398.89	391.13
KCl	149.79	147.74	146.88	143.48	141.20	138.27	133.30	128.90
$KClO_4$	139.97	138.69	137.80	134.09	131.39	127.86	121.56	115.14
$\frac{1}{4}K_4(CN)_6$	184	—	167.16	146.02	134.76	122.76	107.65	97.82
KOH	271.5	—	234	230	228	—	219	213

续表

化合物	Λ_m							
	无限稀释	0.0005 mol·L⁻¹	0.001 mol·L⁻¹	0.005 mol·L⁻¹	0.01 mol·L⁻¹	0.02 mol·L⁻¹	0.05 mol·L⁻¹	0.1 mol·L⁻¹
$\frac{1}{2}MgCl_2$	129.34	125.55	124.15	118.25	114.49	109.99	103.03	97.05
NH_4Cl	149.6	—	146.7	134.4	141.21	138.25	133.22	128.69
NaCl	126.39	124.44	123.68	120.59	118.45	115.70	111.01	106.69
$NaOOCCH_3$	91.0	89.2	88.5	85.68	83.72	81.20	76.88	72.76
NaOH	247.7	245.5	244.6	240.7	237.9	—	—	—

附录 11 · 不同温度下水的表面张力

$t/℃$	$\sigma/(10^{-3}N·m^{-1})$	$t/℃$	$\sigma/(10^{-3}N·m^{-1})$	$t/℃$	$\sigma/(10^{-3}N·m^{-1})$
0	75.64	17	73.19	26	71.82
5	74.92	18	73.05	27	71.66
10	74.22	19	72.90	28	71.50
11	74.07	20	72.75	29	71.35
12	73.93	21	72.59	30	71.18
13	73.78	22	72.44	35	70.38
14	73.64	23	72.28	40	69.56
15	73.49	24	72.13	45	68.74
16	73.34	25	71.97		

附录 12 · 不同温度下水的饱和蒸气压

$t/℃$	p/kPa	$p/mmHg$	$t/℃$	p/kPa	$p/mmHg$
0	0.61129	4.5851	30	4.2455	31.844
5	0.87260	6.5451	31	4.4953	33.718
10	1.2281	9.2115	32	4.7578	35.687
11	1.3129	9.8476	33	5.0335	37.754
12	1.4027	10.521	34	5.3229	39.925
13	1.4979	11.235	35	5.6267	42.204
14	1.5988	11.992	36	5.9453	44.594
15	1.7056	12.793	37	6.2795	47.100
16	1.8185	13.640	38	6.6298	49.728
17	1.9380	14.536	39	6.9969	52.481
18	2.0644	15.484	40	7.3814	55.365
19	2.1978	16.485	45	9.5898	71.930
20	2.3388	17.542	50	12.344	92.588
21	2.4877	18.659	60	19.932	149.50
22	2.6447	19.837	70	31.176	233.84
23	2.8104	21.080	80	47.373	355.33
24	2.9850	22.389	90	70.117	525.92
25	3.1690	23.770	95	84.529	634.02
26	3.3629	25.224	100	101.32	760.00
27	3.5670	26.755	101	104.99	787.49
28	3.7818	28.366	102	108.77	815.84
29	4.0078	30.061			

附录 13 • 不同温度下水的黏度

温度/℃	$\eta/(10^3 Pa \cdot s)$	温度/℃	$\eta/(10^3 Pa \cdot s)$	温度/℃	$\eta/(10^3 Pa \cdot s)$
0	1.7921	21	0.9810	33	0.7523
10	1.3077	22	0.9579	34	0.7371
11	1.2713	23	0.9358	35	0.7225
12	1.2363	24	0.9142	40	0.6560
13	1.2028	25	0.8937	45	0.5988
14	1.1709	26	0.8737	50	0.5494
15	1.1404	27	0.8545	55	0.5064
16	1.1111	28	0.8360	60	0.4688
17	1.0828	29	0.8180	70	0.4061
18	1.0559	30	0.8007	80	0.3565
19	1.0299	31	0.7840	90	0.3165
20	1.0050	32	0.7679	100	0.2838

附录 14 • KCl 溶液的电导率

$t/℃$	电导率/$(S \cdot cm^{-1})$			
	$1.000 mol \cdot L^{-1}$	$0.1000 mol \cdot L^{-1}$	$0.0200 mol \cdot L^{-1}$	$0.0100 mol \cdot L^{-1}$
0	0.06541	0.00715	0.001521	0.000776
5	0.07414	0.00822	0.001752	0.000896
10	0.08319	0.00933	0.001994	0.001020
15	0.09252	0.01048	0.002243	0.001147
16	0.09441	0.01072	0.002294	0.001173
17	0.09631	0.01095	0.002345	0.001199
18	0.09822	0.01119	0.002397	0.001225
19	0.10014	0.01143	0.002449	0.001251
20	0.10207	0.01167	0.002501	0.001278
21	0.10400	0.01191	0.002553	0.001305
22	0.10594	0.01215	0.002606	0.001332
23	0.10789	0.01239	0.002659	0.001359
24	0.10984	0.01264	0.002712	0.001386
25	0.11180	0.01288	0.002765	0.001413
26	0.11377	0.01313	0.002819	0.001441
27	0.11574	0.01337	0.002873	0.001468

附录 15 • 不同温度下 KCl 在水中的溶解热[①]

$t/℃$	$\Delta_{mol} H_m/(kJ \cdot mol^{-1})$	$t/℃$	$\Delta_{mol} H_m/(kJ \cdot mol^{-1})$
10	19.895	14	19.276
11	19.795	15	19.100
12	19.623	16	18.933
13	19.598	17	18.765

$t/℃$	$\Delta_{mol}H_m/(kJ \cdot mol^{-1})$	$t/℃$	$\Delta_{mol}H_m/(kJ \cdot mol^{-1})$
18	18.602	24	17.703
19	18.443	25	17.556
20	18.297	26	17.414
21	18.146	27	17.272
22	17.995	28	17.138
23	17.682	29	17.004

①此溶解热是指 1 mol KCl 溶于 200 mol 水。

附录 16 · 不同温度下水和乙醇的折射率

$t/℃$	折射率		$t/℃$	折射率	
	纯水	99.8%乙醇		纯水	99.8%乙醇
14	1.33348	—	34	1.33136	1.35474
15	1.33341	—	36	1.33107	1.35390
16	1.33333	1.36210	38	1.33079	1.35306
18	1.33317	1.36129	40	1.33051	1.35222
20	1.33299	1.36048	42	1.33023	1.35138
22	1.33281	1.35967	44	1.32992	1.35054
24	1.33262	1.35885	46	1.32959	1.34969
26	1.33241	1.35803	48	1.32927	1.34885
28	1.33219	1.35721	50	1.32894	1.34800
30	1.33192	1.35639	52	1.32860	1.34715
32	1.33164	1.35557	54	1.32827	1.34629

注：折射率相对于空气而言，钠光波长为 589.3 nm。

附录 17 · 25℃时难溶化合物的溶度积 K_{sp}

化合物	K_{sp}	pK_{sp}	化合物	K_{sp}	pK_{sp}
AgAc	1.9×10^{-3}	2.72	$BaCrO_4$	1.2×10^{-10}	9.92
Ag_3AsO_4	1.0×10^{-22}	22.0	BaF_2	1.84×10^{-7}	6.74
AgBr	5.0×10^{-13}	12.3	$Ba(OH)_2$	5.0×10^{-3}	2.3
$AgBrO_3$	5.50×10^{-5}	4.26	$BaSO_3$	8.0×10^{-7}	6.1
AgCN	1.2×10^{-16}	15.92	$BaSO_4$	1.1×10^{-10}	9.96
AgCl	1.8×10^{-10}	9.75	BaS_2O_3	1.6×10^{-5}	4.8
Ag_2CO_3	8.5×10^{-12}	11.07	$CaCO_3$	2.8×10^{-9}	8.55
Ag_2CrO_4	1.1×10^{-12}	11.96	CaC_2O_4	4.0×10^{-9}	8.4
AgI	8.5×10^{-17}	16.07	$CaCrO_4$	7.1×10^{-4}	3.15
$AgIO_3$	3.0×10^{-8}	7.52	CaF_2	5.3×10^{-9}	8.28
$AgNO_2$	6.0×10^{-4}	3.22	$CaHPO_4$	1.0×10^{-7}	7.0
$\alpha\text{-}Ag_2S$	6.0×10^{-51}	50.22	$Ca(OH)_2$	5.5×10^{-6}	5.26
AgSCN	1.0×10^{-12}	12.0	$Ca_3(PO_4)_2$	2.07×10^{-33}	32.68
Ag_2SO_3	1.5×10^{-14}	13.82	$CaSO_3$	6.8×10^{-8}	7.17
Ag_2SO_4	1.4×10^{-5}	4.85	$CaSO_4$	7.10×10^{-5}	4.15
$Al(OH)_3$	1.3×10^{-33}	32.89	$CdCO_3$	5.2×10^{-12}	11.28
$AlPO_4$	6.3×10^{-19}	18.20	$Cd(OH)_2$	5.27×10^{-15}	14.1
$BaCO_3$	5.1×10^{-9}	8.29	CdS	8.0×10^{-28}	27.1

化合物	K_{sp}	pK_{sp}	化合物	K_{sp}	pK_{sp}
$CoCO_3$	1.4×10^{-13}	12.85	$Mn(OH)_2$	1.9×10^{-13}	12.72
$Co(OH)_2$(粉红,新沉淀)	1.6×10^{-15}	14.80	$NiCO_3$	1.42×10^{-7}	6.85
$Co(OH)_3$	1.6×10^{-44}	43.8	$Ni(OH)_2$(新)	2.0×10^{-15}	14.7
$Cr(OH)_2$	2.0×10^{-16}	15.7	$PbBr_2$	4.0×10^{-5}	4.4
$Cr(OH)_3$	6.3×10^{-31}	30.2	$PbCl_2$	1.6×10^{-5}	4.8
$Cu_3(AsO_4)_2$	7.6×10^{-36}	35.12	$PbCO_3$	7.4×10^{-14}	13.13
$CuCl$	1.72×10^{-7}	6.76	$PbCrO_4$	2.8×10^{-13}	12.55
$CuCN$	3.2×10^{-20}	19.49	PbF_2	2.7×10^{-8}	7.57
$CuCO_3$	1.4×10^{-10}	9.85	PbI_2	7.1×10^{-9}	8.15
$CuCrO_4$	3.6×10^{-6}	5.44	$Pb(OH)_2$	1.42×10^{-20}	19.85
CuI	1.1×10^{-12}	11.96	PbS	3×10^{-28}	27.52
$Cu(OH)_2$	2.2×10^{-20}	19.66	$PbSO_4$	1.6×10^{-8}	7.8
CuS	6×10^{-37}	36.22	ScF_3	4.2×10^{-18}	17.38
$FeCO_3$	3.2×10^{-11}	10.49	$Sc(OH)_3$	8.0×10^{-31}	30.1
$Fe_4[Fe(CN)_6]_3$	3.3×10^{-41}	40.18	$Sn(OH)_2$	5.45×10^{-27}	27.49
$Fe(OH)_2$	4.87×10^{-17}	16.31	SnS	3.25×10^{-28}	27.49
$Fe(OH)_3$	2.64×10^{-39}	38.58	$SrCO_3$	1.1×10^{-10}	9.96
$FePO_4$	1.3×10^{-22}	21.89	$SrCrO_4$	2.2×10^{-5}	4.66
FeS	6×10^{-19}	18.22	SrF_2	2.5×10^{-9}	8.6
Hg_2Br_2	5.6×10^{-23}	22.25	$SrSO_4$	3.2×10^{-7}	6.49
Hg_2Cl_2	1.3×10^{-18}	17.89	$TlBr$	3.4×10^{-6}	5.47
Hg_2I_2	4.5×10^{-29}	28.35	$TlCl$	1.7×10^{-4}	3.77
Li_2CO_3	8.15×10^{-4}	3.09	TlI	6.5×10^{-8}	7.19
LiF	3.8×10^{-3}	2.42	$Tl(OH)_3$	6.3×10^{-46}	45.2
Li_3PO_4	3.2×10^{-9}	8.49	$ZnCO_3$	1.19×10^{-10}	9.92
$MgCO_3$	6.82×10^{-6}	5.17	ZnC_2O_4	2.7×10^{-8}	7.57
$Mg(OH)_2$	1.8×10^{-11}	10.74	$Zn(OH)_2$	1.2×10^{-17}	16.92
$Mg_3(PO_4)_2$	1.0×10^{-25}	25.0	$Zn_3(PO_4)_2$	9.0×10^{-33}	32.05
$MnCO_3$	1.8×10^{-11}	10.74	ZnS	2.0×10^{-25}	24.7

附录 18 · 饱和水蒸气的相对介电常数

$t/℃$	ε	$t/℃$	ε
0	1.00007	60	1.00144
10	1.00012	70	1.00213
20	1.00022	80	1.00305
30	1.00037	90	1.00428
40	1.00060	100	1.00587
50	1.00095		

参考文献

［1］ 孙尔康，高卫，徐维清，等．物理化学实验．3版．南京：南京大学出版社，2021.

［2］ 复旦大学．物理化学实验．3版．北京：高等教育出版社，2004.

［3］ 南开大学化学系物理化学教研室．物理化学实验．天津：南开大学出版社，1991.

［4］ 雷炳新，刘艳玲，孙元元，等．物理化学实验．北京：科学出版社，2019.

［5］ 方安平，叶卫平．Origin 7.5科技绘图及数据分析．北京：机械工业出版社，2006.

［6］ 方安平，叶卫平．Origin 8.0实用指南．北京：机械工业出版社，2009.

［7］ 李谦，毛立群，房晓敏．计算机在化学化工中的应用．北京：化学工业出版社，2018.

［8］ 物理化学学科组．物理化学实验．北京：化学工业出版社，2018.

［9］ 张军锋，庞素娟，肖厚贞．物理化学实验．北京：化学工业出版社，2021.

［10］ 冯霞，朱莉娜，朱荣娇．物理化学实验．北京：高等教育出版社，2015.

［11］ 孙春艳，曹红翠，李长顺．物理化学实验指导．北京：科学出版社，2017.

［12］ 玉占君，冯春梁．物理化学实验．北京：化学工业出版社，2014.

［13］ 傅献彩，侯文华．物理化学下册．6版．北京：高等教育出版社，2022.

［14］ 高濂，郑珊，张青红．纳米氧化钛光催化材料及应用．北京：化学工业出版社，2002.

［15］ Wang C，Han Q，Liu P K，et al. Novel enhanced lanthanide electrochemiluminescence luminophore：Ce^{3+} doped $TbPO_4$ facile synthesis and detection for mucin1. Analytical Chemistry，2021，93（36）：12289-12295.

［16］ Wang C，Han Q，Mo F J，et al. Novel luminescent nanostructured coordination polymer：Facile fabrication and application in electrochemiluminescence biosensor for microrna-141 detection. Analytical Chemistry，2020，92（18）：12145-12151.

［17］ Peiris S，Silva H B De，Ranasinghe K N，et al. Recent development and future prospects of TiO_2 photocatalysis. Journal of the Chinese Chemical Society，2021，68（5）：738-769.

［18］ 严新，吴俊，陈华，等．TiO_2纳米粒子的制备及光催化性能研究．合肥工业大学学报（自然科学版），2010，33（12）：1877-1879.

［19］ 朱清，涂洛，周幸福．TiO_2纳米微球的制备及在染料敏化太阳能电池中的应用．无机化学学报，2016，32（8）：1319-1326.

［20］ 潘莉，岳晓燕，卢登华．硫酸链霉素滴鼻液的含量测定及有效期确定．中国药业，2008，17（17）：22-23.